Ivan Nagel

# SHAKESPEARES DOPPELSPIEL »DER KAUFMANN VON VENEDIG« NEU GELESEN

Insel Verlag

Erste Auflage 2012

Satz: TypoForum GmbH, Seelbach
Druck: Memminger MedienCentrum AG
Printed in Germany
ISBN 978-3-458-17507-0

Shakespeares Doppelspiel

Fritz Kortner zum Dank

Dieses Buch verlangt viel vom Leser:
Bereitschaft, sich mit einem alten Theaterstück
Szene für Szene, oft von Zeile zu Zeile einzulassen.
Die Mühe könnte sich lohnen; es geht um Shakespeare
und den »Kaufmann von Venedig«.

INHALT

FÜNFTES KAPITEL: PORTIA, DIE SIEGERIN



Anhang

# VORBEMERKUNG

„... nous sommes, je ne sçais comment, doubles en nous mesmes, qui faict que ce que nous croyons, nous ne le croyons pas, et ne nous pouvons desfaire de ce que nous condamnons“.

*Montaigne, Essais. Livre II, Essai* 16l

Hätte jemand mir, bevor ich dieses Buch schrieb, dessen Ergebnis verraten – ich hätte es als Hirngespinst abgetan. Den Verfasser hätte ich unter jene bekannten Spinner eingestuft, die, esoterische Geheimerkenntnis beteuernd, zum Beispiel bewiesen haben wollen: Aus der tausendsiebenhundertundelften Zeile von »Faust II« gehe sonnenklar hervor, dass Goethe a) Rosenkreuzer gewesen sei, b) Nachricht über Herkunft und Wesen der UFOs gehabt habe.

Das Ergebnis, das ich meine, heißt verkürzt: Shakespeare hat im »Kaufmann von Venedig« – einzigartig in seinem Werk und in der dramatischen Literatur – zugleich zwei Stücke neben- und gegeneinander geschrieben: eine *Liebeskomödie* („romantic comedy“) und ein *Problemstück* („problem play“) unter demselben Titel, mit derselben Handlung, mit den gleichen Figuren. Warum er das Doppelgeschöpf, das gespaltene Theaterstück erdachte, so unsere These, habe Gründe, die allesamt gespalten sind: in der Entstehung, der Thematik und der zu erwartenden Rezeption seiner Arbeit. Sie schießen zu einem Hauptgrund zusammen: Das Stück handelt von Shylock und Antonio, einem bekennenden Juden und einem heimlichen Sodomiten – von zwei Personen, die das elisabethanische Publikum radikal spalten mussten in jene zwei Teile, in die es immer schon gespalten war: den Londoner Mob und eine hofnahe Rang-, Wissens- und Empfindungselite.

Die *zwei Stücke in einem* bringen einander dauernd in Gefahr. In manchen Konflikten drohen sie einander zu widerlegen; mit manchem Kompromiss weichen sie ihre Kraft und Deutlichkeit gegenseitig auf. Doch Shakespeare erzielt mit seinem Verfahren zugleich eine tiefe und erhellende Wirkung. Er prüft jeden einzelnen Zuschauer in seinem doppelten Publikum: Bist du fähig, alles Geschehen mit zwei konträren Blicken zu sehen – mit jener Zerklüftung der Wahrnehmung und des Urteils, die dem Zweideutigen des Menschen und seiner Welt allein gerecht wird? Den Zwängen des bösen Themas und seiner zerrissenen Rezeption wird Einsicht abgewonnen. War auch der Dramatiker, ein Zeitgenosse seiner selbst, zerrissen zwischen dem erfolgreichsten Stückeschreiber jener Tage und dem Wissenden seiner Nächte? „Thus have I had thee as a dream does flatter, / In sleep a king, but waking no such matter."

Genug der Vorwegnahmen: Sie sollen die Wagnisse, die folgen, beichten, nicht schon zur Debatte stellen. Nun muss der Leser sehen, wie weit er ihnen Glauben schenkt. Mir gelingt es jedenfalls nicht mehr, sie zu widerlegen oder abzuschütteln.

# ERSTES KAPITEL
# ZEIT UND WIRKLICHKEIT

SHYLOCK: Three thousand ducats, well.
BASSANIO: Ay, sir, for three months.
SHYLOCK: For three months, well.
I, 3, 1-3

# EINLEITUNG
# DIE CHRONOLOGIE DES »KAUFMANN VON VENEDIG«

## ZEIT UND WIRKLICHKEIT

Lauf und Ordnung der Zeit im »Kaufmann von Venedig« will dieses erste Kapitel neu prüfen. Das Thema hat in zweihundert Jahren Shakespeare-Deutung oft zu starrsinniger Pedanterie verführt, zu Detailhuberei und Fachgezänk. Sein Nutzen für den allgemeinen Leser und Zuschauer scheint gering. Unser Versuch versteht sich dennoch weder als philologischer Selbstzweck noch als fachgeschichtliches Nachgefecht. Wir fragen, wie die Chronologie der »Kaufmann«-Fabel dieses Theaterstück als Ganzes bestimmt: ob sie dessen Gehalt und Struktur einschnürt und verwirrt – oder erst entfaltet und mit Sinn durchdringt.

Shakespeares Gefühl für Zeit zeigt sich verändert mit zwei Dramen, die um 1595/97 nah beieinander entstanden: »Romeo und Julia« und »Der Kaufmann von Venedig«. Beide Stücke, an Stimmung und Aufbau denkbar verschieden, verfolgen die Zeitschritte ihrer Personen mit der gleichen Übergenauigkeit von Tag zu Tag, meist von Stunde zu Stunde. Aber es ist nicht die Bühnenillusion, die nach einer so exaltierten Neugier und Präzision des chronologischen Zugriffs verlangt. Denn der Zuschauer ist ein leichtgläubiger Mensch. Er glaubt dem Wort des Dichters, mehr noch der leiblichen Gegenwart des Schauspielers: Wenn diese gemeinsam eine Handlung oder Situation behaupten, wird es damit schon seine Richtigkeit haben. Die unerbittliche Beteuerung und Beweisführung der beiden Stükke, dass alle ihre Geschehnisse in strikter Verkettung auf- und auseinander folgen – sie ist für das Vertrauen des Zuschauers zum Dramatiker und zu dessen Bühnenpersonen schlicht überflüssig.

Wenn es aber nicht das Publikum ist, das am Theater die neue chronologische Präzision eintreibt, dann bleibt für sie nur eine Erklärung: Dramatiker und Bühnenpersonal selbst fordern die Lückenlosigkeit der Zeitschritte. Von wem? Voneinander. In »Romeo und Julia«, im »Kaufmann von Venedig« ist „wirkliches" Leben in Shakespeares Figuren gefahren. Die Figur fällt den Autor an: Gib zu, dass ich lebe! Der Autor befiehlt seinen Figuren: Beweist, dass ihr lebt! Um beide Imperative zu erfüllen, haben Autor und Figuren einen Pakt geschlossen: eben den Pakt der Chronologie. Fühlt und handelt jede erdichtete Person nachweislich von Augenblick zu Augenblick – dann *lebt* sie tatsächlich und unwiderleglich. Dies übt allerdings eine verblüffende Suggestion auch auf uns Zuschauer aus. Wir lassen uns überzeugen, dass Julia und Romeo, dass Shylock und Portia nicht nur während ihrer Auftritte existieren, sondern auch außerhalb der Bühne weiter atmen, denken, leiden.

Diese sonderbare Gewissheit gibt uns so nur *ein* Dramatiker. An Shakespeares Singularität, den *Realschein* seiner Figuren, will diese Arbeit sich halten. Ihre Methode heißt nichts anderes, als den Handlungen jeder Person, somit dem Zeitablauf des Dramas, beharrlich nachzugehen. Diese Methode scheint der Sache angemessen: Besteht doch die Eigenart der Kunstgattung „Drama" gerade darin, dass der Schauspieler auf der Bühne mit jeder gesprochenen Silbe, mit jedem Gramm Fleisch sich dafür verbürgt, ein lebendiger, wirklicher Mensch zu sein. Shakespeare erfand das Drama nicht; aber er hat dessen sonderbar spezifisches Wesen erkannt und wörtlich genommen.

## SELBSTBESEELTES LEBEN, BEGLAUBIGT VOM TOD

Viel spricht dafür, dass dem Dramatiker Shakespeare seine Stükke, als er sie entwarf, in zwei Visionen entgegentraten. Da Genie vor allem darin besteht, das Ganze zu fassen, war er vielleicht fähig, beide zugleich vor sich zu sehen. *Die eine Vision* war das

„Welt-Bild" des ungeborenen Werkes; es umriss sich in dessen je prägenden Leitideen, Leitmetaphern.[1] »Der Kaufmann von Venedig« wird dominiert durch die Verflechtung von Liebes- und Geldmetaphern. Im Venedig-Beginn I, 1: Bassanio schuldet Antonio „the most in money and love" (131); er nennt Portia „a lady richly left" (161); Antonio beweist seine Liebe (154), indem er dem Freund „[the] waste of all I have" (157) zugesteht. Sogar im Belmont-Glück III, 2: Portia nennt Bassanios Brautfahrt eine kaufmännische „venture" (10), ihn ihren „owner" (19). Sie übergibt „the full sum of me" seinem „account" (157). „Since you are dear bought, I will love you dear" (312).[2]

*Die andere Vision* konfrontierte Shakespeare mit den Personen des entstehenden Stückes als greifbar lebendigen Menschen. Unser insistentes Fragen nach Zeit und Handlung des »Kaufmann von Venedig« folgt, wie gesagt, ihren Gefühlen, Taten. Man hat Shakespeares Geschöpfen selten unkorrigiert ins Auge geschaut. Seit ihrer Entstehung projizierten ihre Schilderer eine Unzahl von moralischen Fiktionen auf sie, die Vorurteile, Aberglauben ihrer eigenen Tage. Sie zähmten Shakespeare, indem sie seine Personen zähmten. Oft wurden diese nur zur Demonstration benutzt: Shakespeare habe so sittsam erhaben geschrieben, wie sie sich wünschten, er hätte geschrieben. Laut Hazlitt: „If a man of genius comes once in an age to clear away the rubbish, to make it fruitful and wholesome, they cry, ‚'Tis a bad school: it may be like nature, it may be like Shakespear, but it is not like us.'"[3] Wir wollen, statt Menschen zu Mustern edel-braver Moralien schönzuschminken, sie erst einmal kennenlernen, genau betrachten – im Zweifelsfall annehmen, dass sie nicht anders empfinden, sich verhalten, wie Menschen (jeder Einzige für sich) es erfahrungsgemäß nach ihrem Herzen und Verstand tun.

Unter den rivalisierenden Londoner Truppen nach 1600 waren Shakespeares »King's Men« die realistischste (Andrew Gurr, Historiker der Aufführungsstile, schreibt sogar, die „naturalistischste“[4]). Der leitende Schauspieler der Truppe Richard Burbage zeichnete sich durch „personation“ aus (ein für seine Art neu geschaffenes Wort): durch täuschende Belebung jedes einzelnen Charakters. Hamlets Mahnung an die Schauspieler gegen verlogenes Posieren, von Richard Burbage als erstem gesprochen, wird 1605, bald nach der Uraufführung, von Chapmans Rat bestätigt: „unartificial truth / And unfeigned passion can decipher best.“[5] Laut Thomas Heywood 1612 gehört zum guten Schauspieler, „to qualify every thing to the nature of the person personated.“[6] Erst recht verlangte Shakespeare selbst von seinen Spielern eigenbeseelt naturgenaues Leben mit dem Ziel: „to imitate humanity“.

Wahrheit, Konkretion des Lebens erproben sich an seinem Widerpart Tod. Shakespeare, 1595/97 Anfang Dreißig, durchbrach mit »Romeo und Julia«, mit dem »Kaufmann von Venedig« die Manierübungen und Wirkungsschauen seiner Jugend. Es ist, als habe den Dramatiker ein neuer Ernst überwältigt; dem folgt ein neues Können. Sogar die vertraute Gattung Historie gewinnt (auf Kosten des Großen Mühlwerks der Macht) an Charakter- und Schicksalstiefe. Sterben erschien oft in den ersten Geschichtsstücken »Heinrich VI.«, »Richard III.«, extrem in »Titus Andronicus«, als grässlich mechanisches Massenschlachten. In den frühen Lustspielen wiederum wurde ein Todesurteil über einen Greis (in »Komödie der Irrungen«), die Todeskunde vom Herrscher-Vater (in »Liebes Lust und Leid«) als durchsichtig fiktive Glücksgefährdung, dankbar kontrastierender Anfangs- oder Schlusseffekt benützt. Nun aber, in den Jahren seit 1595, durchtränkt sich der Tod mit erlebtem Schmerz und Schrecken. Wund und eigen gerät des Königs Sterbestunde in »Richard II.«, in »Heinrich IV.«.

Die Todesdrohung wächst in »Romeo und Julia«, im »Kaufmann von Venedig« vollends zum Antrieb der gesamten Handlung. Das Ende der drei Titelfiguren wurde ins Innerste des Geschehens eingesenkt – und gnadenlos terminiert. Unverrückbar stehen durch Elternbefehl oder Vertrag fest: Julias letale Zwangsvermählung in erst vier, dann drei Tagen, Antonios Freundschaftsmartyrium in drei Monaten nach Stückbeginn. Was Shakespeares Geschöpfe dergestalt als Fatum erfahren, packt und leitet uns Zuschauer als Zeitplan des Spielablaufs. Dieser Plan beglaubigt einerseits, den Minuten, Sekunden der Protagonisten dicht auf den Fersen folgend, jeden Pulsschlag ihres nahen, sichtbaren Lebens; andererseits stellt er, als nie weichender Schatten des Endes, ihr Fühlen und Wollen vor einen tiefenscharf düsteren Hintergrund, eine Folie des Untergangs. Allein schon diese Doppelfunktion der Zeit, Zeugin zu sein für Leben und Tod, ist Grund genug, über die Chronologie des »Kaufmann von Venedig« neu nachzudenken.

## FÜNF AKTE, HUNDERTACHTUNDSIEBZIG ZEITEN

Die Shakespeare-Forschung behandelt allerdings, was Chronologie betrifft, die Komödie von Venedig/Belmont schroff gegensätzlich zu der ihr benachbarten Tragödie von Verona. Kein Interpret bezweifelt, dass Julia am Sonntagabend Romeo kennenlernt, in der Montagnacht sich mit ihm vermählt, am Dienstag den Schlaftrunk nimmt, dass ihr Scheintod Mittwoch früh entdeckt und beweint wird, ja, dass diese Tage (laut I, 3, 15) zwischen einem 8. und 15. Juli liegen. Die Unstimmigkeit um die Wirkungsdauer von Julias Trank wird übersehen oder bereitwillig verziehen.[7] Dagegen wird dem »Kaufmann von Venedig« extreme Inkonsequenz der Zeitrechnung zugeschrieben[8] – oder sogar, da Shakespeare nicht irren kann, ihm als Kunstabsicht, Triumph der Erfindungskraft gutgeschrieben.[9]

»Der Kaufmann von Venedig« wimmelt vor Zeitangaben. Darunter sind absolute („at dinner-time“ I, 1, 70) und relative

(„bespeak him a fortnight before“ III, 1, 116), direkte („’tis nine o’clock“ II, 6, 63) und indirekte („we must measure twenty miles to-day“ III, 4, 84). Ich habe in den fünf Akten 178 solche Angaben gezählt. (In »Romeo und Julia« soll es deren 103 geben.[10]) Sie stimmen untereinander, was zu belegen sein wird, streng überein – mit einer einzigen, radikalen Ausnahme. Gewiss: Zu Beginn häufen sich die Angaben in Venedig, bleiben knapp in Belmont, markieren dort lediglich die Tageszeiten. Denn Belmont fehlt zunächst, wovor Venedig geradezu birst: zielgerichtete Aktion. Die Auftritte und Abgänge der unwillkommenen Freier bringen die einzige, obendrein wiederholsame Abwechslung. Kein Wunder, dass Portia in ihrem allerersten Satz über Langeweile klagt.

Mit dem Einbruch der Venedig-Krise überfluten die Zeitangaben auch Belmont. Portias Reiseplanung für ihren Gerichtsauftritt ist nicht weniger fiebrig-exakt, als die Bassanios für seine Brautfahrt war. Eine Kutsche wird beordert, ein Diener losgehetzt, Empfehlungsbrief und Rechtsgutachten, Männerkleider und Richterroben werden herangeschafft, Zeit- und Treffpunkt der Erledigungen angeordnet: „sofort am Parktor“, „eiligst an der Fähre“. Ebenso werden, nach gewonnenem Prozess, die Termine für Heimfahrten und Ankünfte ausgeklügelt. Noch im letzten, angeblich erdentrückten Belmont-Akt füllen Portia und Nerissa das Zeitraster sogar nachholend, in der Rückschau auf: In der vergangenen Nacht, die Bassanio bei Antonio verbrachte, wollen sie mit dem Richter und dessen Schreiber geschlafen haben. Selbst der Stückschluss ist auf genaue Uhrzeit fixiert: „zwei Stunden vor Tagesanbruch“.

Sollte, trotz solcher Präzision im Detail, über das Ganze Leichtsinn oder Schlamperei herrschen? Ist es denkbar, dass Shakespeare so viel Sorgfalt, gewiss auch Lust, für die Chronologie gerade dieses Stückes aufwandte – ihre letzte Stimmigkeit oder Unstimmigkeit aber für gleichgültig hielt? Diese schwer vertretbare Ansicht vertritt fast alle bisherige Forschung. Ihr zu widersprechen heißt Shakespeares Mühen ehren. Die Haltung, der moralische Kompass dieser Arbeit heißt: Wir haben Shakespeare nie weniger, immer einiges mehr an Wissen und Können zuzutrauen als das äußerst Mögliche.

## VENEDIG UND BELMONT: RÄUME UND ZEITEN

Der Vorstoß der vergehenden Zeit in die Sinnsphäre des Dramas war der griechischen Tragödie (wie der Komödie von Menander bis Molière) von Grund auf fremd. Den Griechen erschien die sichtbare Welt, ob strahlend gewiss oder grell schicksalhörig, als Präsenz und Präsens. Absolute Gegenwart verkörperte sich im reißenden Fortgang der tragischen Fabeln – vor allem in der „Einsträngigkeit" der Handlung.[11] Sogar das Vergangene, Agamemnons Tochteropfer, Oedipus' Vatermord, erschien als Aktualität: als Schuld, die, sprungbereit in ihrem Versteck, den Augenblick jäh überfällt.[12] – Untrennbar hingegen verzahnen sich Ortswechsel und Glücksumschlag, Zeitlichkeit und Fatalität in Shakespeares „mehrsträngigen" Fabeln. Schon in Romeos Wechsel von Verona nach Mantua, der den Schlussakt der Tragödie antreibt, herrscht das Stundenglas über Leben und Sterben. Ähnlich knüpft die Brautfahrt von Venedig nach Belmont, am ersten Tag der Dreimonatsfrist, Bassanios ersehnte Zukunft an Antonios festgesetztes Ende.

Um der Handlungsstruktur des »Kaufmann von Venedig« näherzukommen, nützt es, uns an ihrer sichtbarsten Eigenheit auszurichten. Die Fabel bewegt sich in zwei Strängen gleich ab den ersten beiden Szenen. Die beiden Erzählungen schaffen sich zwei getrennte Schauplätze mit getrenntem Personal – Großstadt und Villa-Idylle, Kaufleute und müßiger Adel. Allerdings versprechen die Fabelteile, ebenfalls seit Stückbeginn, zu konvergieren: Das Thema der ersten wie der zweiten Szene, in Venedig wie in Belmont, heißt Brautwerbung um Portia. Zwei volle Akte lang verlaufen die beiden Aktionen in ihren beiden Milieus nebeneinander. Erst die Schlusszeilen des II. Aktes nehmen ihre Vereinigung unmittelbar voraus: Bassanios Ankunft aus Venedig in Belmont. Shakespeare stellt das (Wieder-)Treffen des künftigen Paares nicht auf die Bühne. Ein Bote meldet die Pracht des neuen Freiers in atemlosem Entzücken. Den Wahren, Richtigen seufzt die letzte Zeile an Amor herbei: „Bassanio – Lord Love, if thy will it be!“

Das Verhältnis beider Schauplätze, Sinn und Rhythmus ihres Wechsels werden sich fortan von Grund auf ändern. Sie sprangen flink hin und zurück; sie werden sich nun in Blöcken bewegen. Der III. und V. Akt spielen fast gänzlich in Belmont, der IV. Akt spielt in Venedig. Dieser klare, übersichtliche Ablauf in Raum und Zeit brachte jedoch die herkömmliche Deutung des »Kaufmann von Venedig« in Theater und Philologie keineswegs dazu, dessen Chronologie als bruchlos anzuerkennen. Früh schon war sie nämlich empfindlich gestört worden; verletzt trat sie bereits aus dem I. in den II. Akt.

## 2. SHAKESPEARES IRRTUM

Siebenmal in den ersten beiden Akten hat das Stück, im Hin und Zurück, zwischen seinen Spielorten und Spielern gewechselt: zwischen der Venedig-Handlung um Antonio, Bassanio, Shylock und der Belmont-Handlung um Portia und ihre Freier. Der Zuschauer nahm an, dass die beiden Geschehen wie *örtlich parallel*, so auch *zeitlich synchron* fortschritten. Doch dem war nicht so. Die beiden Ortszeiten verschoben sich gegeneinander. Es kam so weit schon zu Beginn des II. Aktes. Dessen *erste* Szene (II, 1 in Belmont) sollte, statt logisch *gleichzeitig* oder *früher*, absurd *einen Tag später* spielen als dessen *zweite* Szene (II, 2 in Venedig).

Eine Fabel rückwärts zu erzählen, verbietet aber sogar die freizügigste Dramaturgie der Elisabethaner. Nach einer Erklärung suchen wir später; zuerst der Befund. Pausen, Brüche fügen wir in seine Abläufe nur ein, wo Shakespeares Text sie klar verlangt. – Aus Venedig berichtet: Am *Morgen* des ersten Tages (I, 1) beschließt der Kaufmann Antonio, die Brautwerbung seines jungen Freundes Bassanio bei der reichen Erbin Portia in Belmont zu finanzieren. Er nimmt dafür beim Juden Shylock *gegen Mittag* (I, 3) einen Dreimonatskredit auf; könnte er ihn nicht zurückzahlen, darf der Jude ein Pfund Fleisch aus seiner Brust schneiden. Am *Nachmittag* rüstet sich Bassanio für die Brautfahrt aus, heuert Diener an, kauft prachtvolle Livreen und Gastgeschenke, lädt die Seinen zum üppigen Festessen am *Abend* ein (II, 2). Des Juden Tochter, befrachtet mit Schmuck und Geld, wird von einem Freund Bassanios entführt. Bassanio besteigt *spätabends* das Schiff nach Belmont (II, 6). So endet in Venedig *der erste Tag.*[13]

Aus Belmont berichtet: Am *Morgen* des ersten Tages (I, 2) reisen sechs vornehme Bewerber um Portias Hand ab – ohne die Wahl zwischen den drei Kästchen aus Gold, Silber und Blei, von der Portias Jawort abhängt, gewagt zu haben. Ein Freier mehr wird für den *Abend* („to-night" I, 2, 120) von einem Vorboten angemeldet. Doch der Mohrenprinz stellt sich erst am *nächsten Vormittag* (II, 1) Portia vor. Er verlangt stürmisch nach der Wahl; aber er muss sie auf Portias Geheiß bis *nach dem Mittagessen* („after dinner" II, 1, 44)[14] verschieben. Die Zeitangaben sind überdeutlich: Da Morocco „am Abend" des ersten Tages in Belmont ankam, kann mit „Mittagessen" nur das Mahl des nächsten, zweiten Tages gemeint sein. Morocco wählt nun, zu Portias Erleichterung, das falsche Kästchen und reist ab. In Belmont endet mit diesem *Nachmittag* der *zweite Tag* (II, 7) – *zugleich* mit dem *Abend* des *ersten Tages* (II, 6) in Venedig. Belmont hat Venedig um mehr als fünfzehn Stunden übersprungen.

An beiden Orten schließt sich dem Tagesende (II, 6 abends, II, 7 nachmittags) dicht und lückenlos der *nächste Morgen* an. In Venedig (II, 8) berichten einander die Klatschbasen Solanio/Salerio skandallüstern die Ereignisse der eben vergangenen Nacht: Antonios tränenreichen Abschied von Bassanio im Hafen, das lächerliche Jammern und Toben des Juden vor seinem leergeraubten Haus. In Belmont (II, 9) tritt derweil ein neuer, skurriler Freier auf, der Prinz von Aragon. Er muss schwören, falls die Wahl ihm misslingt, Belmont „sofort zu verlassen". Auch sein Kästchenversuch scheitert. Bei seinem Abgang wird Bassanios Ankunft aus Venedig (wohl nach zwölf- bis dreizehnstündiger Fahrt wie im V. Akt) gemeldet. Bassanio befindet sich mithin bei seinem ersten (Wieder-)Treffen mit Portia – das Shakespeare ausspart – in zwei verschiedenen Zeiten: im *zweiten Vormittag* der Handlung laut Zeitrechnung von Venedig – und im *dritten Vormittag* der Handlung laut Zeitrechnung von Belmont.

## BESCHÄDIGTE WIRKLICHKEIT

Fassen wir zusammen, was wir von diesem Widerspruch wissen. Die erste Stückhälfte beginnt an beiden Orten am Vormittag und endet am Vormittag (I, 1-II, 8; I, 2-II, 9). Dass dazwischen *more veneto* ein Tag, *more belmontano* zwei Tage vergehen, liegt einzig an Moroccos Kalendersprung: von seiner Anmeldung für „tonight" (I, 2) zu seinem Erstauftritt anderntags vorm „dinner" (II, 1). Wir behaupten: *Dies ist der einzige Fehler in der Chronologie des Stückes.* Doch er gefährdet unser Verständnis des Ganzen. Erstens: Wechsel der Orte *und* Synchronie der Zeiten regeln *gemeinsam* den „mehrsträngigen" Fabellauf; ihr Auseinanderklaffen sprengt dessen Stringenz. Zweitens: Shakespeare, seit dem Durchbruch von 1595/97, vertraut dem Zeitplan weit mehr als nur folgerichtiges Erzählen an: *Realitätsart und -grad des Dramas*. Der Autor verschuldet, dass sein Fehler zum Schaden an seinem Stück wird.

Dieser Schaden ist so ernsthaft wie grotesk: Die Chronologie, auf welcher die Konfliktwahrheit und Wirklichkeitsdichte des »Kaufmann von Venedig« gründen, gerät ins Wanken über einen einzigen, winzigen Irrtum eines „forerunner" von Morocco (I, 2, 118), den wir weder zu sehen noch zu hören bekommen. Die Deuter des Stückes, ob Philologen oder Regisseure, reagierten darauf mit drei konträren Haltungen. 1) Wer an der Realität des Dramas hing, tat alles, um Shakespeares Fehler wegzuerklären.[15] 2) Wer Venedig für Realität, Belmont für Märchenland hielt, verklärte Shakespeares technischen Fehler zu Shakespeares Geniestreich; er habe mittels *doppelter* Zeit-Art in *einem* Drama Belmont aus Venedigs Terminfesseln befreit.[16] 3) Wer endlich das ganze Stück als pure Poesie jenseits aller Zeiten und Orte verehrte – der nutzte Shakespeares Fehler, um Chronologie und Realität mit einem Schlag loszuwerden.[17]

Die Geschichte dieser drei Deutungswege würde unsere Argumente zu sehr beschweren; wir summieren sie später. Hier versuchen wir, die Morocco-Störung auf eine bisher unerprobte Weise zu erklären. Wir meinen, dass ihre Verletzung der Zeitordnung weder von kalkulierender Absicht noch von zerstreutem Unbedacht herkommt – sondern von einem handwerklichen Fehlgriff während der Herstellung des Spieltexts. Er musste einer von zwei Quellen entspringen: dem *Buch*druck des *Theater*stücks 1600 – oder einem Versehen schon bei der *Uraufführung* von 1596 oder 1597. Lässt sich von Shakespeares einstigem „work in progress" noch irgend etwas erraten?

## EIN FALSCHES WORT, EIN TAG ZUVIEL

Insistieren wir darauf, was die Anhänger der „doppelten Zeit" wie der „poetischen Zeitlosigkeit" stets übergehen: Shakespeares Textstelle, die alle Chronologie diskreditieren soll, besteht in einem einzigen Wort eines namenlosen „Servingman" (I, 2, 120). Dessen Kurzauftritt spielt am Vormittag des ersten Tages; denn I, 2 in Belmont wird umrahmt von den Vormittag-Szenen I, 1 und I, 3 in Venedig. Das heißt: Kündigte die Dienerstimme den Mohrenprinzen nicht erst für „to-night", sondern gleich für „'fore noon" an – seine Bewerbung II, 1 und seine Niederlage II, 7 fänden sämtlich am ersten Tag der Fabel statt. Zwei Silben nur scheint es zu brauchen, um Synchronie zwischen den beiden Schauplätzen und Fabelsträngen der Ersten Stückhälfte zu stiften. Dem Hinken der Handlung auf zwei ungleichen Beinen wäre abgeholfen: Belmont-Zeit wäre gleich Venedig-Zeit. Kein textkritisch geschulter Forscher, kein literarisch sensibler Deuter wollte bis heute diese Merkwürdigkeit sehen, geschweige denn befragen.

Entstammt das Wort „to-night", das Moroccos Besuch in Belmont voraussagt und in der Handlungszeit fixiert, der Willkür des Setzers oder einer Sudelei in seiner Vorlage? Nein: Der 1600 im Quarto-Format erschienene Erstdruck des »Kaufmann von Venedig« bietet keine aus den Erinnerungsresten eines Schauspielers oder Inspizienten zusammengeflickte Raubfassung. Er ist eine exzeptionell sauber gesetzte, behördlich registrierte Wiedergabe von Shakespeares Manuskript oder dessen theatereigener Reinschrift. Kein Tadel an dem Irrtum im Stück darf sich aufspielen, als enthülle er einen Irrtum der Überlieferung. Shakespeares Fehler ist authentisch. Das schließt nicht aus, dass er eine aufspürbare, vollziehbare Geschichte hat. Drei Fragen mögen sie erhellen: Wo genau geschieht der Fehler? Lässt er sich nur aufdecken oder auch berichtigen? Wann und weshalb ist er entstanden?

Die Antwort auf die erste und zweite Frage scheint ja schon gegeben: Der Fehler steckt im Wort „to-night“; er lässt sich durch „’fore noon“ berichtigen. Diese Antwort, die wir soeben anpriesen, ist leider falsch. Testen wir sie mit jener verlässlichen technischen Probe: dem für alles alteuropäische Drama gültigen Verbot, eine Fabel rückwärts zu erzählen.[18] Wir bitten den Leser um detektivische Aufmerksamkeit: Es geht um das Neuverständnis des hergebrachten Strukturbilds eines Hauptwerks von Shakespeare. Durch die Korrektur „’fore noon“ würde zwar die verletzendste Rückwärtserzählung, II, 1 zu II, 2, behoben: Moroccos Selbstvorstellung in Belmont läge nun am „richtigen“ Vormittag des ersten, statt am „falschen“ Vormittag des zweiten Tages. Doch es entstünde kein geordneter Ablauf – sondern eine andere, karnevalistisch tolle Rückwärtserzählung. Bassanios *Abendessen* in Venedig II, 6 fände *vor* Portias *Mittagessen* in Belmont II, 7 statt. Das heißt: Moroccos „after dinner“-Scheitern *gegen drei Uhr am frühen Nachmittag* geschähe (gemäß seiner Aktschluss-Stellung in Quarto wie Folio) *nach* Bassanios „feast to-night“ und seiner Abreise *gegen zehn Uhr am späten Abend.*

Die Lehre aus dem Ganzen: Für die schlüssige Synchronie, an der das Stück hängt, sind Anfang und Ende des Belmont-Tages, morgens (I, 2) bis spätabends (II, 7), unentbehrlich. Störend, den Zeitverlauf zerstörend ist allein Moroccos intermediäre Szene II, 1: jener „Mittag“, der seinen zweiten, überzähligen Belmont-Tag erzwingt. Ein Experiment drängt sich auf: Man denke II, 1 von ihrer Stelle fort und setze sie unmittelbar vor II, 7. Geschähe die Selbstvorstellung Moroccos, wie vom Servingman angekündigt, „to-night“ (am Spätabend des ersten Tages), folgte ihr dort unmittelbar, wie dann bei Aragon, Moroccos Kästchenwahl – so stünde diese „Doppelszene“ (II, 1 in eins mit II, 7) plötzlich an der richtigen Stelle: als Nachklang von Antonios „nine o'clock" in Venedig (II, 6, 63), als Abschied vom ersten Tag in Belmont. Moroccos heißblütiges Versuchen und schmerzvolles Scheitern beschlössen nun jene ereignisstrotzend große Nacht: des Mädchen- und Juwelenraubs, der Einschiffung Bassanios, der bitteren Tränen Shylocks wie Antonios über den Verlust ihrer Liebsten.

## 3. NEUFASSUNG ODER URFASSUNG

Wollen wir Shakespeares Irrtum nach vier Jahrhunderten nicht mehr leugnen oder schönfärben, so dürfen wir möglicherweise begreifen, wie er konkret, werkgeschichtlich entstand. Wir nehmen an: 1) Eine *Urfassung* des »Kaufmann von Venedig« hatte bestanden. 2) Die Szene II, 1 gab es an der heutigen Stelle nicht. 3) Moroccos Ankunft und Selbstlob bildeten einen einzigen Auftritt mit seinem Scheitern. 4) Der stand an der Stelle, die II, 7 im bruchlosen Ablauf beider Fabelstränge erfordert: am Spätabend des ersten Tages. Wie kam es dennoch zur *Neufassung*, zur Trennung von Moroccos Selbstvorstellung von seiner Kästchenwahl? Sie entstand wie jede Premierenversion eines Theaterstückes, dessen Proben der Dramatiker selbst leitet: als Textänderung im letzten Moment. Shakespeare leitete um 1597 die Uraufführung des »Merchant of Venice« durch »The Lord Chamberlain's Men« als Mitunternehmer, Autor und Regisseur.[19] (Wie die dritte Funktion auch immer in seiner Truppe hieß: Kein Stück für mehr als drei, vier Spieler kann ohne „Regisseur" auf die Bühne kommen.[20])

In einer der letzten Proben (heute: Hauptprobe in Kostüm und Maske) stellte sich heraus, dass der Rhythmus des Stückes lahmte. Die Belmont-Fabel setzte zwischen I, 2 und II, 7 eine Strecke lang aus, die ein Viertel des gesamten Stückes ausmachte. Auf der Bühne drängten alle Worte und Aktionen auf die Brautfahrt zu Portia. Doch der Zuschauer der Uraufführung hätte die wunderbare Jungfrau in ihrem Traumpalast längst vergessen können, bevor er sie wiedersah. Vielleicht drohte dem Dichter/Theaterdirektor auch sein Knaben-Star wegzurennen, falls er nach seinem ersten Auftritt von wenigen Minuten die Bühne vierzig Minuten lang nicht mehr betreten durfte. Dreizehn- bis Fünfzehnjährige waren wohl damals schon schwer zu handhaben – vor allem, wenn sie recht hatten. Shakespeare beschloss, Portia einen Zwischen-Auftritt zu gönnen. Die beiden Stadien des Morocco-Besuchs, Vorstellung und Kästchenwahl, wurden getrennt.[21] Der Eingriff hinterließ eine Narbe: Die neue Szene II, 1 wurde (außer der Schnellstepisode IV, 2) zum kürzesten Auftritt des Stückes.

Wie verfiel Shakespeare darauf, Moroccos Vorstellung gerade an ihrer jetzigen Stelle, als II, 1 einzufügen? Diese Lösung war nicht nur rhythmisch die befriedigendste, sondern auch dramaturgisch die einzig mögliche. Die „neue" Szene musste, auf die Bassanio/Antonio/Shylock-Handlung bezogen, *nach dem Vormittag* des I. Aktes, jedoch (an der letztmöglichen Stelle vor der langen zusammenhängenden Venedig-Phase) *vor dem Nachmittag-bis-Spätabend* des II. Aktes stehen. Sie bildet jetzt, findig und nützlich, den Einschnitt zwischen Shylocks Kreditzusage und Bassanios Verschwendungskampagne. Dieser Zeitsprung von einigen Stunden, vom späten Vormittag I, 3 zum frühen Nachmittag II, 2 (die Akt-Einteilung stammt übrigens erst aus der Folio), war in der Urfassung auf zweierlei Arten gefüllt: theaterpraktisch durch Lancelots derbkomischen Erstauftritt (der vom Publikum geliebte „Clown" wurde bis zu diesem Punkt aufgespart) – handlungslogisch durch einen Haufen virtueller Geschehen, die Shakespeare haarspalterisch mit offenen und versteckten Angaben uns Zuschauern mitteilt.

In dieser Mittagspause der Venedig-Handlung fallen vor: Antonio und Bassanio gehen zum Notar, um den fatalen Vertrag aufzusetzen (I, 3,168-9); Shylock eilt nach Hause (I, 3,170-174), trifft dort seine Glaubensbrüder Tubal und Chus, die seine Barmittel durch einen Kurzkredit ergänzen (I, 3, 50-53, III, 2, 283-289); er schwört „beim heiligen Sabbath", Antonios Leben zu kassieren (IV, 1,36f., 224f.); man trifft sich beim Notar zur Unterschrift und zum Empfang der dreitausend Dukaten (I, 3, 172-173); dabei prahlt Bassanio mit seinen Heiratsplänen, Shylock empfiehlt ihm, seinen eigenen nichtsnutzigen Diener Lancelot anzuheuern und auf die Brautfahrt mitzunehmen (II, 2, 103-107; II, 2, 138-141; II, 5, 45-50). Jetzt erst, nach all den Erledigungen, kann Bassanio zu jenem auffallend betonten Mittagessen gehen, das er seinen Freunden Lorenzo, Gratiano zweimal versprach (I, 1, 70, 105) und zu dem er sogar Shylock vergeblich einlud (I, 3, 28). Die Einladungskarten zu seiner Abschiedsparty am Abend (II, 2, 110-111) schreibt er wohl beim Nachtisch. Shakespeare lässt seine Figuren, auch wenn das Spiel pausiert, keinen Moment lang aus den Augen.

## DINNER ODER SUPPER

„Dinner" also in Venedig wie in Belmont: Die beiden unüberhörbar hervorgehobenen Mittagessen sollten, in der Absicht von Shakespeares *Neufassung*, sozusagen identisch sein. Morocco will in Belmont davor die Probe wagen, während Bassanio in Venedig die Dukaten für seine Belmont-Fahrt einsackt; Morocco wird auf „after dinner" vertröstet, während Bassanio, Lorenzo, Gratiano endlich zu ihrem verabredeten Mittagsmahl kommen. So dachte es Shakespeare. Er wird sogar seinen ausgepichten Spaß daran gehabt haben, mittels der Häufung des Wortes „dinner" in Venedig und Belmont die festeste Synchronität zwischen beiden Schauplätzen zu schaffen – in dem Augenblick, da er deren Synchronität durch seinen Eingriff zerstörte. Er hatte in der Eile der Änderung eines vergessen: eine nunmehr irrige Zeitangabe der Urfassung – „to-night“ – zu tilgen. Zur Leichtfertigkeit verführte den Autor/Regisseur, dass er, um seine neue Szene II, 1 gegen zwölf Uhr mittags zu plazieren, nur drei neue Zeilen zu dichten hatte: anderthalb für Portia, anderthalb für Morocco – die Schlusszeilen der neu abgetrennten Szene (II, 1, 44-46).

PORTIA: First, forward to the temple, after dinner
  Your hazard shall be made.
MOROCCO: Good fortune then,
  To make me blest or cursed'st among men!

Gab es weitere Änderungen? Wir dürfen lediglich vermuten: Shakespeare mag in jener letzten oder vorletzten Hauptprobe, um der nun verselbständigten Halbszene mehr Raum und Gewicht zu geben, die schwülstig hohlen Herkules-Zeilen II, 1, 31-38 improvisiert und eingefügt haben.[22] Die Urfassung lässt sich unschwer ohne sie vorstellen. Dem Drängen Moroccos, „… to win thee lady“ (II, 1, 31) – oder vielleicht schon: „… to try my fortune“ (II, 1, 24) –, schloss sich einst Portias „You must take your chance“ an (II, 1, 38), präzis und harmonisch im Inhalt wie im Metrum des Blankverses. Und Moroccos neues Drängen „Come, bring me unto my chance“ (II, 1, 43) führte unmittelbar zu Portias ritueller Eröffnung des Wahlzeremoniells: „Go, draw aside the curtains and discover / the several caskets to this noble prince: / Now make your choice!“ (II, 7, 1-3). Diese Erstvariante von II, 7 fordert geradezu einen Versuch der Rekonstruktion. [Anhang 1: Die Urfassung von II, 7.]

In der Urfassung hatte das „to-night“ des Servingman, auf den Belmont-Abend des *ersten Tages* bezogen, seinen triftigen

Sinn. Wie absichtsvoll Shakespeare die Morocco-Wahl ursprünglich zur späten Stunde (statt „after dinner") spielen ließ, hämmern dem wachsamen Hörer die Schlusszeilen der vorangehenden Venedig-Szene dreifach ein. Nicht nur beendet Antonio den Venedig-Abend sowohl mit „nine o'clock" als auch mit: „no masque *to-night*" (II, 6, 64). Sondern Gratiano steigert sein allerletztes Wort als Couplet-Schlussreim zum mahnenden Glokkenschlag: „I desire no more delight / Than to be under sail and gone *to-night*" (II, 6, 68). Die Glocke läutete den lang versprochenen Nacht-Auftritt des nachtfarbenen Mohren ein – und tat der Logik der Gesamtfabel erst volles Genüge. Moroccos Absturz *am ersten Spätabend* machte für Bassanio, der eben jetzt nach Belmont aufbrach, den Weg frei.

## DIE BILANZ DER ÄNDERUNG

Doch die Neuszene II, 1 stand nun und tat im Rhythmus sowohl der Handlung als auch der Portia-Rolle eine gute Wirkung. Die Uraufführung des Stückes war bald vorbei, gewiss mit (seither gleichbleibendem) Erfolg. »The most excellent Historie of the Merchant of Venice« blieb mindestens acht Jahre lang im Repertoire der »Lord Chamberlain's Men«, die 1603 zu »The King's Men« avancierten; von zwei Vorstellungen am Hof im Februar 1605 haben wir Nachricht.[23] Den Fehler hatte kein Zuschauer gemerkt; man überhörte das Wörtchen „to-night" und verließ sich auf den Sog der Fabel. Szenenfolge und Wortlaut der Premiere erhielten sich in der Aufführung – und in der Vorlage für den drei Jahre späteren Erstdruck.

Was war der Gewinn, was der Verlust, die durch die Zerteilung von II, 7, die Einfügung von II, 1 entstanden? Gestärkt wurde die Rolle der Portia. Sie lässt uns jetzt schon in der ersten Stückhälfte ahnen, dass sie zu einem Shylock und Antonio gleichrangigen Charakter wachsen kann. Sie wird im IV. und V. Akt den Streit erst gegen den Feind, dann gegen den Freund ihres Mannes gewinnen. Aber die „Neufassung" hat nicht nur Portia einen Dienst erwiesen – sie hat die Prägung der ersten Stückhälfte verändert. Belmont kam darin ursprünglich, wir sahen es, nur an den äußersten Rändern, zu Beginn und Schluss des Ablaufs vor. Die erste Hälfte brachte ein *Stück über Venedig*: ein urbanes Finanz- und Milieudrama über den Großkaufmann Antonio, den Verschwender Bassanio und den Wucherer Shylock. Die Änderung machte den Zuschauern nun frühzeitig klar: »Der Kaufmann von Venedig« handelt von Venedig-und-Belmont, Welt und Gegenwelt. Der immense Reichtum der Villenherrin stammt offenbar nicht aus strebsamem Kommerz. Der kapitalgierigen Handelsmetropole wird (als ethischer Maßstab oder poetische Illusion) ein Ort der Anmut, der adelig-verklärten Idealwerte gegenübergestellt.

Verloren dagegen, in zwei Teile gerissen war das märchenhaft festgelegte Ritual, das Moroccos Werbungs-Auftritt einst mit den Kästchen-Auftritten Aragons und Bassanios analog setzte. Shakespeares Elemente für die Zeremonie der Kästchen-Probe sind: Selbstvorstellung des Ankömmlings; Mahnrede Portias; Wahlmonolog; Öffnung des Kästchens; Entdeckung von Bild und Sinngedicht; Kommentar des Freiers und Portias zum Scheitern oder Gelingen. Bassanio wird das erste Stadium erlassen; er hat sich Portia schon bei seiner Ankunft in Belmont vor drei Monaten, im Sinne des Rituals, nach Rang und Herkunft feierlich vorgestellt: „When I did first impart my love to you, / I freely told you: All the wealth I had / Ran in my veins ..." (III, 2, 252-255). – Verloren ging eine weitere Eigenheit von Moroccos einstiger Gesamt-Szene (kleinsten Details leiht Shakespeare oft schärfste Beweiskraft): der Rede-und-Antwort-Bezug ihrer allerersten und allerletzten Zeile. Begonnen hatte der Auftritt damals mit Moroccos rührender Bitte, „Mislike me not for my complexion" (II, 1, 1) – und endete mit Portias rüdem Bescheid: „Let all of his complexion choose me so" (II, 7, 79). Die perfide Pointe tut kaum noch weh, seit ihre beiden Teile durch sieben Szenen getrennt sind.

Editorisch berichtigen darf man Shakespeares Text nicht. Die zweifache technische Pflichtaufgabe jedes „zweisträngigen" Erzählens heißt: 1) die Stränge der Fabel parallel führen; 2) keinen Strang zu lang liegenlassen. Als diese Gebote, die einander sonst helfend ergänzen, im »Kaufmann von Venedig« gegeneinanderstießen, folgte Shakespeare dem zweiten Gebot und verletzte ungewollt das erste. Den in der „Neufassung" entstandenen Riss zwischen beiden Handlungszeiten könnte man durch Ändern oder Weglassen weniger Worte verkleistern. Doch solcher Tricks dürfen sich Regisseure, Dramaturgen bedienen, nicht Textexegeten.[24] – Letztere ergingen sich allerdings von 1800 bis 2000 in wilden Vermutungen über die Erzählzeit von Akt I und II. Etwa: Bassanio brauche eine Woche für seine Reisevorbereitungen, Morocco verbringe eine Woche bei Portia vor seiner Kästchenwahl.[25] Oder: Zwischen Venedig und Belmont liege das Meer, Bassanios Anfahrt dauere fast drei Monate. Dass diese Konstrukte mehr ideologische als philologische Gründe haben, wird unsere Analyse des Handlungsablaufs und seiner Deutungsgeschichte erweisen.

Die Morgenstunde des neuen Tages, die der Krisennacht folgt, hinterlässt in Venedig (II, 8) die beiden konkurrierenden Protagonisten, den Kaufmann und den Juden, mit unheilbaren Wunden; in Belmont (II, 9) öffnet sie den anderen beiden, Portia und Bassanio, Aussicht auf Wunscherfüllung, endloses Glück. Erst drei Monate später setzt das Bühnenspiel, nach einer einzigen Zwischen-Szene in der Zwischen-Zeit, wieder ein. „Jetzt" und „Drei-Monate-später": Die Chronologie spaltet das Stück auf beiden Schauplätzen, zu Venedig wie zu Belmont, in zwei entschieden getrennte Hälften. Sie gliedern die Gesamtfabel; sie sollen auch unsere Untersuchung gliedern. Den Zeitverlauf der *ersten Stückhälfte* haben wir beim Enträtseln des Morocco-Fehlers in großen Zügen vorausgenommen; jetzt gilt es, ihn im Detail nachzuzeichnen. Dem folgt eine chronologische Erkundung der *zweiten Stückhälfte.* Der *Zwischen-Zeit* sind böse und gute Ereignisse aufgebürdet; sie entscheiden die Handlung mit, ohne auf der Bühne gezeigt zu werden. Ihnen wird ein mittlerer Abschnitt gehören.

# I. DIE ERSTE STÜCKHÄLFTE

## AUSKUNFT VERWEIGERT

»Der Kaufmann von Venedig« beginnt mit der schlechtesten Exposition der Weltliteratur. Die Aufgabe der Exposition im Drama besteht darin, die Anfangssituation der dramatis personae bekanntzugeben. Das heißt: Sie soll über die Vergangenheit und die gegenwärtige Lage der Agierenden uns alle Informationen liefern, die zum Verständnis der kommenden Handlung nötig sind. Shakespeare trennt aber diesmal seine formale Exposition von jeder inhaltlichen Information. Zugespitzt: Die Exposition des »Kaufmann von Venedig« besteht darin, uns jede Information vorzuenthalten.

Die ersten hundertzwölf Zeilen vom Stückbeginn bis zum Gespräch Antonio/Bassanio sind eine einzige Befragung Antonios. Zunächst die Neugierigen Salerio und Solanio (1-56), dann auch der Spaßmacher Gratiano (74-104) wollen nur eines wissen: warum Antonio sich jüngst so verändert habe. Antonio schweigt meist in diesen Dialogen. Er spricht bloß ein Sechstel der Szene, zwanzig Zeilen; zehn davon sind mit der Bestätigung seiner neuen Gemütsverfassung, sechs mit der Ausschließung ihrer möglichen Gründe, vier mit frostig abweisenden Höflichkeitsformeln gefüllt. Die übrigen fünf Sechstel, zweiundneunzig Zeilen, gehören den Fragen der anderen: ein Kreuzverhör, dem Antonio trüben, verstockten Widerstand entgegensetzt. „I know not", „believe me no", „Fie!".

Shakespeare hat diesmal die äußere Triebfeder jedes Theaterspiels, die Neugier des Publikums, in Solanio/Salerio leibhaft auf die Bühne gebracht. Tat er das nur, um dann ihrem, unserem berechtigten Aufklärungsanspruch umso höhnischer ein Schnippchen zu schlagen? Man bedenke, mit welcher unbeirrbaren Zweckdienlichkeit der Dramenkonstrukteur schon zu

Anfang seiner Laufbahn, in den »Zwei Herren aus Verona«, im »Heinrich VI, 1. Teil« seine Stücke beginnen ließ – und wie er dann, überrumpelnd kühn, die beiden äußersten Möglichkeiten der Exposition erprobte: im ausgreifend weltschaffenden Eröffnungsmonolog des »Richard III.« und im knappstmöglichen Prolog von »Romeo und Julia«. Wenn das Spiel begann, wussten wir alles, was wir wissen mussten. Wieso hat nun dasselbe Planungsgenie jene allerseltsamste Exposition, die je geschrieben wurde, dem »Kaufmann von Venedig« vorangestellt: die demonstrative Verweigerung jeglicher Exposition?

Wir versprachen uns von der Chronologie Klärungen von Struktur und Sinn. Gibt sie Aufschluss bereits über die regel- und effektwidrige erste Szene des ersten Aktes? Sie tut das im Übermaß. Denn die Entscheidung, den Zeitablauf des »Kaufmann von Venedig« ernst zu nehmen, führt uns sofort zur paradoxen Einsicht: Das Stück beginnt nicht mit seinem Beginn. Wir haben soeben mit viel Aufwand nachgewiesen, dass die erste Stückhälfte von Vormittag bis Vormittag genau und lükkenlos in einem Tag spielt. Nun müssen wir zugeben, dass dieser Tag schon der zweite oder dritte der wirklichen Handlung ist. Das bezeugen nicht die kargen Repliken des Titelhelden, sondern die unermüdlichen Fragen an ihn. Antonio entgeht durch Schweigen dem Gemeinplatz: Qui s'excuse, s'accuse. Aber er verfällt Kafkas Axiom: Schuld zieht die Fragen an. Wer vernommen wird, hat Schuld (vor sich?) zu verbergen.

Freunden und Fremden ist also aufgefallen, dass der reiche Kaufmann Antonio seit kurzem düster, mit Kummer beladen wirkt: „Believe me you are marvellously changed" (I, 1, 76). Sie fragen mit geheuchelter oder echter Teilnahme nach dem Grund. Die Erklärung mancher Shakespeare-Forscher, Antonio sei „ein Melancholiker", ist textwidrig und unverständig: Man fragt keinen Chinesen, wieso er neuerdings so gelb geworden sei. Wäre Antonio ein von düsterem Temperament Beherrschter, ein Immer-schon-Trauriger – Solanio/Salerio, auch Gratiano hätten keinen Anlass, vereint der Ursache seiner Verwandlung nachzuspüren. Er selbst dürfte sich noch weniger im allerersten Vers des Stückes über seinen Gemütswechsel wundern: „In sooth I know not why I am so sad." Die Trauer habe ihn, so behauptet er, grundlos angeflogen.

Die chronologische Lektüre müsste nun Wort für Wort prüfen, ob der Text irgendwo andeutet, was Antonio jüngst zustieß. Aber Shakespeare gibt nicht nur Andeutung, sondern feste Nachricht. Vor wenigen Tagen hat Antonio von dem ihm teuersten Menschen Bassanio („Er liebt die Welt nur seinetwegen" II, 8, 50) erfahren, dass er heiraten will. Eben für heute, für diese Morgenstunde hat der Jüngere dem Älteren Bescheid über seine Pläne versprochen (I, 1, 119-121).[1] Shakespeare stellt klar: Einzig zu dem Zweck treffen sich die beiden heute früh. Antonio hofft auf genaue Auskunft, Bassanio auf schnelles Geld. Jede andere neue Beschwernis schloss der Stückbeginn mit pedantischer Sorgfalt aus; ja, er gründete auf Antonios sturer Beteuerung, dass ihm nichts Neues zugestoßen sei. Nur als er nach Liebeskummer befragt wurde, rief er plötzlich empört: „Pfui! Pfui!" (I, 1, 46). Hat er keinen? Oder nennt er, nennt man *seine* Liebe „Pfui! Pfui!"?[2]

So viel zur nahen Vergangenheit, die die Gegenwart bestimmt. Was aber setzt das Stück sonst an expositionswürdiger Vorgeschichte seiner Personen voraus? Shakespeare verteilt sie kunstvoll auf den Rest des ersten Aktes. Über Antonio erfahren wir auffallend wenig: Er hat Shylock, sooft er ihn sah, als Wucherer beschimpft, als Juden getreten und bespuckt. Über Bassanio schon mehr und Persönlicheres: Er ist von Adel, hat seine Erbschaft vergeudet, ließ sich seither von Antonio aushalten. Beide sind unverheiratet – so auch Portia. Sie darf nach dem Gebot ihres toten Vaters sich nur dem vermählen, der das Rätsel der drei Kästchen aus Gold, Silber und Blei löst. Sie hat Bassanio vor Jahren gesehen und sich seither nach einem Wiedersehen gesehnt. All das zu wissen wäre uns nützlich; nichts davon wird in den hundertachtzehn Anfangszeilen auch nur von fern berührt. Mit der hundertneunzehnten Zeile ändern sich abrupt Ton und Inhalt.

Als Antonio mit Bassanio allein bleibt, als seine lästigen Inquisitoren fort sind, wirkt die Titelfigur wie aus schwerem Torpor erwacht. Shakespeare hat für diesen Moment eine Schockwirkung erdacht. Der bislang nur mit Fragen Gequälte stellt plötzlich seine eigene Frage, die erste in seinem Text: „Well, tell me now, what lady is the same / to whom you swore a secret pilgrimage – / that you to-day promis'd me to tell of?" (I, 1, 119-121) Und nun wird die bislang aufgeschobene, ja verwehrte Exposition mit höchster Eile und Deutlichkeit nachgeholt. Antonios Schweigen wird weggeschwemmt von Bassanios Redefluss erst seiner Verlegenheit, dann seiner Verlegenheiten: seines Heiratswunsches und Geldmangels. Antonio unterbricht ihn mit Schwüren, ihm sei kein Opfer für den Freund zu groß. Sein Diskurs birst vor Superlativen, die seine Person und Habe anbieten, „my purse, my person, my extremest means" (138), „my credit … even to the uttermost" (181). »Der Kaufmann von Venedig« hat zum Schein keine, in Wahrheit eine doppelte Exposition. Die erste gehört dem öffentlichen Leugnen, die zweite dem kaum verhüllten Bekennen.

## FRÜHE BEGEBNISSE, SPÄTE FOLGEN

Shakespeare hat nicht vergessen, was eine Exposition ist; er hat in wohlüberlegter Absicht die Information zunächst durch Desinformation ersetzt. Es fragt sich: Vor wem schützt Antonio den Grund seiner Trauer? Vor sich selbst? Vor den Neugierigen Venedigs? Oder vor der Mehrheit seines Londoner Publikums?

Antwort darauf suchen wir im Zweiten und Dritten Kapitel dieses Buches.[3] – Mit Antonios Auftrag an Bassanio, einen Gläubiger aufzutreiben (I, 1, 183-185), endet das Stadium der Vorbereitung. Die nötigen Elemente sind beisammen, um Shylocks Auftritt zu erzwingen. Ein perfektes Dreieck des Verhängnisses ist aus drei Charakteren in drei Zeitschichten erbaut. Vergangenheit: Der Unglücksmensch A vernarrte sich in den Glücksmenschen B. Gegenwart: Der Meisterverschwender B trifft auf den Meisterwucherer S. Zukunft: Der „wölfische" Einzelhändler in Geld S wird bald Macht gewinnen über den „königlichen" Großhändler in Waren A – der Jude über den Judenhasser, der ihn sonst schmähte, trat und bespie.

Antonios Verhältnis zu Bassanio ist die maßlose Verliebtheit eines Unglücksmenschen in einen Glücksmenschen. Es ist erhellend absurd, dass ein dem Verlust, der Trauer Verfallener „merchant adventurer" von Beruf ist – und dass seine Liebe, sein Lebenssinn sich an einen besessenen „adventurer", einem „fortune"-Jäger klammern. „Fortune", „venture", „adventure", „hazard" lauten Schlüsselstellen bei Antonio: I, 1, 15, 41, 42, 44, 176, bei Bassanio: I, 1, 143, 151, 175; III, 2, 2, 10, 21, 130, 266. Sie verkürzt zitieren würde Kapitel einnehmen. Im Stückschluss werden sie nochmals gesteigert und bekräftigt: Der unverschämt ironische Schock von Portias Ankündigung von Antonios wiedergefundenen Schiffen krönt Shakespeares Spiel mit dem Zufall, dem „Abenteuer" im gesamten Stück. Alle angstvollen Abneigungen Shylocks gegen die Risiken von Stürmen, Sandbänken, Felsen wirken dagegen wie Glanzstücke eines nüchternen Realismus.

Erst im Medium der Zeit entfalten sich die Charaktere zur Handlung; und nur das sittsame Ignorieren von Antonios, Bassanios, Shylocks Vorgeschichte machte es jahrhundertelang möglich, den dreifachen Impuls des Fabelbeginns, samt seinen Folgen für den Rest des Stückes, zu verfehlen. Shylocks Drang nach Vergeltung wird ihm im I. Akt den Schuldschein eingeben. Bassanios Lust auf Verschwendung wird ihn im II. Akt an einem einzigen Nachmittag und Abend an die dreitausend Dukaten vergeuden lassen. Antonios Sucht nach Liebesopfer wird, zum Todesverlangen verdüstert, das Venedig-Geschehen im III. und IV. Akt zum Untergang treiben. Das Wiedersehen der Freunde vor Gericht wird die Kämpfe und Versöhnungen des V. Aktes auslösen. Zeitangaben bilden im »Kaufmann von Venedig« kein bloßes Aktionsgerüst, sondern gleichsam eine zweite Sprache aus bald schwer, bald leicht lesbaren Chiffren. Ob Shakespeare einen Fingerzeig gibt oder mit dem Zaunpfahl winkt – uns Zuschauern fällt es zu, die Monate, Tage, Stunden, Minuten als Bedeutungen zu entschlüsseln.

Wie aber kamen mit dem »Kaufmann von Venedig« die vielen Gelehrten und Regisseure zurecht, denen es von jeher widerstrebte, die Chronologie (Charaktere wie Handlungen) allzu genau zu verstehen? Ihre traditionsbewährten Antworten hießen: Antonio ist der edelste, selbstloseste aller Freunde; Bassanio brennt vor jungheldischem Drang, die ihm verheißene schöne Jungfrau im Sturm zu erobern; Schuld daran, dass sich so edle Beweggründe fast in eine Katastrophe verkehren, ist Shylock, der dämonisch-groteske Erzfeind alles Edlen. Das härteste Problem bleibt: Wieso lässt sich »Der Kaufmann von Venedig« sowohl in Erkundung als auch in Missachtung seiner chronologischen Maschinerie und Bedeutungsfülle gleich erfolgreich auf dem Theater spielen? Auch davon handelt das Zweite Kapitel dieses Buches; es trägt den Titel »Zwei Stücke in einem«. Zunächst nur so viel: Die erste, platt konventionsfromme Charakter- und Handlungsvariante des »Kaufmann von Venedig«, die „romantic comedy“, reicht seit 1600 offenbar hin, um ihr Publikum mit dem Sieg des Guten, der Niederlage des Bösen glücklich zu machen. Das ist das Stück, das die meisten von uns – bis heute – kennen.

Wird die Chronologie hingegen wortwörtlich und unerschrocken verfolgt, so belastet und beschenkt sie ihre Zuschauer/Leser mit dem schwierigeren Ertrag eines „problem play“: mit Konflikten der Tatmotive, Zerreißproben der Gefühle. Die genaue Entfaltung der Charaktere und Handlungen in der Zeit fordert zugleich ihre genaue Verortung im Raum. »Der Kaufmann von Venedig« verknüpft (bis auf »Maß für Maß« einzig in Shakespeares Œuvre) zwei Wagnisse miteinander: Er spielt ganz und gar in der *Jetztzeit*; und er stellt eine *Großstadt* auf das Theater in ihrer vielschichtig konkreten Greifbarkeit.

## VENEDIG: STADT DER GEGENWART

Eine Herrlichkeit kommt mit dem ersten Wort der Spieler auf den Zuschauer zu. Von neun Uhr früh bis neun Uhr abends umdrängen ihn Menschen, aneinandergeklammert oder voneinander abgestoßen in ihren heftigsten Lebensenergien. Schamlos offene Wünsche und tückisch versteckte Berechnung kreuzen sich auf Venedigs Plätzen, Brücken und Gassen. Liebe und Geld, die Triebkräfte dieser Metropole, scheinen nur auf den ersten Blick Gegensätze für Moral und Empfindung; eilends affizieren sie einander zu erregenden Mischungen. Ideale und Interessen, Herzensbedarf und Mitgiftjagd durchflechten sich im urbanen Gewimmel. Es scheint, als habe das neue London, in dem Shakespeare lebte, mit Handwerker- und Dienerscharen, mit Kreditnehmern und -gebern, der Börse, dem Welthandel, ihm das imaginär-reale Venedig vorfiguriert: eine Stadt farbglänzender Vision und schmutziger Tagesgeschäfte.

Auf den Bühnen von London erschien 1597/98 eine neue Art Theaterstück, die „citizens' comedy“. Das aus Typenfarce und Genreidylle gezimmerte bürgerliche Gebrauchsspektakel hatte immensen Zuspruch. Theaterunternehmer und Gelegenheitsautoren vermehrten sich rasch, um das willige Publikum dutzendweise mit Geschichten über Goldschmiede, Schusterstöchter, Metzgergesellen zu beliefern.[4] Shakespeare hat nie ein Londoner Volksstück geschrieben. Seine Realitäten riechen weder nach Werkstätten noch nach Jahrmärkten, weder nach Gerbsäure noch nach Spanferkel. Trotzdem erreichte keine Stubenromanze der Dekker, Middleton, Fletcher an Lebenswahrheit auch nur annähernd Shakespeares drei bahnbrechende Stadt-Stücke. Ein Stadtporträt vitalsten Atems bot nämlich schon 1595 das mediävale Verona von »Romeo und Julia«.[5] Ihm folgte die Gegenwart-Metropole des »Kaufmann von Venedig« – 1597 (entworfen wohl 1596), als die ersten „citizens' comedies" auf die Londoner Bretter kamen.[6] Nachfolgen wird ihnen nur das bestürzend fiktive und superreale Vienna von 1603: »Maß für Maß«.

Natur kommt in Shakespeares Venedig-Bildnis nicht vor. Nur das Meer behält eine zweideutige Präsenz: Das mächtigste Element soll im Netz der Handels- und Verkehrswege eingefangen, zum Objekt täglicher Börsennotate werden; dennoch droht es jede kaufmännische Rechnung bei einem Windstoß in Fetzen zu reißen. Sonst aber kein Felsen von Dover, keine Schafsweide von Böhmen; und die irrwegreichen Wälder um Athen, in den Ardennen, auch das Spukgestrüpp von Dunsinane, sind zum gepflegten Schlosspark von Belmont zurechtgestutzt worden. Der Schwund der Natur erweist sich als eine Quelle fast körperlicher Nähe von Personen und Stoffen. Schon die Anfangsakte setzen – vor dem Gerichtgewimmel des IV. Aktes – Notare, Pfandleiher, Köche, Schneider, Gondolieren voraus. Doch nicht nur durch imaginäre Volkspräsenz, auch kraft seines durchdringend wachen Blicks für Triebe und Interessen spielt »Der Kaufmann von Venedig« ganz in der urbanen Jetztzeit.

Dass ein Theaterstück, Komödie oder Tragödie, in der Gegenwart spielt, ist alles andere als selbstverständlich; man denke an Shakespeare benachbarte Stücke. Im Athen des »Sommernachtstraum« herrscht ein halb mythischer, halb barocker Souverän; das Gesetz, das den Liebespaaaren droht, stammt aus fabulös ferner Archaik. Das Verona von »Romeo und Julia« dekorierte sein präsentisch pulsierendes Stadtpanorama noch mit den Chroniken der Sippenkämpfe zwischen befestigten Geschlechtertürmen. Dagegen sind der »Kaufmann«-Streit um Zins und Wucher, um das „adventure"-Kapital in der explosiv wachsenden Kolonialwirtschaft ganz und gar von Shakespeares Heute. Jedes Vorpreschen, jedes Stolpern der Antagonisten Shylock und Antonio ist eingefasst in die Wertumstürze, Werterfindungen aktuellster Zeitgenossenschaft. Realität wohnt dabei nicht nur in der Einzelfigur, sondern in der Interaktion aller Figuren: in ihrer Sprachmitteilung und Handlungsverknüpfung, die „Gesellschaft" schaffen und spiegeln.

Was heißt das für die Chronologie des »Kaufmann von Venedig«? Er gehört in seinen beiden Anfangsakten (wie die anderen Stadt-Fabeln »Romeo und Julia« und »Maß für Maß«) zu den Stücken, die eine komplexe urbane Strecke zu einer geschlossenen theatralischen Strecke verdichten. Jeder kommt mit jedem in nahe, räderwerkähnliche Verschränkung, welche die Zeit des Ablaufs unausgesetzt vorantreibt. Ins Extreme steigert sich aber diese Verzahnung von Konfliktraum und Zeit in Shakespeares spätestem Spätwerk, dem gänzlich stadtfernen Insel-Spiel »Der Sturm«. Dort, im klaustrophilen Labor, verkürzt sich das Experiment auf vier Stunden. Hier, in Venedigs übervölkerter Sozialwelt von Akt I und II, strömt ein ganzer Tag von zwölf Stunden dahin. Dort der Planer Prospero, der als Marionettenspieler in den Vordergrund tritt, hier der Dramatiker, der sich hinter seinen lebenden Figuren verbirgt: Ihr Metier ist das gleiche. In unfehlbarem Kalkül messen und steuern sie die Stunden und Minuten.[7]

## VENEDIG VON MORGENS BIS ABENDS

I, 1: Das Stück setzt in einer *Morgenstunde* an: Solanio und Salerio beginnen ihre Kundschafter- und Zuträgerrunde durch die Stadt; Bassanio, Lorenzo, Gratiano kommen vom Frühstück (falls sie das Geld hatten, es zu bezahlen); Antonio drängt es, an seinem Schicksalstag so früh wie möglich mit Bassanio zu reden. Wenn die Szene endet, ist Geschäftszeit: Bassanio eilt los, um seine dreitausend Dukaten aufzutreiben. Die Rialto-Börse war (laut Coryate 1608) täglich von 11 bis 12 und von 17 bis 18 Uhr für die Kaufleute geöffnet. Außerhalb dieser Zeit wurden die Geschäfte auf der Rialto-Brücke, die beiderseitig Läden und Wechselstuben trug, fortgesetzt. Shakespeare kennt sich gut aus: „Rialto" nennt er bald die Brücke („upon", „on the Rialto" I, 3, 17 und 33-34; III, 1, 1 und 40), bald den Börsenbau („in the Rialto" I, 3, 103). Die Stadt drängt in die Handlung.

I, 3 spielt (wie die erste, gleichzeitige Belmont-Szene I, 2) noch am *Vormittag*. Bassanio hat inzwischen einen Leihgeber aufgetan und bringt ihn gleich mit. Antonios eigene Bemühungen um Kredit – „and so will I" (I, 1, 183) – sind offenbar erfolglos geblieben. Er fand keinen, der ihm *sofort* (und zinslos?) so viel Geld geliehen hätte.[8] Der kreditgeübte und reisegierige Bassanio führt ihm den übelsten Wucherer zu; der allein beschafft die Summe in kürzester Frist (I, 3, 50). Bassanio hat sich, wie wir hörten, mit Lorenzo und Gratiano „at dinner-time" verabredet. Dinner ist für die Oberschicht Englands die Hauptmahlzeit des Tages, das Mittagessen von 11 oder 12 bis 14 Uhr (das Abendessen ab 17 oder 18 Uhr heißt „supper"). Was sonst an diesem *Mittag*, im Einschnitt zwischen I, 3 und II, 2 virtuell geschieht, haben wir im einzelnen aufgezählt. Nach dem kurzen Belmont-Sprung II, 1 beginnt nun jene „lange zusammenhängende Venedig-Phase", von der wir dort sprachen.

II, 2: gegen *drei Uhr nachmittags.* Bassanio hat sofort angefangen, das geliehene Geld auszugeben: für neue Diener, neue Livreen (111), Schiffskauf oder -miete (162) – in einem Unmaß, das sich stadtweit herumspricht (104-5). Zuallererst hat er Shylocks Diener Lancelot, den Nichtsnutz, Vielfraß, Geldvertilger, angeworben und ihm die teuerste Livree fertigen lassen (II, 2, 138-141; II, 5, 49-50). Er bestellt für Venedigs Society ein Abschiedsmahl, das in einem luxuriösen Fest, „in boldest suit of mirth" verzehrt werden, mit einem Maskenzug enden soll. – II, 3: gegen *halb vier.* Lancelot ist heimgekehrt (II, 2, 146; 159), um adieu zu sagen. Bassanios Abendessen soll bald beginnen (II, 3, 5); Jessica weiß und wünscht, dass sie an diesem Abend entführt wird. Sie sichert Lorenzo in einem Geheimbrief zu, was sie ihm als gestohlene Mitgift bringen wird aus dem Goldschatz ihres Vaters.

II, 4 beginnt – mit genauer Zeitangabe – um *vier Uhr nachmittags* (8). Shakespeare plant Lorenzos Aktionen nun so pedantisch, Lorenzo so schludrig (1-7), dass es einen verwirren kann. Das Fest beginnt nach *fünf* Uhr in Bassanios Quartier (II, 2, 110), die Clique will sich vom Essen wegschleichen und bis um *sechs* (II, 4, 8-9) sich rasch zum Maskenzug umkleiden. Mit Solanio/Salerio will sich Lorenzo dafür „some hour hence" (*halb sechs*? die Zeit vergeht nicht nur zwischen, sondern auch in den Szenen) bei Gratiano treffen (29). Jetzt erhält er Jessicas Brief; die profitable Entführung ist beschlossen. – II, 5 spielt gegen *sechs Uhr*: Ist es Karnevalszeit, so wird es (nicht nur in London, auch in Venedig) allmählich dunkel. Der Dialog beginnt, nachdem Lancelot Bassanios Last-minute-Einladung dem Juden (als Allerletztem unter den „Bestgeschätzten [s]eines Freundeskreises", II, 2, 164) übergeben hat. Shylock verlässt sein Haus, geht zu Bassanios schon laufendem Fest, wenn auch mit bösem Vorgefühl.[9]

II, 6 spielt von etwa *acht* bis Punkt *neun Uhr abends*. Gratiano, Salerio hatten sich („in Gratianos Unterkunft") vor Shylocks Haus neu mit Lorenzo verabredet. Kurz nach sieben wollten sie wieder bei Bassanios Maskenfest sein, mit Jessica als Fackelträgerin (II, 6, 2). Doch Lorenzo verspätet sich, um die Flucht vorzubereiten (21-23). Man bedenke: Die Ungeduld der Wartenden (1-4), Lorenzos Entschuldigung für seinen „long abode" (21-24), zum Überfluss noch die Zeitangabe „The close night doth play the runaway, / And we are stay'd for at Bassanio's feast" (47-48) – alle Erfindungen dienen jener „Neugier und Präzision des chronologischen Zugriffs", die wir als Signum des »Kaufmann von Venedig« vorfanden. Doch zugleich ist die Kontinuität des II. Aktes ein dramaturgischer Meistertrick. Jede sichtbare Szene richtet sich am unsichtbaren Luxus-Fest aus, mit dem Bassanio sein Talent beweist, sobald er Geld in der Tasche hat, es durchzubringen.

Außer uns Zuschauern registriert das auch eine Dramenfigur: Shylock. In grotesk besessener Arglist unternimmt er noch die winzigste Kleinigkeit, damit „der verschwenderische Christ", falls er in Belmont versagt, keinen einzigen Scudo mehr zur Tilgung von Antonios Schuld nach Venedig zurückbringt. Darum vermittelte er den Vielfraß Lancelot an Bassanio (II, 2, 37-41; II, 5, 45-50); darum will er sich, trotz seines Ekels, „Schwein zu riechen" (I, 3, 29), an Bassanios Prachtspeisen selber vollfressen (II, 5, 14f.). Es ist *neun Uhr* geworden (II, 6, 62-66). Der Wind hat sich gedreht, der Maskenzug fällt aus; bei Bassanio wartet man auf den Mitreisenden Gratiano. – II, 8: Solanio und Salerio werden am nächsten Morgen erzählen, was alles noch in der Nacht geschah. Bassanio fuhr mit seinem Brautwerbungs-Prunkschiff aus dem Hafen, Lorenzo und Jessica flohen in einer Gondel. Als Shylock nach Entdeckung des Tochter- und Goldraubs sogar den Dogen aus dem Bett trieb, war die Gondel schon verschwunden.

Ein abschließendes Wort zur ersten Stückhälfte – und zum Versagen vieler Deuter, Shakespeares Konstruktionsabsichten zu erahnen. Die Ballung von Akt I und II zu einem einzigen Tag, die sie leugnen oder übersehen, ist für des Dichters Einbildungskraft zweierlei: fester Realitäts-Beweis – und geistreicher Kunst-Trick. Natürlich hätte Shakespeare Furness' künftigen Roman über Bassanios mühselig lange Reisevorbereitungen selber schreiben können. Er wollte Erleseneres: das inhaltliche Drängen des Verhängnisses in der dramaturgischen Form des Ablaufs spiegeln. Die verdichtete Zeit übersetzt ins Formale: wie Antonio in höchstem Eifer alles tut, um den geliebten Freund noch „heute" zu verlieren; wie Bassanio in bedenkenlosem Leichtsinn noch „heute" zu seiner Abenteuer-Expedition aufbrechen und das fremde Geld noch „heute" verprassen muss. – Sinnvoll kann nur der über Shakespeares Chronologik um 1595/97 befinden, der ihr Doppelwesen im Auge behält: gewichtiges Ernstnehmen der Wirklichkeit und virtuose Lust an der Artistik, zugleich und untrennbar.

Die drei großen Szenen der ersten Stückhälfte, die der Gerichtsszene der zweiten Hälfte würdig wären, finden seltsamerweise nicht auf der Bühne statt. Zwei davon spielen in der Erzählung der beiden Neugierigen: Shylocks Heimkehr in sein Haus, Antonios Abschied vom Geliebten im Hafen. Die dritte spielt allein in unserer Phantasie: die (Wieder-)Begegnung von Portia mit Bassanio. Shylocks Heimkehr wurde in späteren Zeiten oft, um der Sympathiewerbung und des Theatereffekts willen, als tonlose Szene aufgeführt. Henry Irving begnügte sich damit, nach der karnevalbewegten, musikberstenden Szene von Jessicas Entführung die leere, verstummte Bühne zu betreten und zweimal an der Tür des verlassenen Hauses zu klopfen – dann fiel der Vorhang. Zwei Varianten gab es sogar in ein und derselben Regie Max Reinhardts: Schildkraut wählte die Heimkehr, die schmerzvolle Suche, den Zusammenbruch; Bassermann verzichtete darauf.[10]

II, 7: Zur gleichen Zeit spielten im Belmont der Urfassung, nach neun Uhr spätabends, Moroccos Ankunft, Wahl und Scheitern. Die erste Stückhälfte begann mit der Verschattung der Titelfigur. Sie endete, trotz Bassanios, Lorenzos vergoldeten Hoffnungen und Gewinnen, nicht nur mit Moroccos, sondern auch mit Antonios und Shylocks Verzweiflung. Der Autor versperrte uns den theaterwirksamen Anblick ihrer Krisen, diese prädestinierten Schluss- und Höhepunkte der ersten Stückhälfte. Ein seltsames Drama, ein noch seltsameres Lustspiel.

# II. DIE LANGE ZWISCHEN-ZEIT

## DIE PAUSE UND DIE AKTION

Die zweite Stückhälfte (III, 2 bis V, 1) hat nur wenig mehr Verse als die erste (I, 1 bis II, 9). Der erste Handlungsteil umfasste *einen Tag*; der zweite Handlungsteil umfasst *drei Tage*, abzüglich weniger Nachtstunden. Zwischen den kompakten Blöcken aber überspringt das Bühnengeschehen *drei volle Monate und einige Tage*. In diese schicksallastige Lücke zwischen „Jetzt" und „Drei-Monate-später" ist nur eine einzige Szene (III, 1) eingesprengt. Sie markiert, etwa drei Wochen vor Ende der Dreimonats-Frist, den unaufhaltsamen Verlust von Antonios Habe und Blutpfand. Man vergleiche die Zeitproportionen unseres Stückes mit denen der ihm vorangehenden »Romeo und Julia« (vier Tage[1]) und »Sommernachtstraum« (drei Tage[2]), beide in kontinuierlichem Ablauf. Der »Kaufmann von Venedig«-Plot hat zur extravaganten Eigenart: Seine Spiel-Pause misst über zwanzigmal länger als seine Spiel-Aktion.

Die drei ungezeigten Monate lenken das Geschehen der vier gezeigten Tage. „Three months": Sechsmal wiederholten das Bassanio, Shylock, Antonio in ihrem Schuldschein-Auftritt des ersten Aktes (I, 3, 2; 3; 8; 61; 62; 99). Dennoch gliederte Antonio diese Frist noch in zwei plus eins auf, pflanzte in drei Zeilen (I, 3, 153-155) neunmal das bald stimmlose, bald stimmhafte „th" ein, nannte dort zweimal mehr die Zahl Drei, um sie unserem Hirn einzubrennen: „Within these two months, that's a month before / this bond expires, I do expect return / of thrice three times the value of this bond." Dieser „Wert" beträgt: „three thousand ducates".[3] – Wir treffen nun auf die größte Seltsamkeit der Chronologie-Debatte unter Philologen wie Theaterleuten von 1800 bis 2000. Nicht dem unstrittigen Morocco-Fehler der *ersten Stückhälfte*, nicht irgendeiner behaupteten

Unklarheit der *zweiten Stückhälfte* gilt der volle Zorn der Chronologie-Gegner. Er rüttelt mit Vehemenz an der Zeitlücke dazwischen: an den *drei Monaten*, die Shakespeare nicht auf die Bühne gestellt, doch im voraus schon mit heftigem Nachdruck umgrenzt und hervorgehoben hat.

Für Shakespeares Zuschauer, denen Shakespeares Berufsdeuter noch erspart blieben, erschien die Spanne dieser Zwischen-Zeit überaus klar. *Einen Tag nach* der Unterschrift des Schuldscheins kommt Bassanio aus Venedig in Belmont an (II, 9, 101). Etwa *drei Wochen vor* dem Ablauf des Schuldscheins sorgt Shylock für Antonios Verhaftung im Schadensfall (III, 1, 115). *Wenige Tage nach* dem Ablauf des Schuldscheins besteht Bassanio die Kästchenprobe in Belmont; zugleich meldet Antonios Bote ihm und seiner neu gewonnenen Braut, dass in Venedig Antonios Prozess und Tod am nächsten Vormittag bevorstehen (III, 2). Daraus folgt nach schlichter Erzähllogik: Bassanio hat, von seiner Ankunft bis zur Kästchenprobe, drei Monate und ein paar Tage in Portias Schloss verbracht. Das aber darf nicht sein. Die Fabel fordert es so, Shakespeare schrieb es so – doch die Interpreten wehren sich dagegen in einem Chor empörter Rechtschaffenheit.

Ein Berufsstand verteidigt die Ehre seines Helden. Bassanios Verweilen in Belmont hieße nämlich: Vergessen hat er drei Monate lang die Lebensgefahr, die Antonio seinetwegen einging; verschwiegen hat er Antonios Existenz vor Portia; verhehlt, dass er seine Brautfahrt auf Pump unternahm. Vor allem aber: Er hat drei Monate lang sich von Portia vergöttern lassen, ohne dass er auf den Geschlechtsakt (in Deuter-Sprache: die Erfüllung seiner Liebe) drängte. Was tun? Der Text bezeugt ja taktlos und rüd: Portia weiß bei ihrer glücktaumelnden Verlobung noch nichts vom Freund und nichts vom Kredit (III, 2, 252-262). Verzeihlich wäre das nur, wenn Bassanio seine Kästchenwahl nicht neunzig Tage nach seiner Ankunft träfe, sondern so dicht nach ihr, wie seine ergebensten Deuter es ihm gönnen (im Extremfall, den wir zitieren werden: nach einer einzigen Minute[4]). Bei solcher fabelwidrigen Zeitnot dürfte Bassanio sowohl Antonios dankbarer Freund als auch Portias feuriger Liebhaber bleiben – wie es dem Idol einer „romantic comedy“ ziemt.

Entschärfen wir das Dilemma nicht: Der Angriff auf den Zeitablauf wurzelt nicht in Shakespeares Text – also umso tiefer in den Überzeugungen seiner Interpreten. Die Gelehrten des 19.-20. Jahrhunderts wussten, wie die Welt eingerichtet ist und was darin Komödien für eine Sendung zu erfüllen haben. Wollten sie ihr harmonisches Wunschbild von Welt und Komödie nicht anfechten lassen – dann waren sie gezwungen, Shakespeares Fabel zu verfälschen. Praktisch gesehen: Damit Bassanios Versäumnisse in Belmont lässlich erschienen, musste entweder seine *Abreise* aus Venedig *verzögert* oder seine *Reisedauer* nach Belmont *verlängert* werden. Eifrige Fürsprecher fand beides.[5] – Wir aber haben zu verfolgen, wie man einen Heldenruhm, koste es, was es wolle, rettet: von Eccles 1805 bis Furness 1888, von Furness bis in unsere Tage.

## CHRONIK EINER ENTWIRKLICHUNG

Das Urteil über Shakespeare wurde in England etwa seit 1670, importiert aus Castelvetros Italien und Boileaus Frankreich, vom Klassizismus geformt; der berief sich auf Aristoteles. Über den »Kaufmann von Venedig« schrieb Charles Gildon 1710: Shakespeares „Unkenntnis des Griechendramas warf ihn auf die kuriosen Fabeln zurück, welche die Romane und Romanzen seiner Zeit sich erlauben konnten; ... ihnen fehlten jene Wahrscheinlichkeit und Naturähnlichkeit [‚Probability and Verisimilitude‘], die für alle Darstellungen auf der Bühne absolut notwendig sind.“[6] Sogar Samuel Johnson bewegte sich noch im verehrten Gebots- und Verbotsrahmen der „Wahr-Scheinlichkeit", als er die »Kaufmann«-Fabel 1765 „wild unglaubhaft" fand. Auf Shakespeares Kompositionsweise, seine Form- und Erzählgesetze ließ man sich erst ab 1800 allmählich ein. Damit wurde die „moderne" Prüfung (meist: Beanstandung) der Chronologie seiner Stücke eröffnet. Bald wuchsen Bassanios Reisepläne und -zeiten zum dauerhaften Skandalon.

Der irische Landedelmann und Privatgelehrte Isaac Ambrose Eccles stieß 1805 als erster auf das peinliche Dilemma der ungespielten Zwischen-Zeit: „entweder gibt es eine beträchtliche Pause in der Handlung, während der Bassanio seine geplante Expedition vertagt haben muss, ... oder er quartiert sich für volle drei Monate bei Portia ein, bevor er sein Glück mit den Kästchen versucht. ... Von beiden Hypothesen scheint mir die erste bei weitem vorzuziehen." Er fährt gewunden, nicht ohne Komik fort: „Obwohl wir von keinem besonderen Unfall unterrichtet werden, der seine Reise verzögert haben soll, wird uns doch auch auf gar keine Weise versichert, dass nicht irgendwelche Hindernisse aufgetaucht sein mochten, welche die Verfolgung seiner Zwecke über den ursprünglich beabsichtigten Zeitpunkt hinaus unterbrachen."[7] Immerhin hielt Eccles, ein ehrlicher Leser und ein Mann von Herz und Vernunft, es für „gut vorstellbar", dass Bassanio, „gewonnen durch die Freuden von Belmont und die Reize der Gesellschaft seiner Dame, eine ansehnliche Zeit lang bereit gewesen ist, die Entscheidung seines Schicksals aufzuschieben".[8] Wie dieser Aufschub unser Bild von Bassanios Charakter einfärbt, überging Eccles mit höflichem Schweigen.

P(eter) A(ugustine) Daniel, ein verdienter Kenner der Quarto-Erstdrucke, unternahm 1879/80 den monumentalen Versuch, den Zeitablauf aller Shakespeare-Dramen zu erkunden.[9] Im »Kaufmann von Venedig« stockte er an der gleichen Stelle: „Die Schwierigkeit steckt darin, Bassanios Verrichtungen nach seiner

Ankunft in Belmont zu erklären … Eingeräumt, dass er *eine Woche lang* pausierte, um in Venedig seine Reise vorzubereiten, ferner dass er *erst am zweiten Tag* nach seiner Einschiffung in Belmont ankam[10] – so befinden wir uns immer noch *nur neun Tage* entfernt von der Unterschrift des Scheins. Wenn er aber unter den Kästchen wählt, ist der Schuldschein nach *über drei Monaten* abgelaufen. Wir gönnten Morocco eine Woche für die Werbung um Portia, Aragon nur einen Tag; doch Bassanio nahm sich die unerhörte Zeit von etwa drei Monaten!“[11] Für jene einwöchige Verzögerung (die auch die Morocco-Kalendersünde II, 1 wegzuschminken hatte) erdachte Daniel einen viktorianischen Roman. Dessen erfindungsreiche Episoden halten dem Wortlaut Shakespeares leider nicht stand. Die groteskeste heißt: Shylock brauche diese Woche, um sich an das Essen von Schweinefleisch zu gewöhnen.[12]

Doch Daniel wusste: Alle Ausmalung der ersten Woche nach der Schuldschein-Unterschrift löste das Problem von Bassanios drei Monaten nicht. Zur textnahen Lektüre fast wider Willen angehalten, wurde er feinhörig. Er merkte Portias und Bassanios veränderten Ton bei ihrem Auftreten im Vorspiel zur Kästchenwahl (III, 2), ja, er fand schöne Worte dafür: „Portias Zeilen ‚I pray you tarry: pause a day or two‘ und ‚I would detain you here some month or two‘ mögen zwar für eine kurz vorangegangene Begegnung sprechen – doch der Dialog ist der zwischen zwei Menschen, die ihrer gegenseitigen Liebe durch langen Umgang gewiss sind und zittern, das Schicksal könnte sie trennen. Wir müssen annehmen, dass die Liebenden die Zeit überdehnten; dass sie Tag für Tag die befürchtete Probe der Kästchen aufschoben, damit keine falsche Wahl ihr Glück zerbreche.“[13] Daniel begann sogar, Signale für Bassanios Verweilen zu sammeln. Dann geschah etwas in der Forschung, das jede Bemühung um ein unbefangen präzises Verständnis von Wortlaut und Fabel für hundert Jahre verdarb.

Horace H. Furness fing 1871 mit unsäglichem Fleiß an, an einer »New Variorum Edition of Shakespeare« zu arbeiten: einem Vergleich der Text- und Deutungsvarianten des Gesamtwerks. 1888 erschien der Band »The Merchant of Venice«. Dessen Anhang „Duration of the Action“[14] beeinflusste fatal alle Handlungslauf-Überlegungen der künftigen Anglistik. Furness stürzte sich zunächst kopfüber in Daniels Roman. Er wiederholte dessen Fehlschlüsse und wälzte dabei die Lancelot-Story textblind, witztaub weiter aus: „Bassanio sagt Lancelot, dass Shylock mit ihm ‚heute' über Lancelots Dienstwechsel gesprochen habe. Das klingt, als hätten Bassanio und Shylock sich [nach gut einer Woche] beiläufig auf der Straße getroffen. Sie werden doch nicht die Unterschrift eines solchen Schuldscheins und die Übergabe einer so großen Geldsumme mit einem Gespräch über die Eigenschaften von Dienern vermischt haben.“[15] Mit tapsigem Gelehrtenhumor bezweifelt Furness andererseits Portias Bitte an ihren „anmutigen Anbeter“, seine (ohnehin unstatthaften) drei Belmont-Monate noch um Tage, Monate fortzusetzen: „Das spräche für ein herzliches, gastfreundliches Wesen, um nur das Geringste zu sagen.“[16] Dass Portia Bassanio nicht für Monate, sondern fürs ganze Leben behalten will, geht in solcher Spöttelei unter.

Irgendwann hatte aber Furness genug davon, die Zeiten in Venedig und Belmont einander mühsam zuzudehnen und zuzukürzen. Man konnte sich beim Versuch, seine Wunschbilder in den Helden und dessen Fährnisse zu projizieren, in allzu offene Widersprüche zum Text und zur Leitstory verstricken. Furness beschloss statt dessen, die beiden Orte und Zeiten mit einem Gewaltstreich auseinanderzuhacken. Er beteuert zur Szene von Kästchenwahl *und* Unheilsbotschaft III, 2: „Wir treffen Bassanio in seliger Qual, voll Eifer und Eile, frisch aus Venedig, unwillig, die Zeit zu strecken, mit seiner Wahl *auch nur eine Minute* zu säumen.“[17] Wie soll diese „Minute“ beschaffen sein, da während ihrer in Venedig drei Monate vergehen? Erstmals hat nun Furness die These der zweifachen Zeit, „double time", auf den »Kaufmann von Venedig« angewendet. Sie hält sich immer noch.[18] Was heißt „double time"?

## DOPPELTE ODER ABGESCHAFFTE ZEIT?

1849/50 schrieb der Essayist John Wilson einen anmutig gescheiten Dialog über »Macbeth« und »Othello« für »Blackwood's Magazine«; darin stand ein erstaunlicher Fund.[19] Die Widersprüche in der Chronologie beider Tragödien, schlug er vor, erklärten sich daraus, dass beide eine doppelte Zeitstruktur benutzten: eine fiebrig verdichtete Kurz-Zeit für die intimen „dramatischen" Ereignisse – eine souverän weitgespannte Lang-Zeit für die öffentliche „epische" Gesamtfabel. Vordergrund und Hintergrund (gleichsam Nahaufnahme und Totale) mäßen ihre Dauer verschieden: „Two Clocks are going at once."[20] – Wilson konnte nichts dafür, dass seine Formel lange nach seinem Tod dem »Kaufmann von Venedig« aufgestülpt wurde. »Othello« wie »Macbeth« forderten um 1604-1606 jene „doppelte Zeit" für ihren fatumgrellen Kontrast zwischen dem gehetzten, auflodernden Helden und der ihn gelassen ausstampfenden Historie. Doch in den Komödien Jahre davor handelte Shakespeare nicht von diesem tragisch-heroischen Extrem. Seine Spielorte waren meist Städte, seine Spieler Städter: Liebende, Herren, Diener in komplex realen Verflechtungen.[21]

Wer dem »Kaufmann von Venedig« die doppelte Zeit aufdrängt, zielt nicht auf das tragische Doppelgesicht des Wirklichen, sondern auf die Entwirklichung Belmonts zur platt gutgläubigen „romantic comedy" – die notwendig auch Venedig in die Entwirklichung zieht. Denn Bassanios mirakulöser Dreimonatssprung dient nicht allein dazu, dass wir sein schuldhaftes

Vergessen seiner Schuld an Antonio und Antonios Schuld an Shylock mit ihm und seinen Deutern vergessen. Sondern Bassanio als Idealgestalt impft seine Gedächtnislücken vollzählig uns Zuschauern/Lesern ein: Eine Generalamnesie soll sein Vorleben als Verschwender, Parasit, Mitgiftjäger aus unserer Erinnerung tilgen. – Shakespeare geht es allerdings nicht darum, über Bassanio statt über Shylock zu Gericht zu sitzen. Vielmehr bildet er in der Diskrepanz zwischen dessen kurzem Venedig-Tag und langen Belmont-Monaten auch den bestechenden Charme von Bassanios Naturell ab. Das Strohfeuer, das ihn dort zur sofortigen Abreise trieb, vereint sich mit der Muße, in der er sich hier verwöhnen lässt. Zusammen ergeben sie das Porträt eines verantwortungsfrei glückseligen Narziss, der Antonio wie Portia maßlos glücklich macht.

Die Prüderie des späten 19. Jahrhunderts brauchte jedoch keine zusammengesetzten Charaktere, sondern Jungfrauen, Helden und Bösewichte. So kam Furness' Double-Time-Konstrukt zu breitester Wirkung – verblüffenderweise bis in die Jahre nach dem Zweiten Weltkrieg. Summieren wir die beiden neueren Auslegungen des »Kaufmann von Venedig«, die sich der Zeitstruktur spezifisch annahmen.[22] Zdeněk Stříbrný ließ 1969 die historisch-reale „Lang-Zeit“ (während um ihn der Prager Frühling kurzzeitig-real ausgemerzt wurde) in der „Magie“ und „Illusion“ einer märchenhaft-phantastischen Abbreviatur aufgehen: „Die Belmont-Handlung ist so zart, dass sie rasche Auflösung verlangt, bevor ihre Magie dahinschwindet; die Venedig-Handlung wird hingegen unerbittlich gestreckt durch die Dreimonatsfrist von Shylocks Schuldschein. Als Shakespeare die beiden Fabeln verband, durchflocht er sie mit Girlanden von Anspielungen sowohl auf die Lang-Zeit als auch auf die Kurz-Zeit – und löste alle Widersprüche der Details in der allumschlingenden Illusion der Doppelten Zeit auf.“[23]

Entschlossener noch ging Franz H. Link 1975 an die Aufweichung des Dramas: „In beiden Handlungssträngen haben wir es mit einem fiktiven Zeitverlauf zu tun. ... Die Zeitvorstellung in der Belmont-Handlung ist der Fiktion der kalendarischen Zeit überhaupt nicht unterworfen.“[24] Die zeitliche Welt Venedigs finde sich aber „erlöst“ durch die „Berührung mit der zeitlosen Welt“ Belmonts.[25] Auch hier erwies sich: Sooft Belmont ins Irreale veredelt wird, färbt das auf Venedigs Realität mit schonender, schönender Idealisierung ab. Der Prager Anglist Stříbrný wie der Freiburger Amerikanist Link, einst leitend in ihren Fächern im eigenen Land, wurden kurz nach 1920 geboren. Das Erlebnis von schlimmen Zeiten förderte wohl ihr auf Shakespeare projiziertes Harmoniebedürfnis: Löschung statt Wahrnehmung aller Widrigkeiten. – Anders im Theater. Granville-Barker wollte zwar 1930 die „Double Time“ der Philologen noch übertrumpfen in der Abwehr konkreter Zeitlichkeit. „Die gepriesene Theorie der ‚Doppelten Zeit‘ ist einfallsreich; aber kommt der Einfall von Shakespeare oder von den Gelehrten? ... Schenken wir all diesen Monaten, Tagen oder Stunden nicht mehr Beachtung als einem Komma oder Strichpunkt zur Erläuterung eines Satzes.“[26] Seither aber wird »Der Kaufmann von Venedig« auf der Bühne immer mutiger bis zum Zusammenstoß seiner Widersprüche befreit. Die Handlung rückt uns näher; an makellos strahlenden Bassanios fehlt es.

Nochmals: Die doppelte Zeit Furness' und der Seinen stammte nicht von Shakespeares abgründig mehrdeutigem Lustspiel, sondern von dem, was dessen Offizialexegeten und das hinter ihnen versammelte bürgerlich-moralische Publikum von einer „romantic comedy“ verlangten. Furness fragte diese Gemeinde rhetorisch: „Welcher Mann, dem nicht Schnee in den Adern rinnt, wüsste nicht, dass Bassanio mit Windes- und Sturmfluteile nach Belmont hastet“[27] und die Wahl sofort nach seiner Ankunft vornimmt? – Denken wir einmal anders. Würde Bassanio sofort (am zweiten Tag der »Kaufmann«-Fabel) wählen –

dann fände das Stück nicht statt. Zur Hochzeit würde Antonio eingeladen, seine Schuld drei Monate vor Fälligkeit von Portia beglichen. Krud gesagt: Bassanio *muss* drei Monate selig-venedigvergessen in Belmont genießen, damit die Intrige des Stückes überhaupt möglich wird. Wir dürfen nun das wahre Skandalon der »Kaufmann von Venedig«-Deutungen nicht länger übergehen. Bassanios Verrat an Antonio wegzubessern setzt die grobe Missachtung, ja Unterschlagung all dessen voraus, was wir über die Herkunft von Shakespeares »Kaufmann«-Fabel wissen.

## SHAKESPEARES QUELLE, ZUGESCHÜTTET

„So lebten sie fort in Feiern und Freuden, und es wurde weder gekümmert noch gedacht des armen Herrn Ansaldo, der dem Juden für zehntausend Florine verpfändet blieb."[28]

Shakespeares ausschließliche Quelle für Antonio/Bassanio/Shylock/Portia (für den Schuldschein, den Prozess, den Ring, das Happy-End – nicht freilich für den Märchenplot der drei Kästchen) war die erste Novelle des vierten Tages im Zyklus »Pecorone« eines Ser Giovanni; sie wurde 1378 in Florenz geschrieben, 1558 in Mailand gedruckt.[29] Der Kaufmann Ansaldo, Taufpate und Pflegevater des Gianetto, verpfändete sein Fleisch „einem Juden von Mestre" für den Fall, dass er ihm zehntausend Florine bis zum Johannistag nicht zurückzahlt. Gianetto rüstet vom Geld seine Fahrt zur begehrten „Herrin von Belmonte"[30] aus, gewinnt sie nach einigen vergeblichen, kostspieligen Versuchen, feiert eine „unsagbar, unvorstellbar fröhliche" Hochzeit – und vergisst Venedig, seinen Wohltäter und dessen Lebensgefahr. Erst durch einen Zufall, den ortsüblichen Fackelzug der Johannisnacht, wird Gianetto jäh daran erinnert, dass Ansaldos Schuldschein abgelaufen ist.[31]

Die Quelle war Shakespeares Herausgebern seit 1767 bekannt.[32] Dass Bassanios sorgloses Verweilen in Belmont trotzdem je in Zweifel gezogen wurde, ist schwer zu fassen. Konventionsfrommes Vorurteil, ungenaues Denken, abgestumpftes Fühlen mussten die Wissenschaft zeitweilig überfallen haben, damit sie das klare Zeugnis des »Pecorone« ihren wolkigen Spekulationen über „Doppelte Zeit" opferte. Und dennoch: Die Gelehrten wollten ihre Wunschlösungen nicht erschwindeln; sie glaubten an sie. Wir schulden ihnen die Klärung: Gab es für ihre Vagheiten, Schönheitsretuschen, Fehlberechnungen eine denkbare Begründung? Bot Shakespeare auch nur den Schatten eines Zweifelsgrunds dafür, dass Bassanio sich anders als Gianetto verhielt: dass er nicht, wie jener, ganze Monate „in Feiern und Freuden" vertändelte? Wir gestehen: Zweifelsgründe, gar mehrere, gibt es. Zwei davon betreffen die Zwischen-Zeit.

Erstens: Die lange Zeitlücke tut sich nicht *nach* Bassanios Eintreffen in Belmont auf – sondern höchst eigenwillig schon unmittelbar *davor*. Die große Szene der Begegnung des Liebespaars wird aus der Szenenfolge ausgelassen; so fällt Bassanios fast unvermeidlicher Bericht über seine kurze, glückliche Brautfahrt als erstes ins Loch. Die Halbtags-Entfernung, die Belmont von Venedig trennt, wird erst im III. und IV. Akt, mitten in der zweiten Stückhälfte, nach und nach geklärt und ins Spiel gebracht – selbst dort mehr durch die Handlungslogik als durch direkte Nennung und Festlegung. Von Anbeginn verzichtet Shakespeare darauf, die *Dreimonatspause* zwischen II, 9 und III, 2 mit jenen genauen Aktionsangaben aufzufüllen, mit denen er uns für die Lücke von nur *drei Mittagsstunden* zwischen Akt I und II freigebig überschüttete.

Zweitens: Mühelos hätte Shakespeare seiner einzigen Szene in den drei Monaten (Solanio/Salerios, dann Shylock/Tubals Austausch über Antonios schlimme Lage) eine Parallelszene beigeben können. Sie hätte, in Belmont spielend, Portias und Bassanios wachsende Verliebtheit geschildert: das wunderbare Entstehen einer gemeinsamen, anmutig verspielten Sprache zwischen zwei schönen, sorglosen, strahlend liebenswerten Menschenkindern. Warum fehlt diese ergänzende Szene zu III, 1 (sozusagen III, 1b) in der langen Zwischen-Zeit des »Kaufmann von Venedig«? Ein erster triftiger Grund dafür bietet sich an: Durch solche pointierte Konfrontation von Belmont-Glück mit Venedig-Unglück hätte der Autor das getan, was er vermeiden wollte: Bassanios Leichtsinn ausdrücklich und unübersehbar seinem Publikum denunziert.

Das analytische Werkzeug unserer Arbeit ist meist nur eine simple Frage: Warum tut Shakespeare etwas Ausgefallenes – warum tut er etwas Naheliegendes nicht? Jedenfalls: Bis zur Verkündung der Schreckensbotschaft aus Venedig wird weder der Anfang noch die Erstreckung von Bassanios Belmont-Aufenthalt unmissverständlich ausgemacht. Shakespeare verweigert den Zuschauern, die die zweite Stückhälfte noch nicht kennen (dem Publikum seines Theaters), vorerst seine übliche, übergenaue Präzisierung des Zeitablaufs. Je weiter wir nun in der Sichtung des »Kaufmann von Venedig« fortschreiten werden, je mehr müssen wir uns an eine ausgefallene neue Eigenheit des Stückes gewöhnen: Ab dem Einschnitt zwischen den beiden Hälften dienen die Zeitangaben in unberechenbarem Wechsel bald dem Abstecken punktgenauer Gewissheiten – bald der Erzeugung einer zunächst verwirrenden Ungewissheit, die allerdings im nachhinein jedesmal aufgeklärt wird.

Die Chronologie stützt und bestimmt auch weiterhin Geschehen und Sinn des »Kaufmann von Venedig«. Aber ihr Verfahren ändert sich. Diese Veränderung erscheint gleich zu Beginn der zweiten Stückhälfte in sichtbarster Zuspitzung.

# III. DIE ZWEITE STÜCKHÄLFTE

## WECHSEL DER STRATEGIE

Portia beginnt die zweite Stückhälfte, ähnlich wie Antonio die erste Stückhälfte begann: mit einem offenen, ungelösten Problem, einer provokativen Nicht-Entscheidung.

Zwei Sätze Portias an Bassanio eröffnen das Gespräch. Sie waren den Gegnern eines konsistent realen Zeitablaufs stets willkommen. Was Daniel erst fragend zitiert hatte, führte Furness mit triumphalem Beweisgestus vor: „I pray you tarry: pause a day or two" (III, 2, 1) und: „I would detain you here some month or two" (III, 2, 9). Bittet nicht Portia hier einen Neuankömmling sogleich um Aufschub seiner Wahl? Oder fleht sie den schon Vertrauten, Geliebten an, ihr Monate währendes, von Tag zu Tag wachsendes Glück noch nicht aufs Spiel zu setzen? Letzteres könnte sie mit einer einzigen Silbe mehr, einem „still" oder „more", zweifelsfrei klarstellen. Die Silbe fehlt. Portia sagt nicht: „Bleib [*noch*] einen Monat [*mehr*]." Naturalistisch-psychologisch gesehen, darf Portia sich die Silbe allerdings sparen – ihr und ihrem Erwählten ist die Dauer seines Weilens hinreichend bekannt. Doch Shakespeares Unlust, Klarheit zu schaffen, wirkt im rechten Kommunikationsumgang des Autors mit seinem Publikum schroff ungewöhnlich. Steckt dahinter dramaturgische Hinterlist?

Ein schroff Ungewöhnliches begründet denn auch Shakespeares listig-unlustige Enthaltung. Die neue, kaum begonnene Handlung des III. Aktes steuert auf einen ungeheueren „coup de théâtre" zu: auf die Meldung von Antonios nahem, grausamem Märtyrertod. Sie trifft das Publikum umso wuchtiger, je weniger es auf das Vorbei der Dreimonatsfrist gefasst war. Die Bühnenpersonen – Bassanio, Gratiano – haben ja selber ignoriert, wie die Zeit verstrich; Shakespeare stellt uns ihnen gleich. Das aber entschärft keineswegs den Befund gewagter, geplanter Neuartigkeit; ja, es hebt sie krass hervor. Eben der „coup de théâtre" und das vorgängige Informationsvakuum verdrängen Shakespeares bisher strikte Verkettung jeder Stunde, Minute. Sie bezeugen: Er hat seine Mitteilungsstrategie – und die Funktion der Chronologie darin – abrupt gewechselt. Immerhin: Sobald der „coup de théâtre" vorbei ist, wird die zeitliche Präzisierung (gerade von Bassanios Aufenthalt) lückenlos nachgeholt – doch statt mit direkten Daten mit einem subtil geflochtenen System von Anspielungen. Man kann sie, so man will, ungestraft überhören, überlesen.

Bassanios „When I did *first* impart my love to you" geschah sicher nicht vor einer Stunde, gestern oder vorgestern – sondern im Moment seiner fast schon fernen Ankunft in Portias Schloss. Auch Gratiano erinnert sich daran, wie er in beharrlicher Werbung um Nerissa sich den Mund trockengeredet habe, „swearing till my very roof was dry / With oaths of love" (III, 2, 204-205) – bis Nerissa ihm „at last" nachgab. Schließlich folgt, einen halben Akt und einen ganzen Handlungstag später, das stets unverstandene, meistgescholtene, dabei schlicht geniale Zeit-Quiz der Fabel: Lancelots Schwängern des Mohrenweibs (III, 5, 35-36). Wie die gesamte Forschung dieses Motiv züchtig oder stumpf wegschob, ersehe man der Endnote.[1] Wieder leiht Shakespeare einem winzigen, scheinbar überflüssigen Detail stärkste Beweiskraft. Der Mohrin Schwangerschaft wird am Anschwellen ihres Bauches, „the getting up of the negro's belly" sichtbar – nicht vor Beginn des vierten Monats. Geklärt ist damit: Diener und Herr trafen vor drei Monaten und einigen Tagen in Belmont ein. Shakespeare gönnt seinem Publikum den doppelten Spaß: die Vorstellung eines dunkelbraunen kleinen Lancelot – und die tückische Pointe: Lancelot machte sich zu Belmont, statt wie sein Herr drei Monate mit Konversation zu verbringen, unverzüglich schon in der ersten Nacht ans Werk.

Und dennoch: Shakespeare arbeitet nun mit *Anspielungen* statt mit *Angaben* – im Lancelot-Spaß sogar mit dem schieren Musterstück eines *Rätsels.* »Der Kaufmann von Venedig« schwankt fortan zwischen genau und ungenau: nicht im Zeitfluss, aber im Vorgehen und Schärfegrad des Berichts. Schwanken hat die zweite Stückhälfte zu ihrem Wesen. Keiner kann in ihrer Welt (bis zum Schluss des Spiels) verlässlich Fuß fassen. Alle Erkenntnisse erweisen sich früh oder spät als Täuschungen. – Blicken wir zurück: Was geschah *vor* der Hiobsbotschaft? Portias Undeutlichkeit zu Beginn wich dem Schein von beglückend Eindeutig-Überdeutlichem. Vor Bassanios Kästchenwahl erklang das begnadete „bantering" der beiden, die Sprache ihrer neu intimen, luxusgeschützt-weltentrückten Zusammengehörigkeit. Dem entsprang die gelungene Wahl, in der Bassanio über sein Augenblicksnaturell hinauswuchs, fast weise von trügerischem Schein und unscheinbarer Wahrheit zu sprechen vermochte. Auf die Wahl folgte Portias Rede, einer der schönsten, beseeltesten Liebesmonologe, die je geschrieben worden sind (III, 2, 149-174). Sie mündete in das andächtige Zeremoniell der Ringüberreichung und in Bassanios Schwur bei seinem Leben, Portias Ring nie wegzugeben. Das Stück stand unter der Versprechung (oder Drohung) eines verfrühten Happy-Ends.

Der Blitz schlug ein. Wir erfuhren, dass all dies Glück auf jenem äußeren Trug gründete, dem Bassanio soeben klug und einträglich abschwor, derweil er ihn selber praktizierte. Portias traumselige Annahme, sie könne fortan Einsicht und Erfahrung von Bassanio lernen (III, 2, 157-167), enthüllt sich als blinde Illusion. Die ersehnte Hochzeit wird verschoben. Erkenntnis vertreibt das neue Menschenpaar aus seinem Dreimonats- und Zukunftsparadies. Beginnt Portia zu ahnen, dass sie kaum etwas über Bassanio, sein Wesen und Vorleben weiß? Sie antwortet darauf mit einer neuen Wunschidee: Jener „teure Freund" müsse ein Gleicher sein wie ihr Angebeteter; deshalb will sie ihm mit allen Mitteln helfen (III, 4, 16-21). Wir wissen, dass sie auch darin irrt: Zwei Verschiedenere als Antonio und Bassanio hat es nie gegeben. – Unverlässlich geht also die zweite Stückhälfte mit uns und ihren Personen um. Kaum geraten wir und sie in die nächste Nähe einer abgeschirmten Gewissheit, einer glasklaren Erfüllung, stürzt die Handlung in eine Krise extremer Ungewissheit. Portia, behütet-unerfahren und über die Maßen verliebt, müsste davon am hilflosesten betroffen sein. Statt dessen wächst sie in diesem Moment zur Leitfigur des Stückes, und sie bleibt es.

Portias Lebens- und Glückswille treibt sie dazu, Bassanio mit unermesslichem Geld nach Venedig zu schicken – und dem Geliebten, ihr plötzlich fast Unbekannten, dorthin zu folgen. Die Begegnung mit seiner Stadt, seinem Feind und seinem Freund wird ihr zur Höllenfahrt: ihre erste Begegnung mit Wucher, Blutdurst, Männerliebe. Sie durchschreitet das Unwegsame in festem Gang. Shakespeare folgt dieser äußeren Düsternis, dieser inneren Klarheit durch alle Intrigen. So oszilliert die Chronologie ab Portias Abreise aus Belmont erst recht zwischen Andeutung und Festlegung, Nebel und Helle. Portia führt Shakespeare, Shakespeare führt uns durch die letzten Verwicklungen zum endlich glücklichen Ende.

## REISEROUTEN UND -ZEITEN

*Zeitgenauigkeit* wird im »Kaufmann von Venedig«, sagten wir, zur Produzentin und Garantin der *Wirklichkeit*. Indem Portias Reisen Belmont/Venedig/Belmont dieses Verhältnis umdrehen, treiben sie es ins Extrem. Sie suchen die sicherste Chronologie in der wörtlichsten Realität: in den topographischen Fakten der Republik Venedig im Jahr 1596/97. Wieder bietet ein scheinbar bedeutungsloses Detail, ja ein einziges Wort, den Schlüssel zu Shakespeares Denk- und Schreibprozess. In Ser Giovannis Novelle gab die als Jurist verkleidete Herrin von Belmont vor, aus *Bologna* zu kommen.[2] Bei Shakespeare kommt sie aus *Padua* (IV, 1, 109). Bologna war die älteste, berühmteste Universität Italiens; Ser Giovannis Ortswahl war selbstverständlich. Nur: Die vollen Akte III bis V der »Kaufmann«-Fabel wären undenkbar, hätte nicht Shakespeare „Bologna" für „Padua" eingetauscht. In Padua sitzt (wie Portias Vetter Doctor Bellario) die auf Jurisprudenz gegründete Universität der Handelsstadt Venedig; von Padua fährt täglich mehrmals der „traghetto", „die öffentliche Fähre nach Venedig" (III, 4, 53-54)[3]; Padua ist „zwanzig Meilen" (III, 4, 84) von Venedigs Lagune entfernt. An diesen Daten sind fortan alle Wirrungen und Lösungen ausgerichtet.

Als wir Portia und Nerissa noch in Belmont, beim Abschied von Lorenzo/Jessica kurz wiedersahen, waren ihre Männer schon abgereist; ob zu Land oder Wasser, mit Reitpferd, Kutsche oder Barke, erfahren wir nicht. Umso genauer lassen uns Portia und Nerissa an ihren Reisezeiten und -wegen teilnehmen. Der Diener Balthazar soll „in aller menschenmöglichen Eile" (III, 4, 48) beim Rechtsgelehrten Bellario in Padua Rat und Roben holen, dann die Herrin „beim Traghetto" (in Paduas Binnenhafen Portello oder einem Zwischenhalt an der Brenta?) treffen;[4] sie wird in ihrer „Kutsche", die „am Parktor auf uns wartet" (82-83) schon „vor ihm dort sein" (43-55). Shakespeare lässt die Alternative offen: Trifft Balthazar auf dem schnellsten Reitpferd, mit Geschäften bei Bellario von gut einer Stunde, erst kurz nach Portias halb so schnellem Gefährt in Paduas Binnenhafen ein – dann steht Schloss Belmont nur etwa fünf Meilen weit von Padua. Liegt der Treffpunkt weiter brentaabwärts – dann rechnen sich Portias „zwanzig Meilen", statt zum äußeren Lagunenrand, bis zum Hafen des Brenta-Traghetto in Venedig. Man werfe uns nicht Pedanterie vor. Der Autor selbst hielt seine Figuren zur Pünktlichkeit an. Portia rechnet die Fahrt lückenlos durch, um anderntags im Richtertalar vor dem Dogen zu stehen.

Portias Reiseplan reguliert Shakespeares Zeitplan. Verblüffend stimmen beide Pläne nicht nur mit der Landkarte Italiens, dem Abstand von Padua nach Venedig überein – sondern auch mit der vielfach überlieferten Fahrtdauer zwischen den beiden Städten. Elf Jahre nach der vermutlichen Entstehung des »Kaufmann von Venedig« brachte Thomas Coryate, Pfarrersohn aus Odscombe, Somersetshire, die Fahrt zwischen Padua und Venedig in beiden Richtungen hinter sich. Er war im Mai 1608 nach Italien aufgebrochen, traf über Paris, Lyon, Turin am 20. Juni in Padua ein. Am 24. Juni fuhr er weiter nach Venedig. Um *sieben Uhr früh* sei er in die Barke, die den Fluss Brenta befährt, in Padua eingestiegen; nach *zwanzig Meilen* erreichte er die Brenta-Mündung bei Lizza Fusina, stieg in eine Gondel um und kam über die Lagune nach *fünf Meilen* gegen *zwei Uhr nachmittags* in Venedig an. „Sehr bequem ist der Weg über die Brenta für die Bürger von Padua; sie können in vierundzwanzig Stunden nach und von Venedig reisen", um dort ihre Geld- oder Rechtsgeschäfte des Tages zu besorgen.[5]

Coryates Rückfahrt dauerte länger als die *sieben Stunden* seiner Hinfahrt. Er stieg am 8. August in Venedig „abends um acht Uhr" nun direkt in die Brenta-Fähre ein und kam – da die Fähre flussaufwärts von Pferden gezogen wurde – erst „gegen neun Uhr früh am nächsten Tag" in Padua an: nach *dreizehn Stunden.*[6] Coryates Reisezeiten von 1608 galten wohl schon im Jahr 1597.[7] Shakespeare gibt Portia vom *Morgen* ihres Trauungstages bis zur *Mitternacht* des zweiten Folgetages sechzig Stunden (zweieinhalb Tage) für die Fahrt nach Venedig, die Übernachtung, den Sieg im Prozess, die Rückfahrt nach Padua und eine „Pilgerfahrt"(?) von dort nach Belmont. In dieser Zeit kann sie zweifellos „sehr bequem" alles, was sie sich vorgenommen, mit Erfolg erledigen. Ja, Portia und Bassanio hätten schon am Prozesstag selbst nach Belmont zurückkehren und dort übernachten können. Sie taten es nicht; davon später, ausführlicher. – Ob nun Prunkschiffe, „öffentliche Fähre" oder Lastkähne: alle auf der Brenta waren mit Segeln versehen, um bei günstigem Wind flussabwärts die Fahrt zu beschleunigen, flussaufwärts den Pferden Arbeit abzunehmen.

Damit klärt sich im Rückblick die oft überinterpretierte Stelle, „der Wind hat sich gedreht, Bassanio will gleich an Bord" (II, 6, 64-65). Die Meerfahrten, die manche Deuter davon herleiten, gibt es in ihrer Einbildung. Jedes Sich-Entfernen aus der Lagunenstadt geschah über Wasser mit Ruder- und Segelkraft; dafür musste Belmont kein Märchenschloss sein, das drei Monate und tausend Meilen weit von Venedig liegt. – Viel wurde darüber gerätselt, ob und wo es einen bestimmbaren Ort für „this fair mansion" in Shakespeares Imagination gab. Wir sahen: Belmont liegt nahe bei Padua, in Brenta-Nähe.[8] Mögliche Auskunft bieten auch hier die Landkarte und Coryate: „Als ich die Brenta hinunterfuhr, sah ich an beiden Ufern viele herrliche Lustschlösser und -paläste, die dem Adel von Venedig gehören."[9] Coryate war mit dem Baumeister Inigo Jones befreundet. Der reiste vor ihm 1601, dann nochmals 1613 die Brenta entlang. Nach seiner zweiten Heimkehr begann er, Palladios Villen in Londoner Paläste und ländliche „manor houses" zu verwandeln. Damit „bestimmte er den Weg der englischen Baukunst für fast drei Jahrhunderte".[10]

Zweifelhaft bleibt, dass Shakespeare Palladios Traumvillen auf der „terraferma" mit eigenen Augen sah.[11] Für Belmonts Anmutsglück hätte er keinen passenderen Schauplatz finden können. Ob aus eigenem Erlebnis oder von Erzählungen eines ihm vertrauten Jones- und Coryate-Vorläufers belehrt: alle Zeitschritte der zweiten Stückhälfte fügen sich in den Kreis der zwanzig bis fünfundzwanzig Meilen, der sieben oder dreizehn Fahrtstunden des Brenta-Ufers, die den Plot des »Kaufmann von Venedig« in der zweiten Stückhälfte möglich machen. Die insgesamt nötigen drei (genauer zweieinhalb) Tage reichen von

Portias und Bassanios ritueller Ring-Vermählung über den Gerichtstag bis zum Happy-End.

## PORTIAS DREI TAGE: VON FRÜH BIS SPÄT

*Der erste Tag*: Der *Morgen* fängt mit Bassanios Glück und Gratianos Analogglück an; es folgen Antonios Brief und Portias Angebot, Shylock mit viel Geld abzufinden. Die kirchliche Trauung wird begangen, der leibliche Vollzug auf die Nacht nach dem Prozess verschoben. Bassanio schwört zweimal. Sein erster Eid: Von Portias Ring, mit dem sie sich, „this same myself", ihm übergab, werde er sich niemals trennen: „When this ring / Parts from this finger, then parts life from hence, – / O then be bold to say Bassanio's dead" (III, 2, 183-185). Sein zweiter Eid: Er werde sofort nach dem Prozess, ohne zu ruhen, gar zu übernachten, zu ihr zurückkehren: „I will make haste; but till I come again, / No bed shall e'er be guilty of my stay, / Nor rest be interposer 'twixt us twain" (III, 2, 323-325).[12] Ewig ihr Ring, nie ein fremdes Bett: Was wird aus diesen Gelübden werden? – Männer und Frauen machen sich getrennt auf den Weg nach Venedig. Am frühen *Nachmittag* steigen Portia, Nerissa von ihrer Kutsche auf die Venedig-Fähre um. Gegen *Mitternacht* legen sie sich (an der Brenta-Mündung in Fusina? in Portias Stadtpalais in Venedig?) zum Schlafen. Am nächsten *Morgen* stehen sie vor dem Gericht.

*Der zweite Tag (Belmont)*: Lorenzo/Jessica/Lancelots Szene III, 5 sollte eher IV, 1 heißen; denn sie spielt zugleich mit dem Prozess zu Venedig. Wieder, wie in Akt I-II, dient „dinner" einem Doppelzweck: der zeitlichen Orientierung der Zuschauer und der Synchronisierung zweier Schauplätze. Ab Zeile 43 ist in Belmont ständig vom Mittagessen die Rede – genauer: von der *Vorbereitung* zum ländlichen, frühen Mittagessen: „bid them prepare for dinner!“ (43). Lancelot soll den Tisch decken und der übrigen Dienerschaft ausrichten: „cover the table, serve the meat, and we will come in for dinner“ (53-54). Zum Szenenschluss bekräftigen Lorenzo und Jessica das noch mit ihrer Liebesfrotzelei; sie soll im „Tischgespräch“ (82) und in der „Verdauung“ (84) fortgesetzt werden. – Der Auftritt gibt Portia, Nerissa Muße, sich umzuziehen. Wichtiger aber: Er legt den Zeitpunkt des folgenden Prozess-Auftritts fest – vor dem (städtisch späteren) Mittagsmahl. Sobald der Prozess vorbei, Antonio gerettet, Shylock bestraft ist, reden der Doge, Bassanio, Gratiano von ihrem baldigen, wohl schon verzögerten „dinner“ (IV, 1, 397, 448-449; IV, 2, 8). Recht fälschen hat sie hungrig gemacht.

*Der zweite Tag (Venedig)*: Die Verhandlung begann am *Vormittag* und dauerte lange. Als der Doge nun den tüchtigen Richter und Rechtsverdreher Balthazar zum Mittagsmahl einlädt, entschuldigt er/sie sich mit der dringenden Rückreise nach Padua (sprich Belmont); er/sie lehnt auch Bassanios Dinner-Einladung in Antonios Haus ab.[13] Aber Portias Absageworte an den Dogen bringen etwas bisher Beispielloses, Unerhörtes in den Zeitablauf des Stückes: nicht nur (wie ihre Eingangssätze zur zweiten Stückhälfte) *provisorisch gewollte*, sondern *unbefristet stehengelassene Zweideutigkeit*: „I must away this night toward Padua, / And it is meet I presently set forth“ (IV, 1, 399-400). Erinnern wir uns: Es ist, stur wiederholt, Mittagszeit. Portias erste Zeile aber, die erste Hälfte ihres Satzes heißt wörtlich: „Ich muss heute nacht [Venedig verlassen und] nach Padua reisen.“ Portias zweite Zeile, die zweite Hälfte ihres Satzes heißt dagegen: „Ich muss sofort aufbrechen [um heute nacht in Padua anzukommen].“ Schlegel merkte den Widerspruch und reparierte sinnvoll (im Sinn der zweiten Zeile): „Ich muss vor abends fort nach Padua / Und bin genötigt, gleich mich aufzumachen.“

Wozu des Doppelsatzes neuartige, schockierend präzedenzlose Zweideutigkeit? Sie ist Shakespeares einzig mögliches Mittel, etwas Heikles, ja Unaussprechliches zugleich zu eröffnen und zu verbergen. Portia drängt es mit gutem Grund, die dreizehnstündige Fahrt von Venedig nach Belmont, von Mittag bis Mitternacht *sofort* anzutreten: Sie eilt zu ihrer am Vortag vertagten, von Bassanio für diese Nacht schwurfest verheißenen Hochzeitsnacht. Die nächsten Informationen zum Handlungsablauf gehören aber Bassanio, nicht Portia. Sie schneiden tief ins Gewebe des Stückes: Bassanio bricht beide Eide, die er am Vortag geschworen hat. Der Ring wird weggegeben; die Nacht nicht in Belmont verbracht. Shakespeare verrät den Tatbestand seinem wachsamen Zuschauer, Leser mit der höchstmöglichen Deutlichkeit – und kann ihn dem happyendsüchtigen Publikum seines Theaters nicht zumuten. Er sagt ihn und verschweigt ihn. Wir geraten an den Abgrund des »Kaufmann von Venedig«: den Abgrund der Chronologie.

Halten wir einen Augenblick an, ehe wir uns auf das Ausgefallene, Verstörende einlassen. Alles, was dem Abgang Shylocks folgt, das letzte Sechstel des IV. Aktes, der volle V. Akt werden in der gesamten Tradition als heiteres Spiel verstanden. Ringforderung und Ringweggabe, gesonderte Heimreisen der beiden Frauen und der beiden Männer (mit Antonio als drittem), Portias und Nerissas Behauptung, noch vor dem Vollzug ihrer Ehe mit zwei anderen Männern geschlafen zu haben: all dies gilt den Regisseuren/Schauspielern seit Macklin und Kean, den Philologen von 1800 bis heute als verspielter Spaß, vorbereitende Tändelei für die harmonisch süßen Lösungen, Verklärungen des Glücksfinales. Die chronologische Prüfung besagt jedoch, wahrhaft bestürzend, das Gegenteil. Ihr öffnen sich Klüfte, aus denen keine Sphärenmusik tönt.

## DER ABGRUND DER CHRONOLOGIE

*Der dritte Tag* der zweiten Stückhälfte wird einzig und allein nur nötig, weil Bassanio am *zweiten Tag* beide Schwüre an Portia vom *ersten Tag* bricht.

Vom Schluss des IV. Aktes her gesehen, erscheint schon die Gerichtsszene in schillerndem Licht. Wenn wir unser Augenmerk nicht nur auf Shylock und Portia, sondern auch auf Antonio und Bassanio richten, fühlen wir uns befremdet. Bassanio hat dem Shylock Portias Geld im Austausch für Antonios Leben angeboten (IV, 1, 205-208); vor dem Gericht und dem Himmel bietet er aber Portias Leben im Austausch für Antonios Leben an (278-283). Portia kommentiert (belustigt oder erschüttert): „Your wife would give you little thanks for that / If she were by to hear you make the offer". Shylock murmelt (rechthaberisch oder ins Herz getroffen): „These be the Christian husbands! I have a daughter …". Portia besiegt Shylock, rettet Antonio; doch was geschieht ihr nach ihrem Sieg? Sie stellt Bassanio mit der Ringforderung auf die Probe, ob ihm Antonio oder Portia, der Freund oder die Frau, nähersteht. Bassanio verweigert ihm/ihr den Ring. Ihr voller, großer Triumph? Dann aber schickt Bassanio ihr/ihm den Ring eilig nach. Was Portia fühlt (ein heiteres Spiel vorplanend oder in ihrem tiefsten Gefühl vernichtet), verrät uns Shakespeare nicht.

Gesiegt hat vorerst Antonio. Dass es um einen Kampf geht, spricht er aus, als er Bassanio zum Weggeben des Ringes bringt: „Schätze doch … meine Liebe höher als den Befehl deiner Frau!" (446-447). Bassanio gibt nach, bricht seinen Ring-Eid an Portia. Nun folgt Antonios nächster Sieg, wohl nicht einmal von ihm erhofft: Bassanio macht ihm den Antrag, seinen zweiten Eid zu brechen, diese Nacht bei ihm zu schlafen: „Zu des Antonio Haus … / Komm, du und ich, wir wollen gleich dahin / Und früh am Morgen wollen wir dann beide / Nach Belmont fliegen, – komm, Antonio!" (450-453). – Das wird Antonios letzter Triumph in diesem Theaterstück. Der Schock darüber scheint die Chronologie zu verstören, aus der Fassung zu bringen. Zwei Seltsamkeiten, „Wunder" geschehen: Risse der Fabel und ihrer Erzähllogik, die die rationalen Mittel unserer bisherigen Zeitanalyse schier unbegreiflich überfordern. Sie reichen aus dem IV. Aktschluss bis in den V. Akt, den glücklichen Stückschluss, hinüber.

Portia ändert ihre Reisepläne. Plötzlich gilt von ihrer zweiteiligen, zweideutigen Dinner-Absage nur noch der erste Teil. Sie setzt ihre Abfahrt von Venedig nach Belmont *erst für den Abend* fest: „We'll away to-night, / And be a day before our husbands home". *Ein Tag zuvor* besagt: Die Frauen werden schon am frühen Morgen, die Männer erst mitten in der Nacht in Belmont ankommen. Hören wir recht? Das erste „Wunder" ist geschehen. Portia beschließt genau in dem Augenblick (IV, 2, 2-3), ihre Abfahrt zu verschieben, da Bassanio dem Antonio den Antrag für die bevorstehende Nacht macht (IV, 1, 450-453). Portia war aber *vor* Bassanios Offerte an den Freund, ja *vor* seiner Trennung vom Ring von der Bühne gegangen. Wurde Bassanios Bindung an Antonio im Prozess und dessen Nachspiel so sichtbar, dass sie weiß: Ihr Mann wird die Nacht im fremden Bett verbringen – ihre Heimfahrt ist nicht mehr dringlich? Oder glaubt Shakespeare, glaubt seine Komödie an die Zauberkraft, die „virtue of the ring" (V, 1, 200)? Bewirkt in Bassanio dessen Weggabe wahrlich „the ruin of [his] love" (III, 2, 163)? Flüstert der Ring, unterwegs zu Portia, ihr den exakten Moment von Bassanios Verrat ein?

Schon zeigt sich das zweite „Wunder" an; es wird sich erst im V. Akt ganz auswirken. Portia und Nerissa überholen nicht, wie geplant, Bassanio und Gratiano um zwölf Stunden in Belmont – sondern nur um wenige Minuten. Wo und wie haben die beiden Frauen (nach ihrer nächtlichen Rückreise, nach ihrer frühen Ankunft in Padua) den *dritten Handlungstag* zugebracht von Morgen bis Mitternacht? „In Gebet und Meditation" (III, 4, 27-28), „in einem Kloster, zwei Meilen entfernt" (III, 4, 31)? Vor „heiligen Kruzifixen" am Wegrand um Belmont (V, 1, 29-31)? Mit dem „heiligen Eremiten" (V, 1, 33), den wir nie zu sehen bekommen? Portia hat es bitter nötig, für die vertagten „glücklichen Stunden des Ehevollzugs" (V, 1, 32) zu beten. Sie liefert dabei ein Musterbeispiel für Empsons berühmte „ambiguities": „[To] speed" („our husbands' welfare" V, 1, 115) heißt „gedeihen lassen" und „beschleunigen". Portias Flehen soll ihren Mann für die Ehe stärken – *und/oder* nach seiner „night from home" (V, 1, 230), dem nachweisbaren, nie ausgesprochenen Ehebruch, ihn eiligst heim nach Belmont holen. Ein heikles Thema, der „ambiguity" wahrhaft würdig.[14]

Wir sprachen vom Oszillieren der Chronologie zwischen Rätsel und Sachlichkeit. Portia/Shakespeare festigen (oder verdecken) beide „Wunder" durch je ein skrupulöses Realitätsteilchen. Um den Reiseaufschub in Venedig zu begründen, den Prozesstag zwischen „dinner"-Einladungen und „to-night"-Heimreise zu füllen, sichern sich Autor-und-Heroine nochmals mit der Präzision der ersten Stückhälfte ab. Portia schickt Nerissa zu Shylock, um die Schenkung an Jessica/Lorenzo unterschreiben zu lassen (IV, 2, 1-4). Erst danach wollen sie sich, „thou know'st where" (an Coryates Abendfähre nach Padua?), wiedertreffen. So wird es Nerissa zufallen, in Belmont Jessica/Lorenzo die Urkunde auszuhändigen (V, 1, 288-295): Sie hat ihr Nachmittagspensum pflichtgetreu erfüllt. – Das zweite Realitätspartikel: Ganz sicher ist sich Portia während ihrer Rückkehr nach Belmont in ihrer Berechnung männlicher Saumseligkeit nicht. Sie schickt ihren Boten Stephano vor, zu erkunden: „I pray you, is my master yet returned?" (V, 1, 34) Sie selber fragt als erstes bei ihrer Ankunft: „Are they returned?" (116) Nur:

Portias Zweifel gilt dem Risiko, dass Bassanio *in dieser Nacht* schon kurz vor ihr in Belmont eintraf – nicht ihrem luzid-opaken Geheimwissen, dass er *die Nacht davor* in Venedig schlief. Portias doppelte Anfrage macht die Wachsamen im Publikum erst recht auf Bassanios „night from home" aufmerksam. Sachlichkeit dient auch diesmal dazu, Unaussprechliches zu öffnen und zuzudecken.

Eine letzte, skeptische Abwehr bleibt uns nicht erspart: Sehen wir Bassanios beide Eidbrüche nicht überspitzt, ja verzerrt? Shakespeare hat beide Eide erfunden – im »Pecorone« kommen sie in keiner vergleichbaren Form vor. Er hat sie mit größtmöglichem Nachdruck, mit der Würde und Schönheit heiliger Gelöbnisse versehen. Der *Ring-Eid* wird durch seine Schwurformel erhöht: Portia wie Bassanio setzen ihre Liebe und ihr Leben daran. Der *Bett-Eid*, vollends ohne Vorbild, wächst kraft seiner Fabelposition und dem Kreuzreim-Quatrain: Bassanios Lebewohl vor seiner Abreise, sein solemner Abschiedsspruch an Portia. Mit gutem Grund wurde angenommen[15], dass III, 2 ursprünglich bereits mit Portias zwei „couplets" 309-312, mit ihrer Entsendung Bassanios nach Venedig endete; solche Paarreime benutzt Shakespeare mit Vorliebe für Szenenschlüsse. Den zusätzlichen Schluss (313-324) habe der Dramatiker in überlegter Absicht auf betonte, gesteigerte Wirkung zugefügt. Die neuen Teile (Antonios opfersüchtiger Brief, Bassanios bald gelöschter Rückkehr-Schwur): das sind zwei Elemente des „Problemstücks", welche die „Liebeskomödie" kaum versteckt und höchst explosiv untergraben. Sie zielen auf unsere Verwunderung und Bestürzung.

Mehr Auskunft noch gibt eine semiotische Eigenheit: Shakespeare schrieb die beiden Eide und Eidbrüche paarweise, zum engen Bezug aufeinander. Portias, Bassanios chorisch-fromm vereinter Ring- und Liebesschwur wird in Bassanios Verratsmoment zu „your wife's commandement" verfälscht (IV, 1, 447).

Noch riskanter geriet das zweite Stellenpaar. Erst Bassanio an Portia: „No bed shall be guilty of my stay, / Nor rest be interposer 'twixt us twain" (III, 2, 322-325). Dann Bassanio an Antonio: „Unto Antonio's house ... / Come, you and I will thither presently, / And in the morning early we will both / Fly toward Belmont ..." (IV, 1, 449-453). „No bed" gibt dem „early morning" anzüglichen Sinn. „You and I" und „we both" der beiden Männer löschen „us twain" von Mann und Frau aus. In vier Zeilen nahe dem Stückschluss wird sich Bassanio selber als Eidbrüchigen bekennen – und wird von Antonio ein Eidbrüchiger gegen Portia genannt. Wir wollen diese Geständnisse dort nicht, wie vierhundert Jahre lang üblich, überhören.

## ABSCHIED VON DER CHRONOLOGIE

Einen Satz durfte Shakespeare einem Publikum, ob elisabethanisch, viktorianisch oder sich modern dünkend, niemals unverstellt zumuten: *Bassanio verbringt seine Hochzeitsnacht in Antonios Bett.* Damit aber hat sich unser bisheriger Versuch, den »Kaufmann von Venedig« zu verstehen, erschöpft. Denn was der Dichter uns sagt, wird nicht mehr allein von der inneren Logik der Handlung bestimmt, sondern auch von dem, was er sich und sein Publikum ihm zu sagen erlaubt.

Die Chronologie des »Kaufmann von Venedig« setzt einen Autor voraus, der seine Geschichte ohne Reserven und Täuschungen mitteilen – und ein Publikum, das sie offen und vollständig aufnehmen will. Mitteilung und Aufnahme sind aber durch die Eigenart des »Kaufmann von Venedig« durchdringend gestört: durch das Wesen seiner beiden Protagonisten. Der Autor schreibt für ein extrem emotionalisiertes Publikum. Dessen Mehrheit hasst den bekennenden Juden – und weigert sich, den heimlichen Sodomiten auch nur als solchen wahrzunehmen. Eine Minderheit wird anders fühlen und denken. Das zweigeteilte Publikum fordert einen zweigeteilten Autor, der sein Wissen zugleich offenbart und verbirgt.

*Shylock*, Bösewicht und Verfolgungsopfer, ist der berüchtigtste Publikumsspalter der europäischen Theatergeschichte. Er hat, seit es ihn gibt, höhnische Verachtung und furchtlose Einfühlung auf sein Haupt gesammelt. *Antonios* Stolz und Scham wehren sich gegen Verachtung wie Einfühlung. Er verschweigt sein Sosein dem Publikum, vielleicht dem Angebeteten, vielleicht sich selbst – und er will den Autor zum Komplizen seines Schweigens machen. Was tut der gespaltene Autor, der über gespaltene Protagonisten für ein gespaltenes Publikum zu schreiben hat? Er schreibt zwei Stücke. Das eine befriedigt alle Vorurteile, Moralgebote und Hassgefühle, das andere bricht mit ihnen.

Die Chronologie, von der wir uns nun verabschieden, hat dem »Kaufmann von Venedig« reiche Wirklichkeit geschenkt – und zum Schluss Unglaubliches aufgebürdet. Mit einer monströs unglaublichen Behauptung schließt auch unser Nachdenken über Zeit, Realität und Wirkung von Shakespeares vielleicht populärster Komödie. Er schrieb sie bewusst und gewollt für eine doppelte Rezeption: für zwei sich ausschließende Rezeptionen, die er gleichermaßen geplant und erzielt hat. Shakespeare schuf ein rosa Spiel für Genießende, Lachende, Hassende – und ein hundertfarbenes, oft schwarzes Spiel für Fühlende, Forschende, Wissende. Davon handeln die weiteren Kapitel dieses Buches.

# ZWEITES KAPITEL
# ZWEI STÜCKE IN EINEM

SOLANIO: Now, by two-headed Janus,
Nature hath framed strange fellows in her time.

I, 1, 50-51

PORTIA: … swear by your double self,
And there's an oath of credit.

V, 1, 245-246

# EINLEITUNG
# EINE UNMÖGLICHE BEHAUPTUNG

Zweigeteilt ist »Der Kaufmann von Venedig« in fast zu vieler Hinsicht. Zwei konträre Welten erscheinen: Belmont gegen Venedig, ein ferner Ort der verspielt seligen Liebe gegen den nahen Ort des unheilbaren Hasses, der Verfilzung von Geld und Geschlecht. Aber Venedig selbst will sich in zwei Welten spalten: in die der Lebenslust, Anmut, Freundschaft um den „königlichen" Kaufmann und die der Finsternis, Dumpfheit, Einsamkeit um den „wölfischen" Wucherer. Schon im Jahr der Uraufführung sprach man vom Stück als »Der Kaufmann von Venedig, genannt auch Der Jude von Venedig«.[1] Die dritte Spaltung ist mithin die zwischen Judentum und Christentum, Gesetz und Gnade, Geiz und Verschwendung, Ghettowinkeln und Weltmeeren. – Solche offenen Scheidungen, Zerklüftungen der Gesinnung und der Topographie könnten wir hier weiter sammeln und zählen. Geistige Polaritäten fasste Shakespeare gern und oft in landschaftliche, bauliche Gegensätze: in Hof und Wald von »Wie es euch gefällt«, in das Ost- und Westreich von »Antonius und Cleopatra«, in die befestigten Burgen und sturmdurchwühlten Heiden von »König Lear« – am schärfsten, bittersten in Herzogspalast und Kerker, in Kloster und Bordell von »Maß für Maß«. Doch wir meinen etwas anderes, wenn wir sagen, dass »Der Kaufmann von Venedig« ein gespaltenes, doppeltes Drama ist.

Shakespeare erzählt die »Kaufmann«-Fabel mit zwei Stimmen. Die erste Stimme überbringt eine glückgläubige romantische Liebeskomödie, die ihren bösen Störgeist mit einer wundersamen Maskerade austreibt, um in Schönklang, irdische Sphärenmusik zu münden. Die zweite Stimme setzt der bedrückend realen, übermächtig wahren Monumentalgestalt des Juden eine erotische Dreiecksgeschichte der verbotenen Art entgegen. Drei Personen als Gegengewicht für die Eine: Formale Proportion und stoffliches Triebwerk des Dramas leben, in der härteren Fassung, von diesem Gegensatz. Sobald Shylocks spektakulär öffentliche Mordintrige endet, beginnen Portia und Antonio ihren verdeckt intimen Streit um Bassanio: jenen Geschlechter- und Machtkampf, der nur mühsam im obligaten Happy-End aufgeht.[2] – „Romantic comedy"? „Problem play"? Oder beides? Die schroff diskrepanten Stimmen des Autors sprechen gleichzeitig zu uns; sie vermischen sich nicht. Shakespeare wagt das beispiellose Experiment, den Zuschauern/Lesern anheimzustellen, welche Wahl sie treffen: zwischen der simplen oder der komplexen Fabel, zwischen zwei sich ausschließenden Menschenbildern und Weltsichten.

Eine tollkühne, fast inakzeptable Behauptung wird, wie angekündigt, hier riskiert: *Shakespeare hat in einem Stück zwei Stücke geschrieben*. Wir meinen damit nicht die weitverbreitete, oft plattgewalzte Ansicht: Handlung, Charaktere, Wertungen des »Kaufmann von Venedig« seien wechselhaft und mehrdeutig; das mache den Reichtum des Stückes aus. Wir meinen vielmehr das Gegenteil: Die unüberbrückbaren Spaltungen in Fabel, Personal, Rezeption des »Kaufmann von Venedig« brachten Shakespeare dazu, sein Spiel in zwei gegensätzlichen, für sich schlüssigen Fassungen herzustellen. Die gleiche Geschichte wird von den gleichen Figuren zur gleichen Zeit den gleichen Zuschauern vorgeführt – in zwei radikal verschiedenen Theaterstücken. Diese geben jeder Person zwei konträre Gesichter, füllen die gesamte Handlung mit auseinanderstrebendem Doppelsinn, rufen nach zwei einander grundfremden Stämmen von Publikum. Gewiss, jede Aufführung steht seither vor der Frage: Bündelt sie ausgesuchte Motive aus dem doppelten Reservoir zu irgendeiner erwünschten, scheinbar einheitlichen Deutung? Oder strebt sie Shakespeares Intention nach, es nicht auf die Mischung, sondern auf den Widerspruch zweier Gattungen abzusehen: Liebeskomödie und Problemstück nebeneinander, gegeneinander als Vexierbilder darzubieten? Ist das aber szenisch und geistig überhaupt zu leisten? Fordert nicht die Simultaneität von zwei einander kontrastierten Sinn- und Ausdrucksprozessen dem Theater und seinen Besuchern etwas schier Unmögliches ab?

Durchkonstruierte Simultaneität zweier Geschehen schuf Bach in manchen Choralvorspielen, in den Choralphantasie-Eröffnungen einiger seiner Kantaten. Aber das Drama hat keine homogenen, mathematisch kombinierbaren Töne zum Material, sondern das Disparateste: aus entfesseltem Lebensdrang unberechenbare oder vom Schicksal in erstarrte Wahnideen geprügelte Menschen. Wie sollten deren einmalige Bindungen, Konfrontationen sich zu zwei parallel gelenkten Abläufen fügen? Und wäre dieses abenteuerliche Kunststück überhaupt machbar – wäre es auch sinnvoll? Lässt der Zuschauer des „problem play“ sich mit Leib und Seele in dessen Dilemmata verstricken, von dessen Gefahren gefangennehmen, wenn er jederzeit in das leichtere Angebot der „romantic comedy“ ausweichen kann? Beruht nicht die Spannung jedes Bühnengeschehens auf dessen Behauptung: Innerhalb seiner Ganzheit könnte zwar jeder Vorfall und Unfall auch anders kommen – aber das Ganze selbst, verkörpert und vorgeführt als szenische Präsenz, sei einzigartig und unwiderruflich, also ohne Alternative? Musste sich Shakespeare nicht das Hirnspiel eines vom Zuschauer frei wählbaren Contrapunctus, einer doppelten Wahrheit und Wirklichkeit, als spannungswidrig, dramenwidrig verbieten?

Zwei Schocks treffen uns bei der Suche nach Antworten. Erstens: Schon der früheste postume Herausgeber von Shakespeares Theaterstücken unterstellte seinem Idol ein solcherart regelsprengend zwiespältiges, in sich zerrissenes Vorgehen. Zweitens: An wichtigsten Stellen des »Kaufmann von Venedig« mutet Shakespeare seinen drei männlichen Protagonisten dämpfende Retuschen, Entschärfung ihrer Antriebe, Taten und Leiden zu –

damit „problem play“ und „romantic comedy“ sich nicht gegenseitig diskreditieren, letztlich auslöschen. Shylock, Antonio, Bassanio: drei Doppelgesichter. Ihren Porträts gilt dieses Kapitel.

# I. DER DOPPELTE SHYLOCK

Nicholas Rowe schickte 1709 seiner Ausgabe der »Works of Mr. William Shakespear« einen »Lebensbericht des Mr. William Shakespear« voraus. Darin verfocht er die These: »Der Kaufmann von Venedig« gehört zugleich zu zwei dramatischen Gattungen. Rowe pries den Reiz und Witz der besten Komödienfiguren von Rosalinde bis Malvolio: „Ihnen könnte ich den unvergleichlichen Charakter von Shylock, dem Juden im »Kaufmann von Venedig«, anfügen. Aber obwohl wir dieses Stück als Komödie aufgenommen und gespielt und die Rolle des Juden von einem prachtvollen Komiker dargestellt sahen – ich kann es mir nicht anders denken, als dass der Autor sein Werk als tragisch entwarf. Darin kommen ein so tödlicher Rachegeist, eine so wilde Wut und Roheit vor, ein so blutiger Vorsatz von Grausamkeit und Verbrechen, wie sie sich weder mit dem Stil noch mit den Charakteren einer Komödie vertragen."[1] Gegen den Tatbestand: „Receiv'd and Acted as a Comedy" steht die Überzeugung: „it was Design'd Tragically by the Author."

Rowe stieß auf drei Einsichten. 1) »Der Kaufmann von Venedig« ist ein Werk äußerster Ambivalenz; denn der Autor beabsichtigte eine *Tragödie*; die Schauspieler spielen eine *Komödie.* 2) Schuld daran sind nicht allein Mimengelüste, sondern zuvörderst („Receiv'd" gegen „Design'd") die *Rezeptionswünsche und -routinen* des Publikums. 3) Dies aufzudecken, eignet sich die Gestalt des Shylock wie keine andere. – Dass es zwei Shylocks gibt, ist keine überspitzte Hypothese, sondern geschichtliche Spurenfolge: in Jahrhunderten vorgeführt von allen Gelehrten-Umrissen seines Charakters, allen Zuschauer-Zeugnissen seiner Bühnenwirkung.[2] Um Shylocks Spaltnatur werkgenau zu fassen, wurde Rowe allerdings durch aristotelische Schulweisheit gehindert: „Die Stücke lassen sich einzig richtig in Komödien und Tragödien einteilen."[3] Das trifft kein großes Werk Shakespeares; erst recht nicht die Sonderart dieses einen Dramas. Das Janus-Gesicht des »Kaufmann von Venedig« starrt uns nicht mit einer komischen und einer tragischen Maske an. Sein Riss zwischen glatter Schaufläche und abgründiger Tiefe scheidet nicht zwei ewig gleichwertige Gattungsschemata von Lust- und Trauerspiel. Sie trennt vielmehr eine beliebte Unterhaltungsschablone von einer fremd- und neuartigen Realität: von Shakespeares bestürzend vielschichtigem Abbild der erfahrbaren Menschenwelt.

Über ein Jahrhundert nach Rowe schien Heine dessen Begriffspole von vorgetäuschter Komödie und essentieller Tragödie nur zu variieren: „[Ich] muss den »Kaufmann von Venedig« zu den Tragödien rechnen, obgleich … der Dichter eigentlich ein Lustspiel geben wollte."[4] In Wahrheit durchbrach Heine den Schematismus der Gattungen mit dem Griff auf grob konkrete Fakten und Ereignisse: auf die Soziologie des Londoner Publikums und die Chroniken der Judenverfolgung. „Shakespeare hegte vielleicht die Absicht, zur Ergötzung des großen Haufens einen gedrillten Werwolf darzustellen, ein verhaßtes Fabelgeschöpf, das nach Blut lechzt und dabei seine Tochter und seine Dukaten einbüßt und obendrein verspottet wird. Aber der Genius des Dichters, der Weltgeist, der in ihm waltet, steht immer höher als sein Privatwille, und so geschah es, daß er in Shylock, trotz der grellen Fratzenhaftigkeit, die Justifikation einer unglücklichen Sekte aussprach, welche von der Vorsehung … mit dem Haß des niedern und vornehmen Pöbels belastet worden, und diesen Haß nicht immer mit Liebe vergelten wollte." Heine gelang es bekanntlich nicht, der Christenheit Verstand, gar Einfühlung für die anderen, Fremden einzuflößen. Seine Schrekkenseinsicht aber, dass der Mob der Shakespearezeit den »Kaufmann von Venedig« mitschrieb, wurde beherzigt, mehr als es ihm recht sein konnte.

Gegen den Appell, den Hazlitt, Heine, Börne in Schrift, Edmund Kean und Henry Irving auf der Bühne an einen aufgeklärten Wunsch-Zuschauer richteten, wehrten sich angesehenste »Kaufmann«-Exegeten. W. W. Lloyd (1856)[5], William Poel (1887, 1909)[6], E. E. Stoll (1911, 1927)[7], C. S. Lewis (1942)[8] beriefen sich einstimmig auf den „elisabethanischen" Judenhass. Nur von ihm her öffne sich ein angemessenes Begreifen der Komödie, die Shakespeare schreiben wollte und schrieb. Lloyd verhöhnte die „verkitschte Rührseligkeit, die den Machenschaften des mörderischen Juden gespendet wird".[9] Der Amateurregisseur Poel, der ab 1881 die Erforschung der originalen Shakespeare-Bühne anstieß, klagte im Namen der historischen Treue: „Wie durfte es geschehen, dass Shylock, während die Erfordernisse des Dramas bestimmen, dass er der Übeltäter ist, heute auf der Bühne als der erscheint, dem Übles angetan wird?"[10] Vollends diente der Judenhass des Pöbels um 1600 dazu, der Judenfurcht angloamerikanischer Lehrstuhlinhaber im 20. Jahrhundert ein Alibi zu bieten. „Im elisabethanischen Drama", so der Shylock-Spezialist Stoll, „... ist der Jude Geldleiher und Geldraffer, ein Bösewicht, den es nach Christenblut dürstet, ein roher Egoist, ja Atheist (obwohl er Geschäfte mit dem Teufel macht) – und zugleich ein Spottbild, ein hakennasiger Knauser."[11]

## HASS UND GELÄCHTER

„Bösewicht" und „Spottbild": So und nicht anders gehöre Shakespeares Figur aufgeführt. Stoll: „Wenn der Judenabscheu im Tiefsten ein rassisches und gesellschaftliches, weniger ein religiöses Vorurteil ist ..., warum sollten wir uns sträuben, ihn in Shakespeare anzuerkennen, der, mehr als irgendein anderer Dichter, die festen Vorurteile und Affekte seiner Rasse wiedergab?"[12] Der Barock- und Religionsguru C. S. Lewis baute auf diesem Sumpfboden weiter: „Das wirkliche Stück handelt weniger von Menschen als von Metallen. ... Sein ganzer Kontrast liegt zwischen dem tiefroten und organischen Reichtum von [Bassanios] Blut, dem Medium von Adel und Fruchtbarkeit, und dem kalten, mineralischen Reichtum in Shylocks Wechselstube."[13] Bassanios edle Rasse wird gegen Shylocks verworfene Rasse verherrlicht: 1942, im Jahr der Wannsee-Konferenz. – Aber ist Shylocks Feind Gratiano, der ihn einen „verfluchten, abscheulichen Köter", „wölfisch, blutig, raubgierig und reißend" nennt (IV, 1, 128; 138), nicht im Recht? Sogar Heine gibt zu, dass Shakespeare zunächst „ein verhaßtes Fabelgeschöpf, das nach Blut lechzt", auf die Bühne gestellt habe. Doch Lloyd, Poel, Stoll, Lewis und die übrigen Semitenverfemer: Sie wollen *nur* den grotesken Werwolf Shylock kennen und zulassen.[14]

Unhold und Possenfigur: Was an Shylock die judenfeindliche, christidyllische Komödie anficht, wurde unterschlagen, mit herbeigezerrten Argumenten geleugnet. Sogar Shylocks aufwühlender Monolog, „Wenn ihr uns stecht, bluten wir nicht?", ist, so Stoll, „die Rede weniger des komischen Charakters als die des Schurken. ... Sie beginnt auf einer Note von verletzter Habgier und Rachsucht und endet mit jenem Wettkampf der Vergeltung, die Christen in dem zu schlagen, was er ... für deren eigenes Spiel hält."[15] Folglich: „Wer möchte, dass Shylock, obwohl böse, so gemacht worden sei, tut Shakespeare Gewalt an." „Gewalt tut ihm an, wer Shylock als ein Produkt seiner Umgebung hinstellt."[16] Stoll und seine Nachfolge beherrschten kaum widersprochen die Forschung zwischen den beiden Weltkriegen. Sie gaben vor, zugleich für das lachhungrig ewige Theaterpublikum und die dokumentfest historische Judenächtung zu sprechen: für das Bündnis zwischen Komödie und Geschichte. „Die Komödie befolgt die Sitten und Vorurteile ihrer Zeit, ohne sie in Frage zu stellen."[17] Für die Gerichtsszene fand Stoll 1927 den grauenvollen Satz: „Die Gerechtigkeit der Komödie, obwohl unblutig, ist rasch, einfach und unerschütterlich wie die des Richters Lynch."[18] Shakespeare wurde in den Ku-Klux-Klan eingemeindet. Um ihn vor Aufklärern zu schützen, erhob man ihn zum Ungeheuer.

William Poel, von Rassendünkel am wenigsten verblendet, fügt schon 1909 die unentbehrlichen Elemente zusammen, die von der (auch für ihn) einzig gültigen Komödienfassung des »Kaufmann von Venedig« benötigt werden. „Die Grundlage von Shakespeares Komödie … ist eine romantische Liebes- und Abenteuergeschichte. Sie zeigt uns eine liebenswerte und hochgesinnte Heldin, ihren abenteuermutigen und glühenden Liebhaber und dessen selbstlosen Freund, umgeben von ihren heiteren Gesellen und deren Schätzchen. In diese fröhliche Menge wirft der Dramatiker, um einen Schurken zu haben, den grämlichen und tückischen Wucherer, der geschaffen ist, um ausgelacht und besiegt zu werden."[19] An der musterhaften Stimmigkeit dieser Elemente bewähre sich, dass die „romantic comedy" den Juden ausschließlich als komischen Schurken, als schurkischen Komiker brauchen kann. Man könnte diese Version „Modell 1" nennen. Das differenziertere Ganze Heines, Hazlitts, Keans, Irvings aber, das nicht auf Komödie zielt, sondern nach Wirklichkeiten sucht, mag „Modell 2" heißen. Sah Shakespeare, wie Modell 1 versichert, seinen Juden einzig mit den Augen des elisabethanischen Mobs oder auch anders: vollständiger und menschenähnlicher?

Die Quarto-Erstdrucke klassifizierten Shakespeares frühe Werke nach Gattungen. »Titus Andronicus«, »Henry VI 3«, »Richard III«, »Richard II«, »Romeo and Juliet« wurden als „Tragedies" benannt, »Taming of the Shrew«, »Love's Labours Lost«, »Merry Widows« als „Comedies". Doch der »Merchant of Venice« wird keiner dieser beiden Ordnungen zugeteilt. Er heißt 1600 auf dem Titelblatt »The most excellent Historie« (wie sonst nur, mit einleuchtendem Grund, »Henry IV 1« und »Henry V«), und wird erst auf der ersten Textseite und den Kopfzeilen zu

»The comicall History« gemildert. Stecken Absicht und Sinn hinter der „Historie“? Meint sie, von der Komödie abgesetzt, eine Ausnahme- und Zwischenspezies? Erst 1609, in der Quarto von »The Historie of Troilus and Cressida« wird diese unbestimmte Bestimmung wieder verwendet – für Shakespeares zwiespältigstes, verwirrendstes Problemstück.

## GESPALTENER SPIELER, GESPALTENER AUTOR

Die Theaterchroniken bestätigen erst einmal, was Rowe mit kummervollem Bedenken referierte und die Anhänger von Modell 1 begeistert bejahten. Der Extremkomiker Thomas Doggett spielte Shylock seit 1701 mit großem Erfolg in Bettertons Truppe. Der Souffleur Downes nennt Doggett 1708 (kurz vor Rowes »Lebensbericht«) „das einzige komische Original unserer Tage … Er trägt die Posse in seinem Gesicht.“[20] Ein anderer Kollege hielt ihn für „den besten Gesichteschneider und Gestikulierer“.[21] Das Publikum konnte über Doggett/Shylocks jüdische Grimassen und Gehampel mit befriedigter, theaterentschuldigter Mordlust lachen, jubeln, grölen.

Grotesk und grausig erschien also der Jude hundert Jahre nach der Entstehung des Stückes. Wie er bei der Entstehung selbst, unter Shakespeares Regie aussah, dachte, fühlte, wissen wir nicht. Wir wissen nicht einmal, ob er mit dem „Helden“ oder dem „Clown“ der Truppe, Burbage oder Kempe, besetzt war.[22] Der Regisseur Shakespeare hat nur einen einzigen Zeugen: den Schriftsteller Shakespeare. Der hatte Ser Giovannis Novelle in ein Theaterstück umzumodeln – nach dem Vorbild des namenlosen „Juden von Mestre“ den Shylock zu erschaffen. Wie er jene Erzählfigur in diesen Dramencharakter änderte, lud jedes Teilchen des technischen Prozesses mit unfasslicher Energie, mit substantieller Bedeutung und Aussagekraft auf. Gehen wir den Fabelmotiven, den Verwandlungsschritten bis ins einzelne nach.

Shakespeare fand alle verabscheuungswürdigen Züge Shylocks, Arglist, Unerbittlichkeit, Blutdurst, Christenabscheu, in seiner Quelle vorgegeben. Der Reihe nach: Der „Jude von Mestre“ entwarf den Leihvertrag von vornherein in bösem Kalkül. Shylocks schlimmer Vertragspassus, die Fleischverpfändung (I, 3, 142-147), folgt Wort für Wort der Formel von Ser Giovannis Juden: „una libra di carne da dosso di quanlunque luogo e' volesse“.[23] Nach Ablauf der Frist bestand dieser statt jedes Geldgewinns auf dem Pfand. Für seine zehntausend Florine „wollte [Gianetto/Bassanio] ihm zwanzigtausend, dann dreißigtausend, dann vierzigtausend, dann fünfzigtausend geben; schließlich bot er ihm bis zu hundert. Der Jude sagte: Hör zu! gäbest du mir mehr, als diese ganze Stadt wert ist, ich nähme es nicht; ich will tun, was mein Vertrag sagt.“[24] Ser Giovannis Jude will töten aus stockfanatischem Hass: „Er wollte den Mord, damit er sich rühmen durfte, den größten der christlichen Kaufleute umgebracht zu haben.“[25]

Ähnlich wie im Bereich des Erzbösen ging Shakespeares Leihnahme in jenem Zwischenreich vor, in dem Abstoßung und Anerkennung sich zugleich erzwingen. Er nützte dafür ein französisches, 1596 ins Englische übersetztes Rednerbrevier. Zu seinem Blutpfand-Vertrag plädiert dort der „türkische Jude“: „Unmöglich ist es, eure Handelsregeln gegen mich zu brechen, ohne dem Staat großen Schaden anzutun.“ Einerseits wird Shylock damit Venedig erpressen: „If you deny me, let the danger light / Upon your charter and the city's freedom!“ (IV, 1, 38-39). Andererseits wird er die Republik an die Ursprünge ihres Wohlstands und Rufs erinnern: an die Rechtssicherheit fremder Kaufleute.[26] Sogar Shylocks äußerste Provokationsrede vor Gericht, „So can I give no reason, nor I will not“ (IV, 1, 40-62), deren tollkühne Bosheit und Intelligenz am meisten Entsetzen und Respekt erregen, hatte Sylvain vorgeformt: „Ich könnte sagen, dass ich dieses Fleisch brauche, um einen Freund von einer bestimmten Krankheit zu heilen, oder um Christen von der Misshandlung der Juden in aller Zukunft abzuschrecken – doch ich sage nur: Er schuldet es mir durch seinen Vertrag."[27]

Alles Verworfene, Gemeine bringt mithin der Jude aus *Shakespeares Quellen* mit. Alle Geschehen und Worte hingegen, die ihn entschuldigen, fast rechtfertigen, sind *Shakespeares Erfindung*. Shylocks sichtbare Narben und verborgene Wunden, die privaten und die stellvertretenden Vergeltungsansprüche für sich und seine Rasse – der Autor wollte und brauchte sie, sie gehören zum Kern seines Werkes. Zählen wir auch sie in zeitlicher Reihe auf. Erfunden hat Shakespeare Antonios brutalen Judenhass: dass er Shylocks Geschäfte öffentlich schädigte und denunzierte, dass er ihn beschimpfte und trat, dass er seinen Rotz auf dessen Bart leerte. Erfunden hat Shakespeare Shylocks Tochter: ihre Entführung, den Raub seines Goldes, seiner Juwelen durch einen aus Antonios Jungmännerclique. Erfunden hat er auch III, 1: Shylocks geniale Szene mit Solanio/Salerio und mit Tubal. Sie gehört zu den ergreifendsten und schrecklichsten, die je geschrieben wurden.

Ohne Vorbild sind dort: die ekelhaften Späße der Klatschbasen über den Verlust seines einzigen Kindes und sein Aufschrei: „Der Grund? Ich bin ein Jude." Ohne Vorbild die große Klagerede: „Hat nicht ein Jude Hände, Glieder, Leib, Sinne, Gefühle, Leidenschaften?" Ohne Vorbild zum Überfluss: der verrückt springende und ingenieurhaft ausgeklügelte Rhythmus von Rede und Gegenrede mit Tubal, die wilden und genau kalkulierten Ausschläge zwischen Schmerz und Schadenfreude – die Ohnmacht des Neunmalklugen, der in jede Falle der Lächerlichkeit tappt. Und da stehen Shylock noch bevor, auch sie fehlen ganz in der Novelle: die gnadenlose Beschlagnahme seiner Habe durch den Richter, der ihm soeben Gnade predigte; die erzwungene

Schenkung seines Vermögens an den Dieb seiner Tochter. Endlich das Schlimmste: der Horror der Zwangstaufe, die ihn als Shylock den Juden vernichtet.[28]

## SHAKESPEARES VERFAHREN

Nicht Heines „Weltgeist" hat also den „Privatwillen" eines Theaterpraktikers überfallen, nicht der „dramatic genius" ist dem „typical Elizabethan" davongelaufen[29], um aus dem „gedrillten Werwolf" und „Jew dog" einen Menschen zu machen. Sondern mit minutiöser Beobachtung, strömender Phantasie, in bald entsetzter, bald barmherziger Einfühlung hat Shakespeare seine Gründe, „Justifikationen" für den Juden ausgedacht, um das „problem play" zugleich mit, ja bewusst trotz der „romantic comedy" zu errichten. Es scheint, als habe der Misshandelte seinen Schöpfer in den Bannkreis seines personalen Fluches und Zaubers gelockt. Doch Vorsicht: Shakespeare erfand die Mitleidappelle und Humanisierungen des Juden nicht, um Modell 1 (und dessen grotesken Bösewicht) mittels Modell 2 (und seines Menschen aus Fleisch und Blut) auszutilgen. Shylocks beide großen Reden, kaum dass er die Bühne betritt, wagen das eklatante Neben- und Gegeneinander beider Modelle. Zwei Monologe von höchster Überzeugungskraft: sie ergänzen sich nicht, sie widerrufen einander.

Der erste Monolog, der des Bösewichts, heimlich für sich und die Zuschauer gesprochen (I, 3, 36-47), zielt in die Zukunft, legt den starren Vorsatz bloß, Antonio „an der Hüfte zu packen": „Ich hasse ihn, weil er ein Christ ist." Der zweite Monolog dagegen, des Gepeinigten Klage, ist mit Erinnerung getränkt; er spricht Antonio selbst an (I, 3, 101-122) voll der Erniedrigungen, die er von ihm erdulden musste. Eine dramaturgische Grundwahrheit: Wäre die Reihenfolge der beiden Reden umgekehrt, dann käme Shylock reichlich Mitgefühl zugute – seine Rachsucht erschiene als Folge seiner Misshandlung. Indem aber Shakespeare ihm *erst* Antipathie („I hate him"), *dann* Sympathie („you that did void your rheum upon my beard") anheftet, verhindert er diese Entschärfung. Der Dramatiker geht das Wagnis ein, dass die agitatorische Wirkung beider Plädoyers sich wechselseitig aufhebt. Präziser: Er ermöglicht, dass jeder, der der „romantic comedy" anhängt, Antonios krude Gemeinheit überhört, gar gutheißt; und jeder, der dem „problem play" nachstrebt, Shylocks vorgefassten Frevelsinn sich aus dem Gedächtnis löscht.[30]

Löschung von kräftig großen Seelenimpulsen, die da wörtlich geschrieben stehen? Ist ein solches Maß an Gefühlsroheit, an Täuschung durch eigene Ideologie und Idiosynkrasie denkbar? Aber nichts anderes führen uns die Zuschauer, Leser von vier Jahrhunderten vor. Und eben das wiederholen literarische oder professorale Interpreten während zweihundert „moderner" Jahre. Die gesamte Rezeption des »Kaufmann von Venedig« bezeugt, dass man je nach Bedarf den einen oder den anderen Shylock verdrängen kann. Das ist kein Kunstfehler Shakespeares, sondern offenbar seine konstruktive Absicht. Denn: Wollte er die „romantic comedy" mit dem grotesken Werwolf – warum setzte er ihr die Rechtfertigungen seines negativen Helden entgegen? Wollte er das „problem play" mit dem komplex wahrhaften Menschen – wozu belud er ihn mit karikierter Rachgier, mit possenhafter Blindheit? Niemand zwang Shakespeare zu diesen Widersprüchen. Weshalb schuf er sie?

Shakespeare kannte seinen Publikumsanteil (so Londons Magistrat 1597) an „entlaufenen Dienern, Beutelschneidern, Pferdedieben, Zuhältern, Falschspielern"[31], die über das Unglück des Juden sich die Hosen vollmachen würden vor Lachen. Für sie dämpfte er nicht Shylocks vor-geschriebenen Mördersinn, er überspitzte ihn. Wo Ser Giovannis „Jude von Mestre" Ansaldo töten wollte, will Shylock mit Antonios Fleisch „Fische ködern“ (III, 1, 47). Wo Sylvains „türkischer Jude“ trocken auf seinen Vertrag pochte, schüttet Shylock seinen Groll auf Antonio in einer Sprachflut des Ekels voll Katzen, Ratten, Ferkeln und Pisse aus (IV, 1, 40-62). – Shakespeare hält sich zwischen Quelle und Text an Shylocks Prinzip: „I will better the instruction.“ Doch wiederum: Shakespeares Sicht auf Shylock überlistet den fühllos brutalen Blick des ewigen Zuschauerpöbels und manches modernen Gelehrtenpöbels. Einer einzigen Figur seines Stückes gönnt er eine Rückblende.

Als Shylock vom Verlust seines Verlobungsrings hört, den die neugetaufte Tochter für ein Äffchen eingetauscht hat – da schreit er auf: „Mein Türkis war's, ich hatte ihn von Leah, als ich noch Junggeselle war. Ich hätte ihn nicht hergeschenkt für eine Wildnis voll Affen!“ (III, 1, 110-113). „Turquoise“, „Leah“ und „bachelor“: die Worte kommen nur dieses einzige Mal im gesamten Stück vor. Sie sind Wunder an suggestiver Poesie – gerade, weil sie aus allen Zusammenhängen des Stückes fallen. Eine Vergangenheit in Enge und Schmutz des Ghettos wird aufgerissen. Wir glauben das Brautgelöbnis eines bleichen kleinen Talmudschülers zu sehen mit dem längst verstorbenen Judenmädchen, dessen Züge er in der verlorenen Tochter liebte und immer noch liebt.[32] Eine Sekunde lang steht der hass- und leidverstockte Greis mit seinem verfilzten Bart und Kaftan, mit seiner lauernden Schläue und zuschlagenden Ironie als Halbwüchsiger im sinnlich-frommen Körpererwachen vor uns, vom Blitz seines späten Schmerzes erhellt.

Im »Kaufmann«-Drama gibt es zwei Arten Brautwahl, zwei Arten Verlobungsringe. Die eine gehört Bassanio, der seinen und Portias Ring unter Eidbruch weggibt. Die andere gehört Shylock, dessen Protestschrei, „Du folterst mich, Tubal!“, unsägliche Kraft hat: Rückblende spendet der Bühnenfigur Subjektivität. Nie werden wir erfahren, wann Antonio sich entschloss, unverheiratet zu bleiben, bei welchen Schneidern, Köchen, Frauen Bassanio das Vermögen seiner Eltern ließ, wie Portia ihren toten Tyrannenvater einst verehrte und nie abzuwehren vermochte. Nur dem schändlichen Wucherer, dem Saujuden, hat Shakespeare eine wahre Anamnese, den Blick ins Innerste gegönnt. – Allerdings gilt auch die Frage: Weshalb erzeugt Shakespeare mit solchem Eifer, mitten im Zentrum der Fabel, Shylocks extremes Doppelgesicht? Und weshalb bleibt Shylock nicht der einzige, der in so extremer Ambivalenz, Doppeltheit das Stück bewohnt? Warum wurde gegen ihn eine Gestalt gestellt, die nicht weniger gespalten ist als er?

## DER HELD DES DRAMAS: SHYLOCK ODER ANTONIO?

Wie eine Seuche gibt Shylock, der Verfolger und Verfolgte, seinen fatalen Riss an Antonio weiter: an den „edlen Freund" und den selbstzerstörend in einen schönen Jungen Vernarrten. Gewiss: Ihnen folgt Bassanio als Minneritter und Mitgiftjäger, dann Portia als schnippischer Backfisch und wissende Frau, erst „unlesson'd girl", zuletzt Göttin Fortuna. Aber das paradigmatische Paar des Stückes heißt Shylock und Antonio. Wo sie sind, da leuchten, flackern zwei Lichtpunkte in der Textur des Dramas. Vielleicht stammt ihr Seuchenbund und -riss mitten aus Shakespeares Seele: gespalten in dessen eigenem Doppelgänger-Fatum zwischen Universaleinsicht und Außenseitertum. Das Stück schweigt davon und verrät nur eines: Der Jude und der Sodomit kämpfen vor Gericht nicht nur um Antonios Leben. Sie kämpfen darum, wer die Hauptfigur dieses Theaterstückes ist mit dem Eintrag im Stationers' Register: »The Marchaunt of Venyce or otherwise called The Iewe of Venyce«? Die christmoralischen Schmäler von Shylocks Dominanz, die Lloyd, Poel,

Stoll, Lewis, berufen sich auf christliche, obgleich wenig moralische Zeugen im Dramenpersonal: auf Lorenzo, Gratiano, Lancelot, die Shylock allesamt verachten. Shakespeare selbst wird als Kronzeuge vorgeladen: Er hätte den Juden nicht so früh aus dem Stück vertrieben, wollte er ihn an Teilnahme und Interesse dem Christen vorziehen.

Das Argument gilt nicht. Fehlt auch Shylock im V. Akt – der Autor lässt Antonio doppelt so lang im II. und III. Akt fehlen. Shylock hat im Stück doppelt so viele Zeilen wie Antonio. Denn Antonio erwies sich während der Ausführung als ein bedauerlicher Fehlkalkül: Ein sich Verleugnender schaffte es nicht, zum Helden der Handlung zu werden. Bei Shylock erwuchsen hingegen einem Klumpen der Abstoßung lauter Stachel, Tentakel von Einfühlungsappellen. Der Wettkampf beider entscheidet sich in der Sprache. Antonios Denken, Satzbau, Ausdruck bleiben dürftig bis auf ihr spätes Aufstrahlen im Gerichtssaal. Sie haben vom Beginn des I. Aktes an etwas zivilisiert Farbloses, Neutrales. Mutlos, ja unbeholfen wirkt im II. Akt, wie er sich mit einer dürren Miniszene von fünf Zeilen bei uns abmeldet. Als er im III. Akt kurz wiederkommt, zeigen sein Hirn, seine Seele ihre ersten heftigen Lebensimpulse: störrische Entschlossenheit zu sterben. Dabei mühte sich Shakespeare zunächst damit ab, Neugier für Antonio zu wecken. Er ließ ihn ausfragen, wie Rosencrantz/Guildenstern den Hamlet; doch sein trotzgehütetes Geheimnis hat uns zuerst irritiert, dann gelangweilt. Dem Autor des »Kaufmann von Venedig« misslingt, dem Titelhelden eine dritte Dimension zu geben: andere Figuren mit seinen Augen, ihn mit den Augen anderer Figuren zu sehen. Das Lob auf ihn, Bassanios „kindest man", Lorenzos „true gentleman", sind schwer erträgliche Gemeinplätze. Das Stück wird nie *sein* Stück.

Shylocks Idiom dagegen birst immer schon vor Reichtum, Kraft, Plastizität. Sein erster Auftritt erobert für das künftige Œuvre (von Falstaff bis Prospero) jenen Realschein der Dramenfiguren, den wir anfangs als Shakespeares singuläre Errungenschaft sahen. Shylock ist der wirklichste Mensch, der die Weltbühne bis dahin betrat. Er macht den Mund auf und steht unwiderleglich vor uns. „Dreitausend Dukaten – gut." „Auf drei Monate – gut." Was spricht aus der rhythmischen, agogischen Überzeugungskraft von Shylocks hartnäckiger, fast nervtötender Verlangsamung jedes einzelnen Satzes? Gelassenheit des klugen, rechnenden Kaufmanns? Gespielte Begriffsstutzigkeit als Strategie des Wucherers, da ein ungeduldiges Opfer am leichtesten seine Schwächen preisgibt? Oder aber: Vorsicht als fleischgewordene Erfahrung der jahrtausendelang Verfolgten, Ausgeraubten, Hingemordeten? Die gedrungene Gestalt im verschlissenen „gabardine", das alterslos uralte Gesicht mit den spöttisch scharfen Augen (nicht umsonst Macklins, Keans, Irvings, Bassermanns, Kortners große Rolle) legt sich gegen seinen Partner und seine Zuschauer auf keine dieser Erklärungen fest – und vereint sie alle zu atemraubender Präsenz und Mächtigkeit. Shylock lehrt: Wirklich-Sein ist abgründig, nicht platt.

Wir werden bald fragen müssen: Was hinderte Shakespeare im Tiefsten daran, Antonio zum Helden seines Dramas wachsen zu lassen? Über Shylock konnten wir mittlerweile viel erfahren. Bevor wir Antonio allein, in seiner Einsamkeit porträtieren, wollen wir einiges mehr vom Konflikt der beiden Erzfeinde wissen: Wofür, wogegen kämpfen sie?

## DIE WELTMEERE UND DAS GHETTO

Beginnen wir mit ihrem objektiven, alles umrahmenden Zusammenstoß: „der Großwaarenhändler gegen den Wechsler und Wucherer" (so Gervinus)[33]. Antonio und Shylock präsentieren stolz und groß ihren Konflikt, als hänge von dessen Entscheidung die Ethik und das Gedeihen der damaligen, als gegenwärtig exponierten Welt ab. Alle Deutungen des Stückes preisen von jeher den „merchant adventurer“ gegen den „usurer“. Keinem Deuter fiel dabei auf, dass beide Konkurrenten schlechte Händler, Stümper in ihren Berufen sind. Antonio begreift nicht, dass weltumgreifender Handel ohne stetigen Kreditfluss, dass zureichender Kreditfluss ohne marktkonformen Zins längst Anachronismen geworden sind.[34] Shylock fasst nicht, dass sein Horror vor allen Seerisiken („pirates …, winds, and rocks“) ihm den Grund und Zweck seines Leihgeschäfts, Expansion des Handels, versperrt.

Beide individuellen Temperamente spiegeln ihren beruflichen Defekt. Aus jedem Wort zu ihrem Vermittler Bassanio sprechen Antonios verblendetes Vertrauen, Shylocks kurzsichtiger Argwohn im Leben und Wirtschaften. Die Manie verschwenderischen Ausstreuens beherrscht den einen, die Manie raffenden Anhäufens den anderen. In einem meisterhaften Essay wurde bald nach 1600 der Maßstab aufgestellt, an dem Antonios und Shylocks Fehlschlüsse zu messen sind. Francis Bacon schreibt »Of Usury«: „Viele ersinnen witzige Invektiven gegen den Zinswucher: … Wucherer sollten orangerote Mützen tragen wegen ihrer Verjudung. … Dazu sage ich nur: Da es Borgen und Leihen geben muss, … muss Wucher erlaubt sein.“ Nach- und Vorteile des Wuchers werden aufgezählt: Er kann eine schädliche Überkonzentration der Geldmittel bewirken, geschrumpfte Erstarrung statt breite Verteilung des aktiven Kapitals. Doch ohne ihn gäbe es keine Neuerungen, keine Geschäftgründungen junger Kaufleute, dafür aber zahllose Pleiten.

Bacons Einsicht galt damals wie heute: Zinsnahme (alias Wucher) erfüllt ihren Sinn im mobilen Warenverkehr, der sich weitestmöglich räumlich ausdehnen und sozialschichtig streuen soll. Er schließt: „Es ist reine Illusion zu denken, dass es ohne Profit einen normalen Leihverkehr gibt. Das Gerede, den Wucher abzuschaffen, ist albernes Zeug.“ Dass Bacon das Gesamtwerk Shakespeares verfasste, werden nur gelehrte Freaks immerfort glauben. Aber dümmer als der Denker Bacon musste der Allwisser Shakespeare nicht sein. Er wusste auch: Dem Drama nützt es, wenn seine Kunstfiguren, Christ und Jude, „dumm" bleiben. In ihrem Ethikstreit haben beide unrecht; doch mit dessen Schärfe rüsten sie sich für ihren effektträchtigen großen Endkampf. In ihm wird es nicht mehr um Wirtschaftstheorien gehen. Gleich nach ihrer Debatte schließen sie den Vertrag, der beide fast das Leben kostet.[35]

Protagonisten der Bühne beurteilen wir nach ihren sofort sichtbaren Physiognomien und nach ihren konsekutiven Taten – folgsamer aber nach der Zumessung von Sympathie, die der Dramatiker ihnen gönnt und uns aufdrängt. Den Ursprung des Kampfes zwischen dem Juden und dem Christen sieht jedes arische Publikum in Shylocks vorgefasstem und unaustilgbarem Hass auf Antonio. Genaue Lektüre lehrt es anders. Der Handlung zeitlich vorgegeben sind Antonios Verachtung und Beleidigung des Shylock; und Antonio hält auch für alle Zukunft daran fest, Shylock einen „Hund" zu nennen, selbst wenn er von ihm Kredit bekommt. „Ich werd' gewiss dich auch wieder so schmähen, / Dich anspucken und mit den Füßen treten." Dem schließt Antonio die gespenstische Aufforderung an, die Shylock leider wörtlich befolgen wird: „Willst du das Geld uns leihen, leih es nicht / Als deinen Freunden, … leih es deinem Feind. / Von ihm kannst du, falls er die Frist versäumt, / Besser die Strafe fordern" (I, 3, 125-132).

Bassanios Einwand gegen Shylocks Konditionen fällt verständlicherweise flüchtig aus; er will ja zu Geld kommen. Aber Antonios bereitwillige, ja übereifrige Akzeptanz von Vertrag samt Vertragsstrafe muss einem nach dieser Provokation geradezu hirnverbrannt dünken. Dass er sich für den Vertrag sogar bedankt (I, 3,173), zwingt uns, verblüfft nachzufragen: Was erwartet der Jude, was der Christ von der seltsamen Klausel? Müssen sie beide nicht ohnehin, bei Antonios hoch gepriesener Vermögenslage, deren Fälligkeit für unmöglich halten? – *Shylock* errät, dass es keine Bedingung gibt, die Antonio für den schönen „verschwenderischen Christen" nicht unterschriebe. Er beschwört mit magieglühendem Hoffnungsritual seinen Stammesgott; der wird ihm die Vergeltung alles Erlittenen schenken. Noch im III. Akt trägt Shakespeares herrliche Pedanterie Shylocks Gewissheitsschwur – am Mittag der Unterschrift! – vor den Mitjuden Tubal und Chus nach (III, 2, 283-239): Er werde „Antonios Fleisch" sogar für „die zwanzigfache Schuldsumme" nicht verschonen.[36] Er weiß, denn er glaubt.

Was aber bewegt *Antonio*, selbst wenn er dem Bestand seiner Schiffe traut, freudig auf die drohende Todesklausel einzugehen: auf die Formel dessen, den er eben erst aufrief, die Vertragsbuße erbarmungslos an ihm einzutreiben? Wieso redet er überhaupt jetzt schon, gar zu Shylock, von „Versäumen" und „Fordern", von „Frist" und „Strafe"? Spornt auch ihn eine magische Hoffnung an, die er dem geliebten Freund, dem verabscheuten Feind, uns Zuschauern, vielleicht auch sich selbst verheimlicht? Die gewagteste Frage zwingt sich auf: Ergreift Antonio Shylocks Klausel in der bewusst-unbewussten Zuversicht, sie werde ihm zum Märtyrertod für den Geliebten, den er soeben auf immer von sich fortschickt, verhelfen? Wir wissen es nicht; denn er und Shakespeare verraten es nicht.

Sie schweigen.

# II. DER STUMME ANTONIO

Antonios Weg durch die Handlung ist ein Passionsweg. Anders als im Evangelium für eine Station gilt hier für alle Stationen: „Er aber schwieg still.“[1] Antonios Schweigen beginnt mit der ersten Zeile des Stückes. Er hat zuvor auf Bassanio verzichtet; doch er verbietet es sich, diesen wahren Grund seiner Trauer zu benennen. Wohl beteuert er dann im Gespräch mit Bassanio, seine ganze „Habe und Person“ für dessen Brautfahrt einzusetzen. Doch weshalb er sich mit aller Kraft von dem einzigen Menschen trennen will, „für den er die Welt liebt“, erfahren wir nicht. In der Szene mit Shylock/Bassanio vertritt er den „dringenden Bedarf meines Freundes“; von seinen eigenen Wünschen oder Entsagungen sagt er nichts. Im II. Akt sehen wir Antonio nur für eine Minute: ein passender Auftritt für einen Diener, unwürdig der Titelfigur. Sogar seine Minute nützt er allein dazu, Bassanios Abreise voranzutreiben. Rede und Handlung in diesem Akt überlässt er dem Freund und dessen zwei Freunden; bevor der Akt endet, werden alle drei Venedig und ihn verlassen.

Antonios schönste, erschütterndste Szene, seine Trennung von Bassanio im Hafen, findet nur in der Erzählung einer Klatschbase statt. Will er, will Shakespeare uns nicht zu viel von der Tiefe seines Schmerzes zeigen? „Ich sah Bassanio und Antonio scheiden. / Bassanio sagte ihm, er wolle eilen / Mit seiner Rückkehr. Doch er sagte: ‚Nein, / Pfusche nicht meinetwegen dein Geschäft, / Sondern bleib dort, bis deine Zeit gereift ist …‘ / Mit diesem Wort und Augen voller Tränen, / Wendet er sein Gesicht ab, reicht die Hand / Rückwärts und drückt und presst Bassanios Hand / Mit seltner Leidenschaft. So schieden sie.“ Die Szene wäre unvergesslich, bekämen wir sie zu sehen. Der Dialog ist trotzdem sonderbar. Bassanio bietet „speed of his return“ an, als seien Werbung und Hochzeit in Belmont nur hastige, fast lästige Erledigungen. Und Antonios Antwort will opferwütig verhindern, was er ersehnt: Bassanios Rückkehr. Er bricht sein Schweigen nur, um dessen Ursache nochmals, ein letztes Mal zu verschleiern.

Die beiden ungespielten Szenen zum Schluss des zweiten Aktes lassen uns nicht ruhen: Shylocks Eintritt in sein ausgeraubtes Haus, Antonios Abschied von seinem zerbrochenen Glück. Sie wären nicht nur die potentiell wirkungsvollsten Strekken der ersten Stückhälfte. Sie sind die krisenhafte Wendung im Lebenslauf der beiden Protagonisten, Angelpunkte des gesamten Stückes. Shylock wird fortan nur noch an Rache denken, Antonio nur noch sterben wollen. Die Entscheidungsszene eines Theaterstücks nicht spielen, sondern erzählen zu lassen kommt in der Weltgeschichte des Dramas selten vor. Unausweichlich muss der Anlass, ja der Zwang zu diesem undramatischen, antidramatischen Mittel sein, damit ein großer Stückeschreiber zu ihm greift. Um das Exzeptionelle, ja Einzigartige in Shakespeares Verfahren zu ermessen, wollen wir den Krisenszenen Antonios, Shylocks einige scheinbar ähnliche Beispiele von Erzähltem-statt-Gespieltem entgegenhalten.

Das Urbild von Salerios und Solanios Erzählungen steht am Anfang alles europäischen Dramas: der Botenbericht über die Schlacht von Salamis in Aischylos' »Persern«. Unspielbar auf der Bühne wie eine Seeschlacht mit hundert Schiffen, Tausenden Getöteten schien dann der Doppelselbstmord Antigones und Haimons in Sophokles' »Antigone«, grässlicher noch das Wüten der Mutter Agaue in Euripides' »Bakchen«, die ihren Sohn Pentheus lebend in Stücke reißt. Was das Auge nicht sehen darf, spricht zu den Ohren. Und doch hat Shakespeare den Grufttod des Liebespaars in »Romeo und Julia« auf die Bühne gezerrt. Er exhibierte die endlose Mordserie des »Hamlet«-Finales mit Giftbechern und Degenstößen – statt das Grauen, wie die Griechen, der Nachricht anzuvertrauen: Erzählworten und

-schreien, die das räumlich nicht Überschaubare oder seelisch nicht Erträgliche notdürftig ersetzen.[2] Halt machte der neue Tragiker nur in »Titus Andronicus« vor Lavinias Vergewaltigung und Verstümmelung; sie geschehen im Off.

Nicht zwischen dem Erträglichen und dem Unerträglichen, sondern zwischen dem Wahr-Scheinlichen und dem Wunderbaren zieht Shakespeare die Grenze zwischen Zeigen und Erzählen in den Lustspielen und Romanzen. In »Wie es euch gefällt« mutete er den heiklen Ringkampf, in dem der tapfere Jüngling den plumpen Riesen auf den Boden wirft, seinen trainierten Komödianten zu. Doch die unglaubliche Tat, mit der der gute Bruder Orlando den bösen Bruder Oliver vor dem Giftkuss einer Schlange, aus den Tatzen einer Löwin rettet, ließ er vom Geretteten rezitieren – halb heraldisch ausgemaltes Wappenemblem, halb uralte fromme Bekehrungsmär. Ähnlich wird im »Wintermärchen« die mirakulöse Wiederfindung, Wiedererkennung der Verlorenen, Totgeglaubten nicht auf die Bühne gestellt; sondern drei namenlose Augenzeugen schwärmen von ihr einander und dem Publikum vor, im Wettbewerb jubelnder Überstürzung: „such a deal of wonder is broken out within this hour" – „like an old tale" (V, 2).[3]

Weder Greuel noch Wunder aber, die alles Darstellbare übersteigen, kommen in Shylocks, in Antonios Gipfel- und Wendeszenen vor. Nichts Surreales oder Unreales zwang Shakespeare hier dazu, die Nahaufnahme seiner beiden Protagonisten in ihrer extremen Selbstoffenbarung der Bühne vorzuenthalten – ihre anrührendste Aktion in eine bald indiskrete, bald höhnische Rezitation dubioser Nebenfiguren zu wenden. Im Gegenteil: Antonios Gefühls- und Sprachblockade käme in dem, was Salerio erzählt, zum greifbarsten, ergreifendsten Abbild; und Shylocks leidverwirrter Verlust aller Kontrolle, von dem Solanio berichtet, könnte sich nicht situations- und charaktertreuer ausdrücken als in seiner Selbstpreisgabe an den Spott der Straßenjungen, der ganzen Stadt Venedig.[4] Dialoge werden beidemal wortwörtlich *zitiert*, Gesten und Gänge bis zur winzigsten Regung *abgespiegelt*: als hörbare, sichtbare, vor glaubhaften Details berstende Wirklichkeiten.

Wir müssen annehmen: Shakespeare hatte beide Aktionen vollständig seinem inneren Auge und Ohr vorspielen lassen. Wahrscheinlicher noch: Er hatte sie fertig, aufführbar niedergeschrieben. Solanios, Salarios Erzählungen sind Extrakte von genialen Bühnenszenen. Warum ließ Shakespeare sie fallen? Alles Nachdenken darüber führt zu der einzigen stichhaltigen Begründung: Er mochte seinen Protagonisten das Äußerste an Sympathie und Rührung nicht gönnen. Der Fortfall der beiden Gipfelauftritte ist der stärkste Beweis dafür, dass Shakespeare mit dem »Kaufmann von Venedig« zwei Stücke in einem schreiben wollte. Dieser Wille war noch dringlicher, beherrschender als seine Selbstverpflichtung zu extremer Gefühlsenergie und Charakterwahrheit; nur deshalb nahm er den immensen Doppelschaden für sein Drama auf sich. Im Augenblick da die lückenlos vorgestellten, wohl auch fertiggestellten Szenen ihrem Autor mit ungedämpfter Kraft und Wirkung entgegentraten, begriff er: Sein Unmaß an Einfühlung in den Juden, den Sodomiten, seine aufwühlende Zweifach-Vision würde die „romantic comedy" mit einem Schlag zerstören.

Nach Antonios Trennung vom Einziggeliebten, nach Shylocks Verlust von Tochter und Gold sähen wir die beiden Hauptfiguren des »Kaufmann von Venedig«, von großen Schauspielern gespielt, unwiderruflich mit neuen Augen: ausschließlich mit denen des düster-zerrissenen „problem play". Wir verlören jedes Interesse an den beiden anderen, dem Liebespaar, an dessen Glück wir mit dem naiveren Teil unseres Gemüts hängen. Platter gesagt: Das Publikum des Bühnenunternehmers William Shakespeare drohte seinem Lieblingsstücklieferanten das Vertrauen zu kündigen. Der war doch noch „Elisabethaner" genug, applaus- und kassenbewusster Theatermann, um solcher Drohung nachzugeben. Er opferte Antonios erstickte Tränen und Shylocks Wahnsinnsrufe, um Millionen Zuschauern seine erfolgreichste Komödie zu vererben – und ihr Gegen-Stück für sich und einige Freunde zu behalten. Dem liebeskranken Kaufmann wurde der irreparable Einschnitt seines Bühnenlebens zugefügt – erst danach ging sein Passionsweg weiter.

## EINE LIEBESERKLÄRUNG, VERSPÄTET

Wenn wir Antonio wiedersehen, ist er ein Verwandelter. Körperlich ausgezehrt, gealtert, moralisch geisterhaft gefestigt, also in beider Hinsicht: transparent geworden. Er weiß, wofür er lebt: um für Bassanio zu sterben. Erzählen wir den Vorgang, wie es das Drama tut – geduldiger.

Bassanios Abwesenheit, mehr als Bankrott und Lebensgefahr, hat Antonio in drei Monaten so ausgezehrt, dass ihm „Kaum ein Pfund Fleisch noch bleiben werde morgen / Für den blutigen Gläubiger“ (III, 3, 32-34). Jetzt erst fällt sein erstes Wort, nur für sich geflüstert, von ungehemmtem Todeswunsch, Streben nach Liebesmartyrium: „Geb' Gott nur, dass Bassanio / Mich für ihn zahlen sieht; dann schmerzt mich's nicht.“ Wahren sonst Shakespeares Protagonisten ein Geheimnis vor ihren Freunden und Feinden – sie eröffnen es uns im Monolog. Antonios einziger Monolog im gesamten Stück, wir hörten ihn soeben, misst anderthalb Zeilen. Was er fühlt, soll auch der Zuschauer nicht wissen.[5] Am vorletzten Tag seines Lebens sendet Antonio einen Boten nach Belmont, nach Bassanio. Doch sogar in dem Brief an ihn, dem ersten seit ihrer Trennung, nimmt er zurück, was er endlich zu sagen – nein, nur zu schreiben – wagt: „Schulden zwischen dir und mir sind getilgt, kann ich dich nur sehen, wenn ich sterbe! Trotzdem handle nach deinem Belieben. Überredet nicht deine Liebe dich zum Kommen, so soll es auch mein Brief nicht."

Bassanio trifft rechtzeitig im Gerichtssaal ein. Antonio überträgt ihm seinen letzten Willen in zwei Fassungen. Die erste Fassung ist eine Metapher, die wir später aufzuschlüsseln versuchen: „Ich bin der befleckte Hammel in der Herde, / Am tauglichsten zum Tod. Die schwächste Frucht / Fällt vor den anderen; so lass mich fallen. / Du kannst nicht bessern Dienst mir tun, Bassanio, / Als wenn du lebst und meine Grabschrift schreibst" (IV, 1, 114-118). Die zweite Fassung spricht weniger enigmatisch, ja in ihr *spricht* Antonio wohl zum erstenmal in dem Drama, das nach ihm benannt ist: „Gib mir die Hand, Bassanio. Lebe wohl. / Es kränk dich nicht, dass ich jetzt für dich falle ... / Empfiehl mich deiner ehrwürdigen Frau, / Bericht den Vorgang meines Endes, sag ihr, / Wie ich dich liebte, lobe mich im Tod. / Und wenn du's auserzählt, lass sie entscheiden, / Ob nicht Bassanio einmal schon geliebt ward ... / Denn schneidet nur der Jude tief genug, / Zahl ich jetzt deine Schuld vom ganzen Herzen" (IV, 1, 261-277).

Wenn Antonio seine Liebe zum erstenmal unverstellt offenbart, bürdet er Bassanio auf, Portia „den Vorgang seines Endes" aufs genaueste zu schildern: wie sein Herz, um Bassanios willen, bei lebendem Leib aus seiner Brust gerissen wurde. Aber Portia hatte Bassanio mit dem Gegenauftrag nach Venedig entsandt, dafür ihre Hochzeitsnacht verschoben: „Denn nie sollst du an Portias Seite liegen / Mit Unruhe im Herzen" (III, 2, 304f.). Erfüllt Bassanio Antonios grausames Begehren, so muss er Portias milden Wunsch missachten. Das blutige Gespenst des Freundes, der *seine* Schuld „vom ganzen Herzen" beglich, würde in der Hochzeitsnacht und dann ewig über dem Ehebett schweben. Märtyrertum mag erhaben sein, arglos ist es selten. Soll es als Vorbild wirken, so lädt es die Schuld nicht den Henkern, sondern den Gleichgesinnten, den Zeugen des Blutzeugen auf. Denken wir, in diesem Fall, eine Ehe, in der die Frau bei jeder

Reibung, also täglich „entscheiden“ muss, ob nicht ihr Mann „einmal schon geliebt ward“: uneinholbar, solang nicht auch sie unter Qualen für ihn stirbt.

Portia hat zu ihrem Glück Shylocks Sieg über Antonio auf der Bühne verhindert. Warum kann sie aber Shylocks Sieg über Antonio niemals im Zuschauerraum, an keinem Theaterabend seit vierhundert Jahren vereiteln? Antonios Schweigen spricht die Erklärung. Shylock der Bekenner hat gegen Antonio den Leugner den Kampf um die Teilnahme des Publikums schon im Juli 1598 gewonnen, als die Londoner gegen des Autors Absicht vom »Juden von Venedig« statt vom »Kaufmann von Venedig« zu reden begannen. Musste Shakespeare Antonio schweigen lassen?

## DAS UNNENNBARE VERBRECHEN

Shakespeares Stärke war es nicht, gegen Urteile, Vorurteile seiner Zeit und Gesellschaft den offenen Kampf aufzunehmen. Seine Laufbahn begann er unter der Bedrohung, zweiter in seinem Beruf zu werden. Die letzten Stücke Christopher Marlowes waren schärfer, auffallender, neuartiger als seine ersten. Marlowes Parteinahme für das Böse führte bekanntlich zu einem bösen Ende. Der Shylock des »Kaufmann von Venedig« von 1596/97 ließe sich, in Nachahmung oder Abweichung, ohne Barabas, den »Juden von Malta« von 1589, nicht denken. Doch Shakespeare hütete sich, seinen Antonio allzu eng, in Nachahmung oder Abweichung, Marlowes König Edward nachzuformen.[6] Marlowe bekannte sich wohl nicht nur im engsten Kreis als „Liebhaber von Knaben“.[7] Er behauptete, der Evangelist Johannes sei der „sodomitische Bettgenosse“ Christi gewesen. 1593, ein Jahr nach der Uraufführung seines »Edward II«, wurde er aus diesen oder anderen Gründen ermordet.[8]

Shakespeares „honigzüngige“, homoerotische Sonette blieben zumindest bis 1598, bis nach der Uraufführung des »Kaufmann von Venedig«, laut verlässlicher Auskunft „unter seinen privaten Freunden".[9] Ob die Gedichte elf Jahre später als Raubdruck oder mit Zustimmung ihres Dichters erschienen, wird nie geklärt werden. Immerhin herrschte 1609 ein landesweit als homosexuell bekannter König über England, der Shakespeares Stücke schätzte und förderte. Es bietet sich an, Antonios Prägungen an drei anderen zu messen: am *Theater* Marlowes, an der *Lyrik* Shakespeares und an der *Realität* von König Jakobs Liebesleben. Zum Vergleich wählen wir das Motiv, an dem Antonio zugrunde geht: sein stummes Leiden an der Abwesenheit des Geliebten. Analogien und Differenzen dieser drei Stimmen mit Antonios Sprachlosigkeit werden uns dann zu einem vierten, abschließenden Vergleich führen.

Zwischen König Edward und seinem Günstling Gaveston gibt es eine Sprache: von lodernder Passion auf der einen, von froher Bereitschaft auf der anderen Seite. Ja, sie tragen diese Sprache in die Öffentlichkeit des Landes und der Regierung – im Bund mit ihrem Schöpfer Marlowe, der diese Sprache in die Öffentlichkeit des Theaters und der Stadt London trägt. Laut und frech nennen sie dem Publikum das „crimen innominabile", ihr unnennbares Verbrechen. Als der Hochadel Englands den Herrscher zwingt, den Angebeteten aus dem Reich zu verbannen, findet Edward für den übergroßen Verlust Leidensrhetorik von pathetischer Übergröße:

He's gone; and for his absence thus I mourn.
Sorrow did never get so near my heart
As does the want of my sweet Gaveston. …
My heart is as an anvil unto sorrow,
Which beats upon it like the Cyclops' hammers,
And with the noise turns up my giddy brain
And makes me frantic for my Gaveston.[10]

Edward schreit heraus, was Antonio verschweigt. Der Unterschied reicht weiter: Edward gibt den Geliebten bis zu dessen Ermordung nicht auf; Antonio hat ihn vor dem Stückbeginn aufgegeben. Edward rächt Gavestons Ermordung am Adel bis zu seiner Ermordung durch den Adel. Er und sein Dramatiker lehren, was Antonio und sein Dramatiker zu lernen sich scheuen: Liebe eines Mannes zu einem Mann muss nicht schwermütigen Verzicht erzwingen. Gewiss, Edwards Sprechen wird für ihn tödlich; aber Antonio bezeugt, dass man auch an Stummheit (fast) sterben kann. – Antonios Blässe wird von Shakespeare selbst verschuldet: nicht durch zu große Distanzierung, sondern durch zu große Identifikation. Denn Antonio verschweigt nur, was Shakespeare ihm zu verschweigen gebietet. Der Autor gönnt dem Protagonisten auf dem Theater nicht, was er sich selbst auf dem Theater verweigert: das verbotene Gefühl vor fremden Augen bloßzulegen, das Unnennbare zu benennen.[11] Bestimmt Shakespeares Scheu nur das frühe Stück »Der Kaufmann von Venedig«, oder wirkt sie in allen seinen Theaterstücken?

Der Raum ist hier eng für ein Thema, das weit und tief in Shakespeares Œuvre reicht. Sehen wir von den Geschlechtswirrnissen von Knaben in Frauenrollen und Frauen in Knabenrollen in »Wie es euch gefällt« und »Was ihr wollt« ab, von Orlandos Versuchung durch Ganymed, Orsinos durch Cesario, so bleiben sechs ungeschonte Homosexuelle in seinem Werk übrig. Zunächst die beiden Antonio, verrätselt, aber leicht zu entziffern: der Kaufmann in Bassanio, der Seemann in Sebastian vernarrt. Dann plump und offen zwei Bettgenossen: der prestigesüchtige Supermacho Achilles und die hilflose Supertunte Patroclus – höhnische Karikaturen, wie fast alle Figuren in Shakespeares niederschmetternder Zerrtragödie. Gegen sie die friedfertigste, begehr- und lustfreundliche Figur dieses Stükkes, der Kuppler Pandarus. Sein in Späßen versteckter Wunschtraum heißt nicht, an Troilus' Stelle mit Cressida zu schlafen, sondern von Troilus an Cressidas Stelle beschlafen zu werden – und das Kind aus deren erstem Beischlaf, „wenn es ein Junge wird“ (III, 2, 103-104), als Lohn zu erhalten.

Chiffriert, wie der schwatzhaft sinnenfrohe Kuppler Pandarus in »Troilus und Cressida« durch sein komisches Stereotyp, ist der wütend wahnsinnige König Leontes im »Wintermärchen« durch seine pathologische Einzigartigkeit. Über die Rückblende auf Leontes' und Polixenes' kindlich verliebten „Tausch von Unschuld gegen Unschuld“ schreibt Harold Bloom: „Die Liebe zwischen beiden voradoleszenten Knaben scheint Polixenes nicht gezeichnet zu haben; doch er mag die Wurzel von Leontes' Wahn sein.“[12] Die Entdeckung gehört nicht Bloom. Sigmund Freuds umstürzender Traktat von 1911, wie Eifersuchtsparanoia aus verdrängter homoerotischer Bindung entstehe[13], ist eine unüberholbare Deutung des »Wintermärchen«. Doch Shakespeare umschreibt Homoerotik auch in dieser verwegensten Tiefenfahrt nur in abgeschirmten Rätseln.[14]

## DER STUMME SPRICHT

Drei Monate lang ließ uns Shakespeare kein Wort seiner Titelfigur hören. Dann bittet Antonio den Geliebten nur um eines: dem Augenblick seines Todes beizuwohnen. Er weiß, dass er an dessen Ferne, an der Verdüsterung der Welt stirbt:

All days are nights to see till I see thee,
And nights bright days when dreams do show thee me.[15]

Und wieder:

And thou away, the very birds are mute;
Or if they sing, 'tis with so dull a cheer
That leaves look pale, dreading the winter's near.[16]

Zwölf von Shakespeares Sonetten, ein starker Komplex im ganzen, sind Trauergedichte über die Trennung vom Geliebten.[17]

Sind die Sonette Antonios Stimme? Jedenfalls reden sie in der Sprache eines ausgelernten Kaufmanns vom „lease of my true love … supposed as forfeit“.[18] Sie nennen „your dearest love“ eine Gabe, „whereto all bonds do tie me day by day“[19]; und noch die inständigste Klage über Liebesverlust verkleiden sie in das Vokabular einer Abschlussrechnung:

Farewell, thou art too dear for my possessing,
And like enough thou knowst thy estimate:
The charter of thy worth gives thee releasing;
My bonds in thee are all determinate.[20]

Die vier Zeilen werfen Licht auf den »Kaufmann von Venedig«. Es gibt dort *zwei* Schuldscheine, „bonds“. Nicht nur Antonio hat sich dem Shylock, sondern auch Bassanio sich dem Antonio verpfändet. Mit der Vernichtung seines Gläubigers im Dogenpalast, mit der Vermählung seines Schuldners in Belmont sind Antonios beide Fristen abgelaufen, beide Scheine zugleich verfallen.

Es ist gesichert, dass ein beachtlicher Teil der Sonette gleichzeitig mit dem »Kaufmann von Venedig« entstand. Hauptmotive verbinden das Stück mit den Gedichten: Leidenschaft für den jungen Mann, seine Ermutigung zur Ehe, die Trennungen von ihm, das Liebesdreieck von zwei Männern und einer Frau. Die einzigen frühen Spuren für die Existenz der Sonette stammen von 1598 und 1599: Francis Meres’ Nachricht aus dem letztmöglichen Premierenjahr des Stückes,[21] der Raubdruck zweier Sonette durch William Jaggard aus dem Jahr danach.[22] Eines dieser Sonette, das zerrissen große „Two loves I have, of comfort and despair“,[23] gehört dem Dreieck-Thema. Es kontrastiert Männerliebe mit Frauenfurcht: Verherrlichung des blonden Engels mit Anklage der dunklen Teufelin – einer Angstchimäre Shakespeares, Antonios?[24] Es wäre entscheidend zu wissen, welche Sonette 1595-99 entstanden, auch welche der „schwarzen“ Frauen-Sonette 127-154 schon unter ihnen waren. Wir werden es nie erfahren. In diesem 144. Sonett steht das Wort „hell“ auch für das weibliche Geschlechtsorgan. Der „Verdacht“, der Freund verkehre, aus des Dichters „Sicht“ entfernt[25], in dieser „Hölle“, foltert den Ausgeschlossenen.

Erst 1905 wagte der große Gelehrte E. K. Chambers die Beziehung »Sonette«/»Kaufmann von Venedig«, die Triebparallele Shakespeare/Antonio aufzugreifen.[26] „Ich neige dazu, zu bezweifeln, ob dieses [erotische] Motiv im Stück überhaupt für das Publikum gemeint war, ob es nicht eher das Eindringen einer persönlichen Note ist: ein Echo der gestörten Beziehungen in Shakespeares Privatleben, deren volleres, aber rätselhaftes Protokoll die »Sonette« sind.“[27] Erstaunlicher, ganz und gar ihrer Zeit voraus ist »Eine Studie zu Shakespeares Kaufmann« von 31 Seiten, die ein deutscher Jurist und Politiker 1862 unter dem Tarnnamen „Alter Ego“ veröffentlichte. Zu Antonios Trauer am Beginn: „Zu dieser Vorgeschichte den Schlüssel geben die Sonette. Eine Freundschaft zwischen Antonio und Bassanio geht [dem Stück] voraus, wie die zwischen Shakespeare und Southampton – gewesen sein würde, ohne die Vorurtheile des Zeitalters …“[28] „Die widersinnige Eifersucht auf die Frau, welche seines Lieblings Herz erwerben durfte, das ist die ‚Schuld‘ des Antonio. Sie hat er zu ‚büßen‘.“[29]

Shakespeares 144. Sonett spricht von solcher Eifersucht. Es artikuliert den Schmerz, dem Antonio auf der Komödienbühne kaum eine Andeutung, schon gar nicht Sprache leihen durfte. Das Sonett dagegen *schweigt* nicht – sondern es *sagt*, dass es schweigen, verschweigen muss: „I may not evermore acknowledge thee, / Lest my bewailèd guilt should do thee shame.“[30] – Aber: Ist unser Experiment erlaubt (trotz gemeinsamer Daten und Motive, trotz „Alter Ego“, Chambers und – ab 1950 – einiger anderer), eine derart gegenseitige Stellvertretung zwischen Autor und Protagonist anzunehmen? Klingt aus dem Wortprunk und Ideengesang der Sonette auch nur Shakespeares *eigene* Stimme, ganz zu schweigen von der eines fiktiven Doppelgängers? Häufig wird von der Philologie in den letzten Jahrzehnten bezweifelt, dass Sonette mit ihrem dichten Gerüst von überkommenen Metaphern, rhetorischen Regeln, festen Affektkonventionen überhaupt persönlich durchfühlte Rede sind. Man sucht die thematische Quelle des Zyklus nicht in Shakespeares innersten Antrieben, sondern, der Bau- und Gedanken-Schematik der Sonettform gemäß, in einem apersonal soziokulturellen Schema: im „elisabethanischen Freundschaftkult".

Auch die Freundschaftskult-Exegeten rücken Shakespeare und Antonio ungewollt aneinander: durch ihre gemeinsame Entmündigung. Sie nehmen in Kauf, dass Antonio bühnen- und lebensblass wird, sobald sich seine Rolle im selbstlosen Freund der „romantic comedy" erschöpft. Sie glauben Shakespeare reinzuwaschen, wenn sie seinen Sonetten eine wohlklingende Herkunftadresse geben. Jener epochale „Freundschaftskult" brachte allerdings nur zwei wenig freundschaftliche Mann-und-Mann-Zyklen hervor: Barnfields Sonette an die „love-exciting delicate soft limbs" eines jungen arkadischen Schäfers[31] – und Shakespeares unpastorale, selig-verzweifelte Leidenschaftspoesie: kein „Kult"-Produkt, sondern atemraubender Ausnahmefall. Es war ehrlicher, 1640-1780 in Neuauflagen manches „he" in „she", „his" in „hers" umzufälschen, als 1800-1940 „die Elisabethaner" statt Shakespeare zum Verfasser der Sonette zu machen.[32] Immer wieder brach der Widerspruch auf: So hatte Heine 1839 die beachtliche Sittencourage, den autobiographischen Wert der Sonette anzuerkennen – um ihn mit konformistischer Unduldsamkeit und heterosexueller Selbstüberhebung (ähnlich der von Christen gegen Juden) der Verachtung preiszugeben.

Aus Unbehagen an der Lebens- und Triebprägung des von ihm angebeteten Dichters schimpft Heine auf alle Beschäftigung mit dem „äußeren Leben der Dichter".[33] Nachdem er die biederen Provinzgerüchte über Shakespeares Handwerkerjugend verhöhnt hat, fährt er fort: „Authentische Urkunden über die Lebensverhältnisse Shakespeares sind seine Sonette, die ich jedoch nicht besprechen möchte und die eben, ob der tiefsten menschlichen Misere, die sich darin offenbart, zu obigen Beobachtungen über das Privatleben der Poeten mich verleiteten."[34] Dass Heines »Shakespeares Mädchen und Frauen« als Begleittexte zu einer Serie süßlicher Porträtstiche entstanden, erspart ihm die Einsicht in das Rätsel der Frauengestalten von Julia über Rosalinde bis Cleopatra. Diese sind keine flach idealen Frauen-*Porträts* von Männerhand, sondern *Stimmen*, deren jede aus Seele, Kehle und Bauch einer Frau kommt und zugleich Shakespeares Stimme ist: werbender Diskurs an einen Mann, wie in den Sonetten. Cleopatras „Husband, I come!" ist nicht weniger skandalös als „thou, the master mistress of my passion" des Sonettsprechers.

Führt die heute modischste Verdrängung der Sonett-Aussagen ihren Kunstcharakter gegen ihr Biographisches ins Gefecht, so wehrt sich das Sonett gerade als Kunst dagegen. Noch seine hohlsten Exemplare wollen mit aller Anstrengung ihrer Einfälle, mit allen „conceits" und „contraptions" ihrer Rhetorik zumindest den Schein einer biographischen Mitteilung erwecken. Das Sonett plakatiert geradezu die Absicht, zeugenlos zweisame Rede eines lebenden, wirklichen Ich zu einem lebenden, wirklichen Du zu sein. Ja, sogar „Biographie" verengt unstatthaft seine Kräfte; denn nicht nachprüfbarer Lebensabhub, sondern seelenwahre Eröffnung formt in ihm den Widerpart artistischer Fiktion und topischer Tradition. Die Spannweite großer Sonette zwischen Hermetik und Ausdruck (Botschaften „both hid, and both revealed"[35]) mag einst der Differenz im Ansprechen der *Anderen* und des *Du* entsprungen sein. Dort wird in Metonymien, hier in Geständnissen plädiert. Ambivalenz erzeugt aber auch: Das englische Sonett wuchs in der Ägide des neuen Buchdrucks – schon gelehrt vergrübelter Lesestoff, noch schöntönend werbende Rede.

Man mache das Experiment: Shakespeares »Sonnets« werden in ihrem Argument und Aufbau durchsichtig, überhaupt erst verständlich, wenn man sie spricht.[36] Der Autor lebt in diesen Gedichten als *Stimme* und – da sein *Ich der Konfession* den Geliebten nachdrücklich als ein *Dichter von Profession* preist und verherrlicht – als *Stimme hoch zwei.* Ungeschmälert überbringt sie das Wort gewordene Subjekt. Wurde das um 1590 schon etwas ermüdete englische Sonett hier erneuert, so durch schockhafte Innenwendung, Ego-Beglaubigung.[37] Nie war William Shakespeare mehr er selbst, weniger „ein Elisabethaner“ als in diesen Ichworten des Dramatikers, dessen Beruf, ja Credo darin besteht, niemals „Ich“ zu sagen. – Das biedere Gelehrten-Schrifttum über die Sonette und den »Kaufmann von Venedig« wimmelt von Zitaten voll „amity“, „friendship“ bei Elyot, Spenser, Lily, Heywood, mit Zeugen von Cicero bis Montaigne. Übergangen werden dabei lediglich die vielfältigen Freundschaften, die Shakespeare selbst beschrieb: zwischen Valentine und Proteus, Coriolan und Aufidius, Leontes und Polyxenes, Posthumus und Iachimo – ja zwischen Othello und „my friend, your husband, honest, honest Iago“. Sie feiern den Freundschaftskult in schwarzen Messen.

Umgekehrt sollte pragmatische Geschichtsforschung den „Freundschaftskult“, jene soziokulturelle Übereinkunft um 1560-1620, befragen: War sie nicht oft, statt sittsamer Ersatz, nur nützliche Wand vor, Vorwand für Männerliebe und -sexus? Die wurden zu Elisabeths und Jakobs Zeiten ungern wahrgenommen, mit dem Tod bedroht, aber fast nie ex officio angeklagt.[38] Männerliebe war unnennbar; also gab es sie nicht. Und wenn einer doch nach ihr begehrte?

## ANTONIOS TRAURIGE ROLLE

„I hold the world but as the world Gratiano, / A stage, where every man must play a part, / And mine a sad one“ (I, 1, 77-80). Wer sein Dasein als *Rolle* sieht, ist ein Gebrochener. Abgerückt von sich, steht er nicht hinter seinen Wünschen. „Trauer“ entsagt dem Begehren, sie fügt sich der „Rolle“. Antonio verrät Gratiano in I, 1 nicht, als *was* er sich sieht, als *wen* er sich abstempelt und duldet, gestempelt, gebrandmarkt zu werden. Er nennt seine Rolle erst vor Gericht: „I am a tainted wether of the flock“ (IV, 1, 115). Als „der befleckte Hammel“ dreht Antonio die Ächtung durch die „Herde“ nach innen: zur Selbstächtung dessen, der mit einem immerwachen Teil seiner Seele sich als Kranken, Unfruchtbaren, Ausgestoßenen weiß. „So lass mich fallen.“ Ein wohl weder mediävales noch barockes – ein seltsam modernes Syndrom.

Wie hat Shakespeare die Rolle dessen konstruiert, der sich schwermütig-entsagungssüchtig von seiner wahren Rolle, von sich selbst absetzt? Lehrreich ist der Vergleich mit dem Ur-Antonio in Ser Giovannis »Pecorone«. Eben weil die beiden Fabeln fast gleichlautend sind, fällt jede Änderung schwer ins Gewicht. Der *Vater* des jungen Florentiners Gianetto war enger Freund des venezianischen Kaufmanns Ansaldo. Nach seinem Tod wurde Ansaldo der *Ziehvater* Gianettos, für den er sich ruiniert. In der Beschreibung, wie Venedig den angenehmen, schönen Jüngling aufnahm, wiederholt Ser Giovanni mehrmals eine Wendung: „Männer wie Frauen verliebten sich in ihn.“[39] Sie hat Shakespeare offenbar amüsiert und gepackt. Ihr entsprang der bisexuelle Liebreiz Bassanios – aber auch Shakespeares Entschluss, in seiner Dramenhandlung dessen Quasi-Familienband zu dem sich Opfernden spurlos zu tilgen. Ins Vakuum fehlender Verwandtschaft drang verbotene Liebe.[40]

Antonio ist Shakespeares einziger Komödien-Protagonist, der unverheiratet war, ist und bleibt.[41] Wieder der Vergleich: Ansaldo heiratet am Ende seiner Fährnisse die schlaue Dienerin der Herrin von Belmont, die Nerissa-Figur des »Kaufmann von Venedig«. Aber Antonios Ehe mit Nerissa ist unvorstellbar – obwohl uns nie erklärt wird, warum sie unvorstellbar ist. Ein Etwas, das Antonio ohne Worte von der Ehe abhält, räumt ihm jeder Zuschauer ohne Nachdenken ein: auch der, der bei Antonio und Shakespeare alles Homoerotische perhorresziert. – Die heikle Frage ist nicht weiter aufzuschieben: Wie stellte sich Shakespeare Antonios „Vorgeschichte" mit Bassanio vor? Korrekter: Was für eine Geschichte-vor-Stückbeginn legt uns Shakespeares Dramentext nahe? Opferbereite, reine Freundschaft? Erfüllte sexuelle Beziehung, die mit der Ehe des Geliebten aufhören, in bodenlose Betrübnis abstürzen muss? Oder einseitiges, hoffnungsloses Begehren, das vom Umworbenen freundlich-kokett geduldet und ausgenützt wurde? Die Antwort ist jedesmal: Antonios trauerndes Schweigen.[42]

Führen uns manche merkwürdige Einzelheiten, die schon auffielen, weiter? Was will Shakespeare uns sagen mit Bassanios treuherzigem Angebot, vom Eheausflug eilig zum Freund zurückzukehren – und mit Antonios tränenreicher Ablehnung: „Nein! / Pfusche nicht meinetwegen dein Geschäft …"? Was besagt Bassanios Beteuerung vor Gericht, für das Leben des Freundes das Leben seiner Frau herzugeben? Vor allem aber: Warum begann das Stück erst, als sein Startimpuls, ob erfüllte oder entbehrende Liebe, ausgedient hat? Auch hier keine Antwort, nur Schweigen. – Gehen wir der verlässlichsten, weil sozusagen unverstellten Spur nach: Wie sprechen Antonio und Bassanio miteinander, wenn sie allein sind? Ihr langes Zwiegespräch I, 1 klingt nicht wie das hürdenfreie von Liebhabern, in nächster Intimität Vereinten. Des Älteren Anreden an den Jüngeren („good Bassanio", „Bassanio", „man!") wahren einen vertrauten, aber formellen Ton. Auch wählen sie, statt des intimen „thou", das höfliche „you". Gäbe es aber einen anderen Ton für Antonio, sobald er Marlowes Ton und den Ton von Shakespeares Sonetten von sich gewiesen hat?

Nur in dem Augenblick, da er dem Geliebten alles herschenkt (I, 1, 177, 183), löst Antonio das „you" mit dem zärtlichen „thou" ab. Er kehrt dann nicht einmal in seinem Abschiedsbrief zu diesem „thou" zurück (II, 3, 317-319). Dort, nach den Erprobungen der drei Monate, traut er sich ein einziges Mal, „sweet Bassanio" – nicht zu sagen, sondern zu schreiben: Tollkühnheit eines Sterbenden. Vor Gericht, in seinen beiden „Testamenten" heißt es wieder, sogar in der Bitte um Grabschrift: „you ... Bassanio" (117) – und plötzlich, kaum ist der Prozess zuende, „my lord Bassanio" (445). Birgt die völlig neue Anrede einen Vorwurf: Bist du mir fremd geworden, Portias Gemahl, Herr von Belmont?[43] In den nächsten beiden Zeilen stellt Antonio Bassanio vor die Wahl zwischen „my love" und „your wife's commandement". Es folgen: Bassanios Weggabe seines Eherings und sein Angebot, diese Nacht bei Antonio zu schlafen. Zum allerersten Mal? Zum ersten Mal nach drei langen Monaten wieder?

Wie man auch forscht und rät, Auskünfte werden verweigert. Fest steht nur zweierlei: Antonio schweigt, leugnet, lügt, wenn es um seine Leidenschaft geht. Und: Er gewinnt Shakespeare zum treu mitschweigenden, mitleugnenden Komplizen. Als Kern der Gemeinschaft von Dramatiker und Dramenfigur bewährt sich nochmals und immer wieder: ihr Verzicht, das Unnennbare zu nennen.

## MONARCHEN VERZICHTEN NICHT

Antonios Leidenschaft und Leiden soll nach den Stimmen von Marlowes Theater, von Shakespeares Lyrik an einer dritten, realen Stimme gemessen werden: König Jakobs Briefen an George Villiers, Herzog von Buckingham. Villiers, eine Schönheit ohne Stand und Geld, hatte 1614 mit 22 Jahren den König kennengelernt. Augenzeugen stimmen überein, dass er „den hübschesten Körper in ganz England" hatte.[44] Pamphletisten genossen es, Jakob I. mit Edward II. zu vergleichen.[45]

Villiers wurde im April 1615 als „Gentleman of the Bedchamber" zum Ritter geschlagen. Ende August in Schloss Farnham stieg er, zur Feier seines 23. Geburtstags, zum erstenmal in des Königs Bett: „where the bed's head", erinnert er sich, „could not be found between the master and his dog."[46] Am Jahrestag 1616 wurde Villiers zum Viscount, 1617 zum Earl, 1618 zum Marquess erhoben. 1623 wurde er Duke of Buckingham, der einzige Duke nicht königlichen Geblüts im Land. Der Günstling erwies sich als intelligent und verlässlich in Staatsgeschäften. Ende 1622, als seine längere Diplomatenreise nach Spanien vorbereitet wurde, stieß der bevorstehende Abschied Jakob in einen jämmerlichen Zustand: „Ich bin ein so elender Feigling, dass ich nur weine und trauere. Gott ist mein Zeuge, nachmittags ritt ich lange im Park, ohne mit jemand zu sprechen, die Tränen flossen über meine Wangen wie jetzt, so dass ich kaum genug sehe zum Schreiben. Aber wehe, was tu ich erst, wenn wir scheiden?"[47]

Aus den Monaten der Trennung 1623 stammt wohl die große Klage: „So Gott mich liebe, ich begehre nur deinetwillen, in dieser Welt zu leben. Eher möchte ich mit dir, in welchem Winkel der Erde auch immer, verbannt sein, denn meine Tage als trauernde Witwe ohne dich zu fristen."[48] Doch Jakob hat die „Scheidung" auch während der bitteren Trennzeit nie hingenommen:

„Ich bete zu Gott, dass wir uns froh und trostreich wiedersehen und dass wir zu Weihnachten eine neue Ehe schließen für alle Ewigkeit." Die Unterschrift: „Gott segne dich, mein teures Kind und Weib, Er gebe, dass du ein steter Trost bleibst für deinen liebenden Dad und Ehemann." Trost, „comfort", kehrt bei Jakob beharrlich wieder: Gewissheit, dass die Trauer der Entbehrung sich in neues Glück wenden wird. Doch zunächst klingt Jakobs Wort, „I desire only to live in this world for your sake …", als zitiere er aus dem Gedächtnis den Erzähler von Antonios todtraurigem Lebewohl: „I think, he only loves the world for him."

Jakob I. war ein Förderer von Shakespeares Theater. Er erhob dessen Truppe mit königlichem Patent zu »The King's Men«. Am 10. Februar 1605 wurde »The Merchant of Venice« des Autors Shaxberd vor dem Hof aufgeführt; vielleicht für diesen Anlass wieder ins Repertoire aufgenommen. Die Kompanie der »King's Men« aus dem »Globe Theatre« zeigte dem König zwischen November 1604 und Februar 1605 zehn Stücke, jedes für eine einmalige Aufführung.[49] Zwei stammten von Ben Jonson, eines von einem Unbekannten, volle sieben von Shakespeare. In der Entstehungsfolge: »Komödie der Irrungen«, »Verlorene Liebesmüh«, »Der Kaufmann von Venedig«, »Die lustigen Weiber von Windsor«, »Heinrich V.«, »Maß für Maß« und »Othello«. Jakob gefiel »Der Kaufmann von Venedig« so gut, dass er den Schauspielern befahl, diesen schon nach zwei Tagen ihm nochmals vorzuspielen. Es war das einzige Stück, das er wiederholen ließ. Erkannte er darin seine eigenen Freuden und Leiden? Seine erste Liebestrennung, die von einem Vetter, war ihm mit 16 Jahren von Schottlands Adel abgepresst worden.

Jakob brauchte weder Antonios Vorbild noch die ersten Sonette, die den jungen Mann zur Ehe ermuntern, um Buckingham 1620 mit der reichsten Erbin des Landes, dem einzigen Kind des Earl of Rutland, zu verheiraten. Widerstände des Vaters wurden vom König überwunden. Die Mitgift betrug 10.000

Pfund in bar sowie Grundbesitz mit Ertrag von jährlich 5.000 Pfund: ungeheure Summen. Buckingham wurde der zweitreichste Mann in England. Kaum nötig zu sagen: Nach der Heirat wurde Jakobs und Buckinghams Liebe vor den Augen des Hofes und des Landes glücklicher, nach anderen Ansichten schändlicher als je fortgesetzt. Zu den Pflichten des „dear dad and husband" gehörte offenbar, für den Wohlstand des „sweet child and wife" durch eine vergoldete Ehe zu sorgen. So sorgte schon Edward II. für seinen „sweet Gaveston". Er vermählte ihn mit der Tochter eines großen Feudalherrn: „the only heir / Unto the Earl of Gloucester, late deceased".[50]

Der Ich-Sprecher der *ersten siebzehn Sonette* scheint hierin wie die Könige zu denken. Er will seinen jungen Mann mit allem Zauber der Metaphern, der Sprachmelodie zur Ehe überreden. Man meint wohl zu Recht, Shakespeare habe diese Gedichtgruppe vier, fünf Jahre vor dem »Kaufmann von Venedig« im gutdotierten Auftrag des Vormunds oder der Mutter des Earl of Southampton abgefasst, um den steinreichen, hochadeligen Zwanzigjährigen zur dynastieerhaltenden Tat zu bewegen.[51] Das Skandalon der Eingangsserie ist noch nicht, dass ein Mann sie an einen Mann richtet – sondern dass keine einzige ihrer 238 Zeilen der Güte oder Schönheit der Frau gilt, mit der das Idol sein Spiegelbild, „his tender heir", zeugen soll. Die Frau ist nur „der unbefruchtete Schoß" für den erwünschten Sohn und Erben.[52] Doch die Haltung des Ich-Sprechers ändert sich radikal nach der „Fortpflanzung"-Gruppe.

„Shall I compare thee to a summer's day?" Ab dem herrlichen 18. Sonett, in den weiteren 136 Sonetten ist mit keinem Wort mehr von Heirat und Nachfolge die Rede – als habe ein anderer sie geschrieben. Ein neues Bild der Liebe (und der Frau als Verführerin und Rivalin) stößt den Zyklus in selig-unselige Zerrissenheit. Der Ehevermittler weicht dem Werbenden, der sich im Privatissimum der Gedichte bekennt.

## ANTONIOS SPRUNG IN DIE NEUE ZEIT

Die Theaterfigur Edward II., die Realperson Jakob I.: Was ergibt ihr Vergleich mit dem Schweiger und Sonettsprecher Antonio? Zunächst eine Ähnlichkeit; sie macht den Vergleich erst möglich. Alle drei lieben einen jungen Mann bis zur Obsession – und sorgen dafür, dass er bald und reich heiratet. Der Rest ist eine Reihe von Unterschieden zwischen den Königen und dem Kaufmann, zwei Herrschern und einem Bürger.

Keiner der beiden Könige verheimlicht seine Liebe zum jungen Mann, keiner kommt sich ihretwegen als „der befleckte Hammel der Herde“ vor. „Hammel“ heißt *entmannt* und *unfruchtbar*; „befleckt“ heißt *sündig* oder *krank*. Edward und Jakob waren verheiratet, sie zeugten männliche Erben. Das gleiche erwarteten sie von Gaveston und Buckingham. Antonio sticht von ihnen ab – nicht als sodomitischer *Sünder* im mediävalen Sinne, eher als psychotisch *Kranker* laut modernem Fachjargon. Weder Edward noch Jakob fürchteten von des Geliebten Heirat eine Gefahr, gar das Ende für ihre Liebe. Gefahr bestand nicht für die Liebe, sondern für Macht und Leben der beiden Möchtegern-Absolutherrscher. Sie vertrauten auf ihre Prärogative, um sich über Glauben und Sitten ihres Volkes hinwegzusetzen. Die sexuelle Freiheit, die sie sich als Souveräne anmaßten, die Freiheit eines einzigen, endete in blutiger Niederlage. Edwards vergangenes Los wurde Jakobs postumer Fluch. Er starb 1625; Buckingham wurde 1628 ermordet; Jakobs Sohn, im Bürgerkrieg um die Prärogative, 1642 enthauptet.[53]

Antonio hofft und drängt nicht auf Freiheit. Seine Niederlage hat er immer schon hingenommen. Als Bürger ist er keine vermessene Ausnahme, sondern die folgsame Regel. Wir fragten zu Beginn: Vor wem schützt Antonio sein Geheimnis – vor sich, vor den Mitbürgern in Venedig, vor seinem Publikum in London? Die Antwort ist: vor allen. Freilich, vor sich selbst lässt sich ein Geheimnis nur kurz verbergen. Bald sondert sich der innere vom äußeren Blick, das eigene vom fremden Wissen. Dieser Innenvorgang spiegelt europäische Geschichte. Der Bürger neuer Art lebt in der Schätzung oder Verachtung durch seinesgleichen, der „Gesellschaft“ – und in der geheimen Stimme des Einzelnen, der „Seele“. Erst aus der Spaltung zwischen Gesellschaft und Seele erlangt jene Lyrik inbrünstiger Werbung, die in nächster Nähe zum »Kaufmann von Venedig« entstand, ihre definitive Stimmlage. Die „zuckersüßen Sonette“ ließ „der honigzüngige Shakespeare unter seinen privaten Freunden“ kursieren. Ein und derselbe Mensch schweigt öffentlich und bekennt privat im Riss zwischen Außen und Innen. Sein Schicksal ist die entstehende Neue Zeit.

Sind die Sonette um 1597 Antonios intime Stimme, dann ist Antonio die soziale Maske der Sonette. Der Schein offenbart nicht mehr das Wesen, sondern hat das Wesen zu verstellen. So erst wird die Welt für Antonio „a stage, where every man must play a part“ (I, 1, 78). Der Rolle des Befleckten entgeht er, solang es ihm gelingt, sich hinter der Rolle des Konformisten zu verstekken. Das heißt: Antonio zieht eine fatale neue Grenze. Sie entfremdet ihn und seine Gruppe fortan von allen Ehemännern und Familienvätern: von der Welt der Heiratswilligen und Nachkommensfreudigen, zu denen er in trauernder Entsagung auch den Geliebten zählt. In der Sprache kommender Begriffe und Schlagwörter: Die Grenze trennt die Abartigen von den Normalen. Sie schafft den „Homosexuellen“ als Krankheitsfall der Neuzeit. – Eine doppelte Person ist Antonio mithin nicht weniger als Shylock. Seine Spaltung zwischen Schein und Wesen deckt sich mit der zwischen „romantic comedy“ und „problem play“. Dort der selbstlose Freund, hier der fluchbeladene Liebhaber: Der Contrapunctus beider Gattungen birgt die Differenz zweier Epochen.

Wie Shylock als Beleidigter, Misshandelter die Schwelle zur Aufklärung überschreitet, so betritt Antonio, verstoßen in die Qualen seines Doppellebens, die erotische, sexuelle Neuzeit. Wenn Bassanio ihn den „einzigen Römer in Italien" nennt (III, 2, 293-295), hat er beinahe recht: Antonio ist ein Fremder in seiner Zeit – doch nicht schon, sondern noch ein Fremder. Sein Anderssein ist nicht antikisch-„naiv", sondern modern-„sentimentalisch". Er teilt Problem und prekäre Lösung nicht mit Königen. Er teilt sie aber mit einem paradigmatischen Frühbürger, einem Erzmodernen in der Geschichte europäischen Geistes.

## NOCH EIN MASKENTRÄGER

Francis Bacon lebte gespalten zwischen der öffentlichen Existenz eines Amtträgers und dem versteckten Denken und Fühlen des Privatmannes. *Heimlichkeit*, *Verstellung*, *Täuschung* („Secrecy", „Dissimulation", „Simulation") nannte er in einem schockierenden Essay die drei Taktiken, die dem öffentlichen Menschen in Notlagen unvermeidlich werden.[54]

„Heimlichkeit" besteht nur erst darin, die Gründe seines Tuns, die Beschaffenheit seines Charakters der Welt nicht offen darzubieten; „Verstellung" darin, die Welt mit undurchsichtigem Verhalten über sein Wesen irrezuführen, sie glauben zu lassen, „dass er nicht der ist, der er ist"; „Täuschung" darin, den anderen mit ausgeklügelten Strategien ein anderes als sein wahres Wesen vorzuspielen, „indem er eifrig und ausdrücklich vorgibt und heuchelt, der zu sein, der er nicht ist." Betrieb Marlowe die Gigantisierung, so betreibt Bacon die Privatisierung des Machiavelli. Es geht ihm nicht, wie Marlowe, um Aufstieg und Sturz eines macht-, wissens- oder geldgierigen Alleingängers und Frevlers, nicht um die Sympathie mit dem Bösen wider die heuchlerisch herrschende Plattheit des Guten und Respektablen – sondern um die Anstrengung des unbürgerlich geratenen Bürgers, in seinem heimisch-feindlichen Milieu mimikryschlau zu überleben.[55]

Bacon verbrachte seine Tage in Notsituationen, die ihm Heimlichkeit, Verstellung, Täuschung abforderten: sein öffentliches Leben in Hofintrigen bis zum Aufstieg als Oberster Staatsanwalt und zum Sturz als Lordkanzler – sein privates Leben als „paiderastos“[56], „vom Teufel gefangen in seiner abscheulichen Lieblingssünde“.[57] Prediger und Straßensänger verdächtigten ihn und seine „Ganymede“. Er heiratete mit fünfundvierzig eine gutsituierte dreizehnjährige Kaufmannstochter, „deren Bett er mied, da er es, wie die Italiener und Türken, für den dürftigeren und gemeineren Genuss hielt als jenen anderen.“[58] Seine späte, zuvor jahrzehntelang stockende politische Karriere begann erst im Juli 1608, drei Monate nach dem nüchternen, kalt berechneten Eheschluss.[59]

Bacons Zwiespalt zwischen Staats- und Privatmann und der analoge zwischen dem strebsamen Amtsträger und dem leidenschaftlichen Naturforscher/Philosophen bewirkten, dass seine „persona“ im Wortsinn zur Maske, seine Existenz zur Rolle wurde. Der Attorney General, höchster Strafverfolger des Landes, teilte sein Bett mit Sekretären, Pagen, Stallburschen in einem Verbrechen, auf das die Todesstrafe schmählichster Art stand.[60] Seinen oft wiederholten Wahlspruch entnahm er dem 120. Psalm: „Multum incola fuit anima mea.“[61] In Bacons Sinn übertragen: „Meine Seele lebte in der Fremde.“ Mit Shakespeares Worten: „I am a tainted wether of the flock.“ Ob in stummer Entsagung oder verborgener Ausschweifung: Antonio und Francis gehörten gemeinsam zu einer neuen Bruderschaft der Heimlichen, Geächteten, Fremden. „Melancholiker“ ist Antonio nicht nach den Galenschen Körpersäften. Sein versiegeltes Schweigen verlautbart die nahende Moderne.

# III. LOBLIED AUF BASSANIO

Jeder verliebt sich in Bassanio. Portia hat sich so sehr in ihn verliebt, als sie ihn vor Jahren sah, dass sie seither auf das Wunder seiner Wiederkehr hofft. Antonio hat sich so sehr in ihn verliebt, dass er ihm zuliebe auf sein Leben und auf ihn, der sein Leben ist, verzichtet. Nicht anders geschah es dem Publikum vor vierhundert und den Gelehrten vor zweihundert Jahren. – Verliebt sein heißt in der besinnungslos generösen Praxis: alle Fehler des Geliebten übersehen, verzeihen oder rundweg wegleugnen. So gingen Antonio, Portia, das Publikum und die Gelehrten mit Bassanio um. Es hat sich für sie gelohnt. Er ist, „dear bought", ein Flattergeist und Verschwender. Aber er hat nicht nur ihr Zutrauen oder Kapital, sondern auch sich an sie verschwendet.

Bassanio ist ein Glückskind; man verfällt ihm auf den ersten Blick. Liebe auf den ersten Blick ist eben dies: zu spüren, dass uns von einem Menschen, welchen Alters, Geschlechts auch immer, das Versprechen von Glück ausstrahlt. Bassanio will sein Glück machen, indem er jeden und jede, der oder die ihn liebt, glücklich macht. Es ist das Versagen derer, die ihn lieben, nicht ertragen zu können, dass er auch andere glücklich macht. Sie nennen ihren Anspruch auf Ausschließlichkeit „Moral", um nicht „Besitz" zu sagen. Glückskind sein bedeutet aber: in der Sphäre der Gunst, nicht der Moral und des Besitzes zu leben. Dass Bassanio dafür viel Geld braucht, macht ihm nichts aus. Er ist Adeliger, er ist Parasit – nur kein arbeitsam strebender, hortender Bürger.

Die Liebe Antonios zu Bassanio, soweit wir etwas von ihr ahnen, geht durch das Auge, nicht durch den Unterleib. Deutlicher noch wird das, da frei ausgesprochen, beim Ich-Sprecher der Sonette. Seine Inbrunst zielt auf das Gesicht, andächtiger auf die ganze Gestalt des jungen Mannes; nie ist die Rede von sinnlich begehrtem, berührtem Fleisch. Auch Portia hat mit

Bassanio drei herrliche Monate verbracht, von Tag zu Tag ihm noch mehr zugetan, ohne die Vereinigung der Körper zu vermissen. Bassanio ist für solche Zuwendung geschaffen. Sein Temperament ist sozusagen übergeschlechtlich, daher offen für Frau und Mann. Er will verwöhnt, nicht beschlafen werden. Er tat es für Antonio (wenn überhaupt), und er wird es für Portia tun eher aus Dank, ihnen zum Gefallen.

Als Retter tritt er in Antonios und Portias Leben. Ohne ihn drohte dem einen lebenslange Einsamkeit, der anderen die Zwangsehe mit einem stumpf brütenden Pfalzgrafen oder einem kursächsischen Säufer. Bassanios erster Satz auf der Bühne, „When shall we laugh?", stemmt sich nicht nur gegen Antonios Anfangssatz „In sooth I know not why I am so sad" – er entwaffnet im voraus auch Portias Auftrittsseufzer: „My little body is aweary of this great world." „Merry", das Gegenteil von „sad" und „weary", ist ein Schlüsselwort des Stückes. Vom windigen Paar Solanio/Salerio schon in der ersten Szene in Umlauf gebracht (I, 1, 47), wird es von Gratiano mit „mirth and laughter" bekräftigt (I, 1, 80); „mirth" und „merry" kommen vom gleichen Stamm. An Lancelot, den „merry devil" (II, 3, 2), klammert sich Jessica in Shylocks düsterem Haus.

Erst Bassanio aber erklärt den Frohsinn zum Programm seines Tuns und Lassens, zunächst zum Leitzweck, „purpose", seines Abschiedsfests: „put on / Your boldest suit of mirth, for we have friends / That purpose merriment" (II, 2, 193-194). Im Leichtsinn und Luxus dieses Festmahls ist nur zwei Gästen nicht heiter zumute. Shylock würgt verbotene Speisen in sich hinein, um Bassanio vor seiner Abreise zu schädigen. Antonios Trank sind Tränen, da mit Bassanios Abreise seine Lebenshoffnung endet. Pointiert, fast bösartig demonstriert Shakespeare an diesen zweien die zwanghafte, lügenhafte Kehrseite all der vorsätzlichen Heiterkeit. Shylock verkauft seinen Gegnern, jedem Frohsinn zum Hohn, die tödliche Vertragsklausel als „a merry sport", „a merry bond" (I, 3, 142; 169). Antonio wünscht dem Freund mit ersterbender Stimme einen sorglosen Aufenthalt in Belmont: „Be merry!" (II, 8, 43).

Bassanio bringt Licht in Antonios und Portias Tage. Aber es ist kein Verlass auf ihn. Er hat ein sonniges Naturell, keinen festen Charakter. Die Sonne scheint bekanntlich auf jeden. Ellen Terry, die gerühmteste Portia aller Zeiten, notierte das 1910 in ihrer erstaunlichen Skizze für einen Vortrag: „Shakespeare legt uns nahe, dass Bassanio etwas von einem Nichtsnutz hat, von einem adrett angezogenen hübschen Jungen aus gutem Hause, der von seinem Charme lebt. Er hat offenbar keine bestimmte oder auffällige Begabung – aber wieviel Hingabe kann er doch wecken! Antonio war verrückt nach ihm, lange bevor Portia sich in ihn verliebte."[1] In der Druckfassung hat Terry den „Nichtsnutz" zum „Müßiggänger" gemildert, „war verrückt nach ihm" mit „adorierte ihn" ersetzt. Aber sie wiederholte mit einem spürbaren Ton von Zärtlichkeit: „Mein Eindruck ist: Er hat immensen Charme."

Eine Strecke lang, am Ausgang des Mittelalters und vor der Verfestigung der Neuzeit, öffnete sich die abendländische Menschheit Bassanios bestrickendem Charme. Als Erbin der Antike genoss sie, dem Neuen und Schönen zu leben: glücklich sein, verschwenden. Damals, in einer wahrhaften Renaissance, herrschte Fortuna, die amoralische Göttin des Glücks über die Welt.[2] Ihre gute Laune galt Bassanio – ihre schlimme traf Antonio. Doch Fortunas Herrschaft war von kurzer Dauer. Die engherzige Rechristianisierung Europas ab 1517-63 wurde im Norden von den Stadtbürgern, im Süden von der Kirche ergriffen und blutig durchgefochten. Nach Wittenberg und Trient verkam das Christentum von der mediävalen Ritualisierung des Lebens und Sterbens zur neuzeitlichen Moralisierung des Alltags. Ob willig oder widerwillig: In dieser Weltzeit leben wir. Sie duldet ungern Bassanio und seinesgleichen.

Unsere Zeit bleibt, trotz ihrer Libertinagen, eine Ära verstockter Gebote und Verbote: eine glücklose Zeit. Es fällt dem seriösen Bürger schwer, Glück nicht zu verdammen. Der Glaube von Fortunas Blütejahren verkündete: Das Glückskind braucht seine Fortüne nicht durch Tugend und Mühe sich zu erplacken. Kapitalistische Arbeitsethik verzerrt diese freizügige Maxime zum neidisch prüden Präjudiz: Glück haben immer die Unwürdigen. „Er hatte Glück" heißt seit der Großen Moralpandemie: „Er hat es nicht verdient." Auf der Bühne leuchtet von Bassanio immer noch ein Widerschein von Glück. Wir sollten uns dafür nicht an ihm rächen. Wir sollten ihn nicht pedantisch bekritteln, detektivisch ausspionieren, inquisitorisch verhören, psychologisch in Stücke zerlegen. Seine Ichliebe gewinnt uns mit fast kindlicher Unschuld. Sie plädiert für zärtliche Nachsicht statt kalter Strafe.

Und dennoch: Schuld bleibt auf Bassanio lasten – nicht nur im christlich-moralischen, auch im antikisierend-humanen Sinne. Er vergeht sich nicht nur an ehernen Geboten und Verboten, sondern an Menschen: an seinen beiden Nächsten, die ihm am meisten schulden, denen er am meisten schuldet.

## DIE BEIDEN VERSÄUMNISSE

Bassanios Schuld sind nicht Missetaten, deren er nicht fähig ist. Es sind *zwei Versäumnisse*, die aus dem Kern seines Naturells entspringen. Wir kennen sie; aber ihre Kongruenz in Herkunft und Wirkung öffnet sich erst dem belehrten Rückblick. Zweimal verspricht Bassanio im Lauf des Stückes „some speed of his return": *eilige Rückkehr* einmal zu Antonio aus Belmont (II, 8, 37-38), einmal zu Portia aus Venedig (III, 2, 321-325). Antonio versetzt er drei Monate, Portia nur eine Nacht lang. Er hat für beide Fehltritte gute Rechtfertigung: In den drei Monaten lernt und lehrt er Portia lieben, in der einen Nacht belohnt er Antonio für das Unermessliche, das er für ihn erlitten hat. Nur, leider: Die drei Monate sind Antonios Todesfrist, die eine Nacht ist Portias Hochzeitsnacht. Treue, die beidemal vonnöten wäre, erforderte vom Kind-Mann ein standhaftes Gedächtnis. Er aber lebt im schönen Augenblick, nicht im Gewesenen, das auch zu Lästigem verpflichtet. Er wendet sich der oder dem zu, die oder der ihm gerade am nächsten ist und sein Glücksgeschenk am meisten braucht: für drei Monate oder für eine Nacht.

Wie abstrakt und kalt wirkt doch in Belmont jedes gestrige Versprechen an Antonio, wenn ein ganzer Palast nur darauf wartet, Bassanios nächsten Wunsch auf einen einzigen Wink hin zu erfüllen. In Venedig hatte ihn ein reifer Kaufmann, von seinen Rechnungen aufschauend, mit dem schmachtenden, sattsam bekannten Entsagungsblick angehimmelt. In Belmont wird er von einer taufrischen Müßiggängerin mit der Aura von Jugend, Schönheit und Geld, maßlos viel Geld, heiter verwöhnt. – Aber auch umgekehrt: Wie unerheblich wirkt jedes Versprechen an die hübsche kleine Portia, wenn Antonio, der um ihn alles durchstand, ihn bittend anschaut, „my love“ sagt – und ihn vom wortwörtlich gestrigen Gelübde, „your wife's commandement“, freispricht. Da kommt der Ring Bassanio auf einmal als das erste Glied einer Kette vor, die ihn fesseln soll für immer. Er spürt, dass Ehepflicht Treuepflicht ist – und entzieht sich ihr, wie ihm seine Frohnatur rät.

Nun müsste die Moral mit ganzer Kraft zuschlagen. Denn sie predigt mit unerbittlicher Logik: Wer „von seinem Charme lebt“, wer sein Glücksgeschenk im Austausch für Geld dem oder der gibt, der oder die es gerade am meisten braucht – der bietet ein Berufsbild, das Alfred Kerr als „Zuhälterlümmel“ beschimpfte.[3] Das war allerdings ein wutgetrübter Irrtum, angestiftet von jüdischem Puritanismus: von dessen zukunftsträchtigem Dogma der bürgerlichen Kleinfamilie, das Kerr mit Shylock teilt. Bassanio und Lorenzo verkaufen nicht Portia und Jessica; sie verkaufen sich ihnen. Sie sind nicht Zuhälter, sondern Huren – dank ihrer Jugend, Schönheit, Heiterkeit unwiderstehliche Huren. Die aber gehören nicht in die „romantic comedy". Deren eingeschworene Zuschauer und Deuter waren schlechthin gezwungen, alle Beweise für Bassanios drei Monate in Belmont, eine Nacht in Venedig zu leugnen und zu tilgen. Exakte Chronologie verdürbe diese Zeiten zu Indizien jener verpönten Profession. Davor musste die Doppelgattung des »Kaufmann von Venedig« gerettet werden.

Weil es auch Shakespeare an der Rettung der „romantic comedy" liegt, spielt er seinen Verbesserern in die Hände. Nach dem Fortfall von Antonios und Shylocks Gipfelszenen tut er seinem Stück einen weiteren Schaden an, um der Kollision beider Stücktypen auszuweichen. Er vermischt Bassanios gesegnet charakterlosen Charakter mit heuchlerischen Gegenzügen – am eklatantesten am Angel- und Wendepunkt seiner Geschicke: bei der Kästchenwahl. Kritische statt vernarrte Leser (deren es wenige gab) warfen Shakespeare hier „schlechtes Handwerk" und „Makel der Charakteristik" vor: „Nichts ist sicherer, als dass ein ausbeuterischer junger Gentleman von Bassanios Schlag niemals das bleierne Kästchen gewählt", Blei nie dem Gold und Silber vorgezogen hätte.[4] Der Blei-Wahlspruch im Alexandriner wurde uns von Morocco vorgelesen (II, 7, 9). Bassanio wiederholt ihn vorsichtshalber nicht. Haarsträubend klänge die herbe Anweisung aus seinem Mund: „Who chooseth me, must give and hazard all he hath."

Bassanio hat nichts zu vergeben, er ist ein Habenichts. Und er riskiert ungleich weniger als Morocco und Aragon: keine dynastische Katastrophe durch das Heiratsverbot nach ihrem Scheitern. Scheitert *er* in Belmont, kann er jederzeit in Antonios Arme zurückkehren. Obendrein wissen wir, was Portia noch nicht weiß: Nicht Bassanio, sondern Antonio hat alles, Vermögen und Leben („my purse, my person, my extremest means") „gegeben und riskiert" – für Bassanio. Die „romantic comedy" wird damit zur Probe auf Bassanios, mehr noch auf seiner Protektoren Bestechlichkeit. W. W. Lloyd hat das ausgeplaudert. „Wie kommt es, dass wir beim Lesen des Stückes niemals unsere Sympathie den Helden jener Geschäfte entziehen, die uns im täglichen Leben mit den unangenehmen Assoziationen von Verschwendung, Unbesonnenheit, Schamlosigkeit und Niedrigkeit verletzen würden?" Die Erklärung: Wir lesen eine Romanze, wir sehen Theater. „In einem poetischen Drama bewundern und befürworten wir die Werbung eines schwer verschuldeten Freiers um eine reiche Dame ... als nicht schmutzig und anrüchig – obwohl, praktisch gesprochen, es normalerweise ein Narr ist, der annimmt, dass es anders sein könnte."[5]

## BASSANIO AM SCHEIDEWEG

Die „romantic comedy" ist, so ihr fanatischer Wortführer, eine Verdummungsanstalt. Zum „Narren" macht sich, ahnungslos oder bewusst, wer sich ihr hingibt. – Obwohl Prediger und fromme Laien das Theater 1570-1610 unablässig als Autoritätsfeind, Ruhestörer, „die Latrine der Stadt"[6] angriffen, büßte die Komödie von Lyly bis zum Anfänger Shakespeare ihre mediävale Revolte in Bakhtins Karnevalstreiben ein, auch ihre Lockung zur sinnlichen Überschreitung, die Ecos Mönche verwirrte. Höfischer Euphuismus, Euphemismus verwandelt die Gattung aus der entfesselt aristophanischen, aus der braveren menanderschen Bühnen-Tat in zahmes Amüsement durch Fiktionen.[7] Wäre »Der Kaufmann von Venedig« nur die „romantic comedy", die seine Oberfläche zu sein vorgibt, so fiele er schmählich hinter seine eigenen Vorgänger-Stücke zurück. In der Tragödie »Romeo und Julia«, sogar in der Zauberkomödie »Sommernachtstraum« zeigt Shakespeare den Aufruhr junger Liebender und gibt ihnen recht gegen erstarrte Elternmacht. Die Portia der Liebeskomödie aber folgt dem Gebot ihres toten Vaters; sie wagt höchstens verstohlenen Widerstand mit Song-Reimen auf „lead", um Bassanios Treffer zu begünstigen.

Aller Aufstand der Erkennntis und Humanität ballt sich gegen die Liebeskomödie im Problemstück des »Kaufmann von Venedig«. Die Figur seines Bonvivant wird damit, wie keine andere, der Zerreißprobe zwischen gesüßter Fiktion und komplexer Wahrheit ausgesetzt. Wir nannten ihn Minneritter und Mitgiftjäger und fügen jetzt hinzu: Glückspender und Eidebrecher, Rettungsengel und Hure. Bassanio wird, wie Shylock und Antonio, zum zugespitzten Doppelcharakter des janusgesichtigen Doppelstücks. Ihm geschieht sogar, was den beiden anderen erspart bleibt. Im pseudoidyllischen Finale entlarvt ihn Portia, die ihn liebt, als *die* paradigmatische Gestalt dieses einen, besonderen Bühnenspiels: das „double self" (V, 1, 245). – Doch eben als das unverlässlich „doppelte Selbst" hat Bassanio teil am schönsten Paradox des »Kaufmann von Venedig«. Nicht sein moralgefällig zurechtgeschminktes – sein amoralisches Ich behält einen Abglanz von Utopie. Er möchte ein Leben leben, in dem der Mensch nicht Eigentum eines anderen Menschen ist, in dem Liebe, das freigebigste aller Gefühle, nicht zum Besitzrecht verkehrt wird.

Das Naturell und die Taten *dieses* Bassanio entziehen sich der Judikatur der Jahrhunderte, die ihn bloß als Portias feurigen Liebhaber, als Antonios dankbaren Freund duldete. Er wagt, im Symbol zweier Menschen sich allen Menschen zu schenken. Jämmerlich blass und feig wirkt er nur, sooft er sich belehren lässt, dass das in dieser Welt, der falsch eingerichteten, nicht geht. Er will und kann glücklich machen – reicht das nicht als Auftrag für ein Erdenleben?

# DRITTES KAPITEL
# SHAKESPEARE, DER STÜCKESCHREIBER

»The Merchant of Venice« is the simplest of plays,
so long as we don't bedevil it with sophistries.
Harley Granville-Barker, Preface to
»The Merchant of Venice« (1930)

Christoph Müller: Ein Shakespeare-Stück
kapiert jeder.
Heiner Müller: Das glaubt jeder.
»Theater heute« (1975)

# EINLEITUNG
# DICHTER ODER STÜCKESCHREIBER?

Für den elisabethanischen Theatergänger galt als Reihenfolge der Wichtigkeiten: erstens das *Sujet*, zweitens der *Hauptdarsteller*, drittens der *Verfasser* eines Stückes. Die Shakespearekunde wiederholt das unaufhörlich, eben weil es heute anders ist. Indessen wurde aus diesem Wissen für das Verständnis von Shakespeares einzelnen Werken fast nie eine Konsequenz gezogen. Unser Buch über den »Kaufmann von Venedig« ging zunächst dem Sujet und seinen Darstellern nach; jetzt erst kommt es auf das dritte, den Verfasser. Zum Rückgrat hat das folgende Kapitel die Begegnung des größten Dramatikers mit seinem lebenslangen Protagonisten. Es versucht, den Blick des Theaters statt der Literatur auf sie zu werfen. Einleitend skizzieren wir, wie der spezifische Zwiespalt von Fabel und Figuren die Grundzüge des Bildes entwirft, das »Der Kaufmann von Venedig« uns vom Stückeschreiber Shakespeare gibt.

Reicht das Doppelgesicht der drei männlichen Hauptfiguren aus, um den gesamten »Kaufmann von Venedig« als Vexierbild zweier Gattungen (wir sagten: zweier sich ausschließender Menschenbilder und Weltsichten) zu bestimmen? Unsere These der „Zwei Stücke in einem" macht aus diesem Stück eine einzigartige Ausnahme nicht nur von allen gängigen Literaturlehren, sondern auch in Shakespeares Œuvre. Doch es geht kaum an, einen so befremdlichen Sonderfall festzuschreiben ohne Belege, die greifbarer, materieller sind als die Risse in drei fiktionalen Charakteren. Zählen wir einige Fragen auf, deren Lösungen jene These stärken oder erschüttern müssen. Gab es im Theater zu Shakespeares Zeit ein gespaltenes Publikum von „double selves", das den grausamen Wucherer zugleich als getretenes Opfer, den edlen Freund als verboten Liebenden, den feurigen Freier als schwankend Treulosen wahrzunehmen vermochte? Gab es Schauspieler, die den Konventionen der „romantic comedy" und den Umstürzen des „problem play“ gleichermaßen gewachsen waren? Gab es Bühnen- und Zuschauerräume, die eine derart differenzierende Wahrnehmung und Darstellung begünstigten, ja erst möglich machten?

Publikum, Schauspieler, Bühne: Die Einzigartigkeit des »Kaufmann von Venedig«, wenn es sie wirklich gibt, lässt sich nicht aus der autarken Vervollkommnung des *Dichters* Shakespeare, sondern nur aus den pragmatischen Zielen und Hemmnissen des *Stückeschreibers* Shakespeare erhellen. Der Dichter musste ja erfahren, in welche Nöte die Doppelung der Sichten und Töne seinen Werkentwurf brachte. Von der „romantic comedy“ her gesehen: Der an Shylock begangene Tochter- und Juwelenraub „ergänzt“ das Bild des verworfenen Schurken nicht. Antonios Schweigen in Liebessachen, sein Schimpfen und Spukken in Judensachen „entfalten“ seinen Edelmut nicht. Bassanios zweifacher Eidbruch gegen Portia „bereichert“ das Ideal ihres glühenden Liebhabers nicht. Erst recht gilt das im Wechselbezug der drei. Der doppelte Shylock, der doppelte Antonio, der doppelte Bassanio: keiner stützt, beglaubigt die beiden anderen. Sie kommen knapp darum herum, einander, also sich selbst, unglaubwürdig zu machen. Zwei Stücke in einem: Was für den Dichter den Zusammenhalt seines Werkes gefährdete – konnte das für den Stückeschreiber, nur dieses eine Mal, ein ratsames, ja notwendiges Verfahren sein?

Erkunden soll das hier Folgende Shakespeares Situation im Theater und im Leben, als er den »Kaufmann von Venedig« schrieb. Den oben angerissenen Fragen wird faktisch, geschichtlich nachgegangen. *Im Theater*: Lassen sich in London 1590-1600 aus zeitgenössischen Dokumenten oder Beschreibungen zweierlei Zuschauer an Stand, Bildung, Ethik nachweisen – und einzelne Zuschauer von repräsentativer Bedeutung, die einen widersprüchlichen Blick auf das Wirkliche, ein doppeltes System der Werte ins Theater mitbrachten? Waren Spielweise und

Repertoire der »Lord Chamberlain's Men« selber ambivalent zwischen Harmonisierungen und Irritationen? Gab es ein Raumprojekt in Shakespeares Umgebung, das dem Spaltgenre Komödie-und-Problemstück maßgerecht entgegenkam? *Im Leben*: Förderten Shakespeares berufliche und private Geschicke in jenem Jahrzehnt die Geburt einer Reihe unwiederholbar genialer Theaterstücke? Fügte sich die Strecke von »Richard III.« bis zum »Kaufmann von Venedig« in einen zwingend kohärenten, nicht nur künstlerischen, auch biographischen Zusammenhang?

# I. THEATER ERFUNDEN, DRAMATIKER ARBEITSLOS

## DAS DATUM

Wann »Der Kaufmann von Venedig« entstand und zur Uraufführung kam – wir können das Datum nur zum Anfang und Ende begrenzen. Zwischen den Grenzlinien liegen zwei volle Jahre.

*Der früheste Zeitpunkt* lässt sich einer merkwürdigen Stelle in der ersten Szene des Stückes entnehmen. Gleich im Eröffnungsdialog phantasiert Salerio die Gefahren von „Seichten und Bänken" herbei, die er an Antonios Stelle für dessen Schiffe fürchten würde: „I should think of shallows and of flats, / And see my wealthy Andrew dock'd in sand / Vailing her high top lower than her ribs / To kiss her burial" (I, 1, 26-29). Die „wealthy Andrew" ist offenbar eine prachtvolle Handelsgaleone oder, wie sich herausstellt, Generalbegriff für große, reich beladene Schiffe. Diese Benennung leuchtete Shakespeares Mitbürgern seit dem Sommer 1596 ein.

Am 30. Juni 1596 hatte eine englische Flotte unter dem Befehl des Grafen Essex in der Bucht von Cadíz die spanische Kriegsflotte überfallen, dabei die beiden Galeonen San Andrés und San Mateo erbeutet; den Rest ihrer Armada zündeten die Spanier an, damit er nicht in die Hände der Feinde fiel. Am 30. Juli erreichte die Nachricht von Essex' Sieg den Londoner Hof, nicht lange danach liefen die heimischen Schiffe im Hafen von Plymouth ein – mit der gekaperten „wealthy Andrew", die größer war als irgendein Kriegsschiff der Königin von England. *Anfang August 1596* ist also *das früheste Datum*, zu dem »Der Kaufmann von Venedig« beendet werden konnte.

*Der späteste Zeitpunkt* ist der *22. Juli 1598*. An dem Tag wurde „a booke of the Marchant of Venyce or otherwise called the Iewe of Venyce" zwar noch nicht gedruckt, aber im fertigen Manuskript zwecks Rechtsschutzes beim amtlichen »Stationer's Register« vorsorglich eingereicht. Die Uraufführung hatte bereits stattgefunden; Druckrechte wurden nie vor ihr reserviert oder vergeben. Passend dazu listet Francis Meres das Stück unter Shakespeares bekannten Komödien in seinem »Palladis Tamia« auf, das September 1598 in den Buchhandel kam, also kurz davor dem Setzer zugeführt worden war.

*August 1596 bis Juli 1598*: Mit dieser Spanne schließen die sechs Jahre 1592/98 in Shakespeares Leben, in denen sich Äußeres und Eigenstes, fremdbewirkte Wechselfälle und künstlerische Wundertaten beispiellos häuften und mischten. Ihre Anlässe und Tragweite zu ermessen, müssen wir zunächst die Erfolge und Niederlagen eines anderen großen Theatermannes ins Auge fassen, der eine Zeitlang Shakespeares Arbeitgeber war. Man hört nichts von ihm in den Literaturgeschichten, zu wenig in den Theatergeschichten. Er hieß James Burbage.

## DAS THEATER WIRD ERFUNDEN

Shakespeare schloss sich im Mai 1594 als Schauspieler und Stükkeschreiber einer neuen Theatertruppe an. Er blieb ihr bis zum Ende seiner Laufbahn treu: den »Lord Chamberlain's Men«, seit 1603 »The King's Men« genannt. Der Unternehmer und Organisator, ja der Gründer dieser Truppe war James Burbage. Geboren um *1535*, man weiß nicht wo, hatte er Zimmermann gelernt, wurde in frühen Jahren Schauspieler. Bald danach erwies er sich als singulärer Theatererfinder.[1]

Burbage erfand in den drei Jahrzehnten 1567-97 vieles von dem, was uns am selbstverständlichsten scheint, wenn wir heute „Theater" sagen. *1567*, kaum dreißig, bewog er seinen Schwager dazu, im hauptstadtnahen Stepney das »Red Lion« zu errichten. Es war der erste neuzeitliche Theaterbau in Form eines Amphitheaters, dessen Mauern das Bühnenpodest und die Stehplätze des Publikums gemeinsam umschlossen. Wohlverstanden: Das Leitmodell blieb das offene *Jahrmarkttheater*; aber dessen erhöhtes Brettergerüst und die Zuschauermenge davor wurden ins Innere eines *festen Rundbaus* mit einem *einzigen Eingang* geholt. Sobald der Unternehmer sich Kontrolle über jeden einzelnen Zuschauer verschafft hatte, konnte er von ihm *Eintrittsgeld* verlangen. Eine Gefühls- und Sinnschicht von Jahrmarktspektakel-für-Groscheneintritt blieb nicht nur in den grellen Tragödien des »Globe Theatre« bis 1642 erhalten. Sie grundiert immer noch die Spannung, die treibende Erwartung unserer Theatergänge, ohne dass wir daran denken.

Als Burbage seine Truppe ab *1572* »The Earl of Leicester's Men« taufen durfte, als diese *1574* in London nur mit einem Schutzbrief der Königin gegen den puritanischen Stadtrat spielen konnte, tat er den nächsten Schritt zu dem, was wir unter „Theater" verstehen. Burbage baute *1577*, knapp außerhalb der Mauern und der Rechtsprechung der City, auf einem für 21 Jahre gemieteten Grundstück *seine eigene Spielstätte*, stolz »The Theatre« genannt. Zu den Errungenschaften des Neubaus gehörte, den Wohlhabenden mehr Komfort für mehr Geld zu bieten – Platzkategorien. Wichtiger noch: Dank der Chance einiger Truppen mit hohen Patronen, in Burbages »Theatre« vor den Nordmauern, ab *1587* auch in Henslowes »Rose« am Südufer der Themse monatelang zu residieren, wurde eine weitere Triebkraft des frühen Schau-Spiels gleichsam zivilisatorisch eingemeindet. Wie davor der Jahrmarkt in einen Zweckbau wurde nun die *Wandertruppe* allmählich in ein *festes Ensemble* mit einem *festen Spielort* gebunden. Ob wir heute von der »Royal Shakespeare Company« oder vom »National Theatre«, vom »Deutschen Theater« oder den »Münchner Kammerspielen« reden – als „Theater" bezeichnen wir: ein Ensemble mit einem Haus.

Als Londons Spielstätten von *1592* bis *1594* durch Amtsgewalt geschlossen wurden, entstand ein absurdes, wie widernatürliches Vakuum. Das Theater als festes Haus und Ensemble war erfunden; sein größter Autor aller Zeiten stand bereit. Doch um James Burbage und William Shakespeare zusammenzubringen, brauchte es dreißigtausend Tote in Englands Hauptstadt.

## DER DRAMATIKER WIRD ARBEITSLOS

Am 3. März 1592 wird im »Rose Theatre«, das Burbages Konkurrenten Henslowe gehört, »Harey the VI« uraufgeführt[2]: wohl der »Henry VI«-Trilogie nachgetragener erster Teil.[3] Er wird fünfzehnmal in den kommenden vierzehn Wochen mit großem Erfolg, sprich hohen Einnahmen, gespielt. Am 19. Juni findet unerwartet die letzte Vorstellung statt. Londons Theater werden am 22. Juni 1592 wegen eines Krawalls von Lehrlingen vorübergehend zugesperrt. Die beiläufige Pause mündet in einen langen, grässlich zwingenden Abbruch. In der Metropole verbreitet sich die Pest; sie rottet ein Achtel der Bewohner aus. Außer kurzen, bald gekappten Perioden in Winterwochen, wenn das Sterben nachlässt, werden öffentliche Zusammenkünfte in der Stadt und in den Vorstädten verboten. Der Schauspieler und Stückeschreiber Shakespeare, erst Ende Zwanzig, noch mitten im Suchen und Finden, ist vom Juni 1592 bis zum März 1594 ohne Umgebung, ohne Anregung, ohne Arbeit.

Sieben seiner Theaterstücke gab es vor diesem Einschnitt, alle ungedruckt, unter wechselnden Truppen verstreut. Es sind »Titus Andronicus«, »Die Komödie der Irrungen«, »Zwei Herren aus Verona«, »Der Widerspenstigen Zähmung«, »1, 2, 3 Heinrich VI.« von Shakespeare, bevor er Shakespeare wurde. Mit Ehrgeiz und Kraft wehrt sich der „upstart" und „shake-scene" gegen den fatalen Bruch seines Werks und Lebens. Ja, er trotzt ihm eine andere, glorreiche Zäsur ab: Der anonyme Bühnenlieferant wandelt sich unter der Not des Berufsverbots in einen gerühmten Poeten. 1592/93 verfasst er das lange Gedicht »Venus and Adonis«, mit zehn Auflagen zu Lebzeiten sein erfolgreichstes Werk. Es ist das erste, das seinen Namen trägt; seine Stücke kommen noch jahrelang ohne Verfasser in die Buchläden.[4] 1594 folgt das Poem »The Rape of Lucrece«. Beide Epyllia sind einem hochadeligen Zwanzig-, dann Einundzwanzigjährigen gewidmet. Ihn mahnt und verherrlicht zur gleichen Zeit die „Fortpflanzung"-Serie der Sonette.

Wir sprachen von diesen siebzehn Sonetten, die den Gesamtzyklus eröffnen. Das »Venus«-Gedicht ist ihnen eng verwandt. Es steigert die beiden Sonett-Impulse, Werbung für und Weigerung gegen eine Vermählung, zum Streitgespräch zwischen seinen beiden Titelfiguren, der Göttin und dem Knaben. Dem flammenden Vereinigungsappell einer Liebenden antwortet die spröde Abwehr eines Selbstverliebten. Die Göttin teilt ihre Beschwörungen mit dem Sonett-Sprecher (wie der Griechenknabe seine Verneinungen mit dem Aristokratenjüngling). Venus jammert: „Is thine own heart to thine own face affected?"[5] Der Sprecher rügt: „having traffic with thyself alone"[6]. Wörtlicher noch tönt das Echo in einer Art Klageduett: Sie: „What is thy body but a swallowing grave, / Seeming to bury that posterity …?"[7] Er: „Or who is he so fond will be the tomb / Of his self-love to stop posterity?"[8] Beide Fragen, Protestrufe sind gewiss im selben Jahr und Monat entstanden.

Heikler, inniger ist, dass sie der gleichen Inspiration entsprangen. Ihren Namen verrät die Widmung des »Venus«-Poems: „To the Right Honorable Henrie Wriothesley, Earle of Southampton, and Baron of Titchfield". Der „master mistress", nirgends genannt in den 154 Sonetten, bringt Shakespeare nun dazu, ihn als „Paten" des Poems, sich selbst erstmals als Schöpfer von Kunst zu benennen.[9] Die Widmung-Signatur „William Shakespeare" besagt: *Ich* bins – und das ist „das erste Kind meiner Erfindung". Schon im Ovid-Motto der Titelseite trennt sich dieses Poet-„Ich" von dem „Pöbel" seines bisherigen Großstadtpublikums, um zu Apolls „Kastalischen Quellen" aufzusteigen.[10] Die Ablösung der Gebrauchsdramen 1589/92 durch die Gedichte 1592/94 ist für Shakespeare mithin kein bloß opportuner Wechsel seines Broterwerbs; sie ist ein Umschwung im Selbstverständnis seiner Kunst. Im Jahr nach »Venus und Adonis«, in der »Lucrece«-Widmung, dankt der neue Poet für seine Wandlung mit „endloser Liebe" dem hohen Widmungsträger: „What I have done, is yours; what I have to do is yours."

## DER EINSCHNITT 1592-94

Nach den sieben frühen Theaterstücken sind die Epyllien ein jäher Sprung – zuallererst in Shakespeares Anspruch an sich und an die Welt, künstlerisch wie gesellschaftlich. Seine Sprache von »Titus Andronicus« über »Comedy of Errors« bis zur »Henry VI«-Trilogie zielte, ob robust gezimmert oder rituell hochgeschraubt, auf direkten Theatereffekt. Im »Venus«-Gedicht erobert sie niegekannte Freiheit und Eleganz, Schliff der Argumente, verspielte Virtuosität und betörende Melodik der Reime: „perfect dominion, often domination, over the whole world of language."[11] Man höre zwei herzergreifend querulantische Venus-Stanzen: Hat man Hässlichkeit je schöner besungen (mit dem gramgeballten Drängen der Beiwörter, dem Schluchz-Hiatus des elfsilbig gestreckten Couplets) – hat man Schönheit je komischer gepriesen, durch Selbstlob ironisiert, erst im seligen Wunderreim „felt"/„melt" versöhnt?

Were I hard-favored, foul, or wrinkled old,
Ill-nurtured, crookèd, churlish, harsh in voice,

O'er-worn, despisèd, rheumatic, and cold,
Thick-sighted, barren, lean, and lacking juice,
Then mightst thou pause, for then I were not for thee;
But having no defects, why dost abhor me?

Thou canst not see one wrinkle in my brow.
Mine eyes are gray and bright and quick in turning.
My beauty as the spring doth yearly grow.
My flesh is soft and plump, my marrow burning.
My smooth moist hand, were it with thy hand felt,
Would in thy palm dissolve, or seem to melt.[12]

Auch gesellschaftlich versteht Shakespeare seine neue, erlesene Kunstfertigkeit, seine Poetwerdung als erhöhte Einstufung durch sich und die anderen – mit gutem Recht. Die gemeinsame Vorgeschichte von Venus-Gedicht und Fortpflanzung-Sonetten spielte in den obersten Rängen von Hof und Königreich. William Cecil, Lord Burleigh, Vormund Southamptons und Elisabeths mächtigster Staatsmann, wollte schon 1589 sein Mündel (dessen Mutter wohl das Vorhaben teilte) mit seiner Enkelin Elizabeth Vere verheiraten. Der Sechzehnjährige war soeben aus Cambridge voll Passion für Dichtung und Gelehrsamkeit beim Hof angekommen. Er sträubte sich gegen die Ehe; Burleigh gab nicht nach. 1591 ließ er seinen Sekretär Clapham ein Warngedicht über Narcissus an den Widerspenstigen richten. Die Mahnung blieb ohne Erfolg. Den erneuten Auftrag von Vormund und Mutter, Southampton umzustimmen, übernahm, gewiss bereitwillig, der arbeitslose Shakespeare.

Hat aber Shakespeare nicht mit dem Venus-Poem, anders als mit den siebzehn Sonetten, seine hohen Auftraggeber hintergangen? Las nämlich Southampton das strahlend sinnliche Epyllion (oder las es ihm der Dichter/Schauspieler in schmeichelnden Verführungstönen vor), dann musste das seinen Eigensinn, das Sich-Sperren des umworbenen Schönen, eher festigen als fortschwemmen. Southampton durfte in Shakespeare statt des Schulmeisters und Predigers seinen Verbündeten entdecken. So kam es wohl, dass für den Mäzen und seinen Hof- und Privatpoeten ein „summer's day" der Zuneigung anbrach – für die bestellte stellvertretende Ehewerbung ein unverhoffter Ausgang. Hofmannsthal im »Rosenkavalier«, Mann im »Doktor Faustus« malten diesen Rollenwechsel mit kunstvoller Erfindung, mit bald heiterem, bald tödlichem Ausgang aus. Dass er aber 1592 auf einer geschützten Insel inmitten des universalen Sterbens wahrlich stattfand: es ist kaum auszudenken.

# II. BEGEGNUNG IN DES TODES SCHLUND

## „IN DES TODES SCHLUND“: DIE KOMÖDIE

Anbeter des Dramatikers Shakespeare schätzten sein Kleinepos der Liebe stets als Nebenwerk gering. Als erster, lange als einziger erkannte der untrügliche Leser und große Dichter Coleridge, dass der helle Witz, die melodische Süße, die schwärmende Einbildungskraft von »Venus and Adonis« nicht Sackgassen, sondern Wege in die Zukunft waren – gerade für den Dramenautor, der »Verlorene Liebesmüh«, dann »Romeo und Julia«, »Richard II.« und »Ein Sommernachtstraum« schrieb.[1]

»Love's Labours Lost« zuerst[2]: Viel spricht dafür, dass das leichtherzigste Lustspiel entstand, als es nicht entstehen durfte. Seine Dialoge werden durch hundert wörtliche, rhetorische, gedankliche Kreuz- und Querfäden mit den Gedichten der Southampton-Jahre, der Theaterverbotsjahre 1592-94 verknüpft.[3] „Mehr als irgendein anderes Stück Shakespeares trägt »Love's Labours Lost« die Spuren, für ein spezielles Publikum geschrieben zu sein, das nicht in den öffentlichen Schaubühnen, sondern am Hof oder im Palais eines Adeligen zu finden war.“[4] Die Uraufführung dieses (außer »Sommernachtstraum«) einsam „höfischen“ Stückes in Shakespeares Œuvre fand wohl als Privatvorstellung in Southamptons Stadthaus zu Weihnachten 1593 statt.[5] Es wurde zu Weihnachten 1597 Königin Elisabeth am Hofe vorgespielt. Noch neun Jahre später, als Southampton nun Jakobs Königin Anne in seinem Haus unterhalten wollte, schlug Shakespeares Truppe dafür »Love's Labours Lost« vor. Gehobener Ursprung, Bindung an den Mäzen blieben am Stück haften. Haften an ihm auch die Male seines todnahen Geburtsmoments?

Die auserwählten Zuschauer der Uraufführung erkannten in den drei Käuzen Don Armado, Holofernes, Nathaniel gewiss deren Modelle am Hof; sie lachten grausamer über die Vorbilder als über deren Parodien. Voll Sympathie begleiteten sie dafür die vier ihnen standesverwandten jungen Adelspaare in deren verfrühtem „marivaudage" voll Liebesabwehr und Liebeskapitulation, von der „surprise de l'amour" zum „triomphe de l'amour". Nur: Der Triumph wurde durch Schrecken zerstört. Jene Bekehrung zum Liebesvollzug, die der Göttin Venus und dem Sprecher der »Fortpflanzung«-Sonette gleichermaßen misslang, wird auch »Love's Labours Lost« verweigert. Die gattungsobligate Happy-End-Fiktion stürzt in eine Realkatastrophe von Leid und Tod in Shakespeares einziger Komödie, die mit Trennung statt Vermählung endet. Rosalind spricht Urteil mit Strafmaß über ihren witzsprühenden Freier: „You shall this twelve month term from day to day, / Visit the speechless sick, and still converse / With groaning wretches; and your task shall be / With all the fierce endeavour of your wit / To enforce the painèd impotent to smile."

Wirft die Pest ihren wüsten Schatten auf das Spiel in Southamptons Luxusquarantäne?[6] Berowne, der Bestrafte, erschrickt: „To move wild laughter in the throat of death? / It cannot be; it is impossible." Dies spricht der Meister der „honigzüngigen" Reime, der unbestreitbare Held des Sprach- und Liebesturniers »Love's Labours Lost« (seine Rolle misst mit 600 Zeilen doppelt so lang wie die zweitlängste Rolle, die seines Herrn, des Königs von Navarra). Berowne ist der Geist der Komödie. Ihm wird darum aufgebürdet, die „Unmöglichkeit" des Lustspiels vor „schmerzstöhnenden Elenden" einzugestehen. Er allein darf dessen schändlichen Leichtsinn, halsbrecherische Fiktivität – im Namen der Kunst, im Namen Shakespeares – beichten und büßen. Musik und Witz der „unmöglichen" Gattung erfordern von Berownes Darsteller eine Beweglichkeit, Wandelbarkeit der Ausdruckslaune und Sprachschärfe, die Shakespeare zuvor keiner Figur und Rolle abverlangt hat – mit einer Ausnahme, die wir bisher verschwiegen: Richard III.

## „IN DES TODES SCHLUND“: DIE TRAGÖDIE

Kaum je hat ein Dramatiker in dichtestem Nacheinander zwei so schreiend konträre Stücke geschrieben wie »Richard III« und »Love's Labours Lost«: vielleicht im einzigen Jahr 1593. Zuvor, im April 1592 waren die ersten drei Teile von Shakespeares frühem Bürgerkriegs-Zyklus abgeschlossen und aufgeführt. Handlung und Leitidee von »1-3 Henry VI« verlangten nun nach einer Schau ihres erst blutigsten, dann rettenden Ergebnisses: der Todeswut des Hauses York, des Friedenswerks des Hauses Tudor. So entstand »Richard III«. Wann? Von einer Uraufführung vor dem Theaterverbot im Juni 1592 gibt es keine Spur. Dem gärenden Innern, dem schwärenden Äußern nach ist dies ein Pest-Stück, eine Mär über die widrigste Seuche des Menschengeschlechts: den mechanisch endlosen Massenmord um der Macht willen. Wurde »Richard III« erstmals gezeigt auf einer hauptstadtflüchtigen Tournee in der noch verschonten Provinz? Oder in London vorgestellt, in den Winterwochen 1593 oder 1594, falls ein mutiger Impresario den scheinbar ermüdeten Tod auszutricksen versuchte? Wir wissen es nicht.

Fest stehen nur drei Daten, die von Stufe zu Stufe einer Uraufführung in der Pestzeit näher führen. Erstens: Ein parodiertes Zitat aus »2-3 Henry VI« in Greenes »Groats-worth of Wit« belegt die Bühnenpräsenz des Doppelstücks *vor dem Sommer 1592.*[7] Zweitens: »1 Henry VI« wurde in Henslowes »Rose Theater«, wir sahen es, im *April/Juni 1592* seinen Fortsetzungen nachgeschickt. Drittens: Ein Gedicht Giles Fletchers sagt voraus, vom *4. September 1593* datiert, dass »Richard III« der »Henry«-Trilogie baldigst folgen wird.[8] Fletchers »The Rising to the Crown of Richard the Third« gehörte zur Modegattung des „Complaint“, des Klagemonologs, eines aus höchster Höhe gestürzten Mächtigen.[9] Richard: „I left this land possesed with civil strife, /

And lost my crown, mine honour, and my life." Fletcher wollte kein Theaterstück über den Mörderkönig schreiben. Er bezog sich auf Shakespeares Theaterstücke. „Drei Teile" von Glosters Aufstieg, die „prinzlichen", seien aufgeführt worden; der vierte, der „königliche" Teil stehe noch aus: »Richard III«.

> The Stage is set, for stately matter fit,
> Three parts are past, which Prince-like acted were,
> To play the fourth, requires a Kingly wit,
> Else shall my muse, their muses not come here.[10]

Entweder lag Shakespeares Tragödie über den finalen Sturz des Landes in den Bürgerkrieg, über den König als Tyrann und Verbrecher im September 1593 schon geschrieben, aber noch ungespielt vor. Oder Fletcher hatte Kunde davon, dass Shakespeare dabei war, den Zyklus inmitten der Seuche zuende zu schreiben. Eine unverzagte Truppe mag den vielerwarteten Schluss der Tetralogie vorangezeigt haben. In Frage kommen dafür »Pembroke's Men«. Der Anfänger Shakespeare stand ihnen nahe; sie besaßen Rollentexte der »Henry«-Stücke.[11] In einer Besetzungsliste dieser Truppe findet sich der Name eines jungen Schauspielers: Richard Burbage. Shakespeare traf in ihm den Helden seiner künftigen Tragödien, den Verkörperer seines Œuvre. Burbages lebenlange Starrolle war, mehr noch als Hamlet, Richard III. Londons schausüchtiges Volk vollzog an ihm, erstmals seit den vergötzten Mimen der Antike, jenes Ersatzmysterium des Theaters, ein profanes Homoousion: Einswerden von Mime und Rolle in den verzückten Zuschauerköpfen. Burbage wurde gleich Richard, Richard gleich Burbage.

Richard Burbage war der zweite Sohn des James Burbage, von dem hier viel die Rede war. Er wurde 1568 geboren, nur vier Jahre später als Shakespeare. Er war 25 oder 26, als es 1593 oder 1594 zur Uraufführung der Richard-Tragödie kam. Ist ihr später legendärer Träger auch ihr erster Titelheld gewesen? Dafür, dass Richard Burbage den Richard III. der Uraufführung spielte, gibt es keinen schriftlichen Beweis. Es sei denn, die immense Rolle von 1171 Zeilen ist selber ein unanfechtbar festgeschriebener Beweis. Theaterverstand, Theatererfahrung sagen: Kein Dramatiker kann die Eingangsstrecke des Stückes entwerfen – von Richards Eröffnungsmonolog über den Verrat an Clarence bis zur Verführung der Lady Anne –, ohne den Schauspieler zu kennen, der diese beispiellos fordernde Kraftpassage lernen, denken, sprechen, spielen kann. Der zielgenau und wirkungsvoll rhythmisierte Wechsel zwischen Rhetorik und Handlung – Richards überrollend rapides Springen von Vorsatz zu Vollzug – veröffentlicht schon den Bescheid: Um diesen einen Menschen-und-Spieler wird das gesamte Stück gehen. Bis heute spürt der Zuschauer, Leser: Shakespeare widerfuhr hier etwas Unwiederholbares. Ein Blitz der Erkenntnis traf ihn in der Begegnung mit einem Mimen.

An der Rolle Richard, an dem Spieler Richard Burbage ging ihm auf, welches zugleich Greifbare und Unfassliche an Glanz und Kraft in einem agierenden Menschenkörper steckt. In Shylock, sagten wir, schuf Shakespeare aus dem Schauspieler einen Menschen. In Richard hatte Shakespeare im Menschen den Schauspieler entdeckt. Richard musste Shylock vorangehen; denn Lüge ist auf der Bühne das Fundament der Wahrheit. Der Schauspieler ist für unseren ersten, zugleich naiven und philosophischen Blick der Sich-Verstellende: der Lügner. Davon handelt die Ur-Geschichte vom Philosophen und dem Schauspieler; Plutarch hat sie aufgezeichnet. Der erste Schauspieler – der erste, der dem Chor auf der Bühne als Einzelner entgegentrat – hieß Thespis. Solon, einer der Sieben Weisen, „von Natur aus darauf erpicht, Neues zu hören und zu lernen, schaute Thespis beim Spielen zu. Sobald die Vorstellung zuende war, fragte er ihn, ob er sich nicht schäme, so vielen Menschen etwas zusammenzulügen. Als Thespis meinte, es sei nicht schlimm, solche

Dinge im Spiel zu sagen und zu tun, schlug Solon heftig mit dem Stock auf den Boden: ‚Bald werden wir dieses Spiel, wenn wir es loben und schätzen, auch in unseren täglichen Geschäften üben.'"[12]

Mit den Gefahren der Lüge für das Leben des Gemeinwesens werden sich alle sittlich-politischen Theaterverbote von Platon bis Rousseau rechtfertigen. Shakespeare aber erhielt vom Lügner Richard und vom Schauspieler Burbage die entgegengesetzte Lehre: Es sei der Kunst-als-Täuschung gegeben, die Wahrheit über Heil oder Siechtum des Gemeinwesens aufzuzeigen. Dass Shakespeare in Burbage junior *den* Schauspieler erkannte, bezeugen überdeutliche äußere Fakten. Er ließ, solang er schrieb, diesen einen Mann nachweislich den ersten Romeo, Hamlet, Othello, Lear (gewiss auch Richard II., Oberon, Faulconbridge, Hal, Macbeth, Leontes, Prospero) spielen. Mehr als diese Liste sagt eine einzige Überlegung: Damit einer den König Lear mit 37 Jahren darstellen konnte, müssen Shakespeare und Burbage die Idee und Wirklichkeit des Schauspielers verändert haben. Dessen Beruf hieß fortan nicht erhabener Vortrag, sondern kunstgezeugte, realitätsträchtige Lüge: physisch-seelische Verwandlung. Von Marlowe zu Shakespeare, von Alleyn zu Burbage: Aus dem Immergleichen wird ein jedesmal Wechselnder – Person, Charakter, Individuum. Der Neubeginn des Schauspielers konnte aber nur erprobt und vollzogen werden dank einem Neubeginn des Theaters.

## ZWEI TRUPPEN, ZWEI AUTOREN, ZWEI SPIELER

Mit dem Ende der Pest stand Londons Theater vor dem Nichts. Das Spielverbot von Juni 1592 bis März 1594 hatte die Truppen in die Provinz vertrieben. Sie wechselten oft ihre plötzlich uninteressierten Schirmherren, gerieten in Geldnot, kämpften ums

Überleben, lösten sich auf. Ja, als die nachlassende Seuche erneut urbane Vergnügungen zuließ, sahen sich die Spieler der Metropole vor noch Schlimmerem als dem Nihil an Patronen, Räumen, Stücken: Der puritanische Stadtrat unternahm alles, um den sündigen Zeitvertreib nicht wieder aufkommen zu lassen. Da stellte sich Elisabeths Privy Council auf die Seite des Theaters. Der Hof trat der Stadt, sein Lord Chamberlain ihrem Lord Mayor entgegen. Der oberste Hofbeamte Henry Carey, Lord Hunsdon, wollte nicht nur verhindern, dass er und seinesgleichen fortan in einer grau verödeten Massenwelt lebten. Seines Amtes war vielmehr, Schau und Prunk zu besorgen für Aufführungen vor der Königin, zumal in der festlichen Weihnachtssaison. Neue Theatertruppen wurden gebraucht, um die zerfallenen zu ersetzen.

Im Frühjahr 1594 verbündete sich der Lord Chamberlain Henry Carey mit dem Lord Admiral Charles Howard, seinem Schwiegersohn. Carey nahm sich einer Truppe unter James Burbages Leitung, Howard einer Truppe unter Philip Henslowes Leitung an. Die beiden Hocharistokraten bauten den bewährten Trick der privaten Theaterunternehmer gegen die City zum gesetzkräftigen System aus. »The Lord Chamberlain's Men« würden Burbages »Theatre« in der Nordvorstadt, »The Lord Admiral's Men« Henslowes »Rose« auf dem Südufer der Themse bespielen – beide außerhalb der Stadtmauern. Dafür durfte jede Schaustellung innerhalb der Mauern, um den Stadtrat zu beschwichtigen, verboten bleiben.[13] Im April erging die Aufforderung der beiden Würdenträger an die beiden Unternehmer, aus den besten Schauspielern (verfügbar waren nach dem Zweijahresunglück so gut wie alle) zwei begünstigte neue Truppen, ein „Duopol", zu schaffen. Am 14. Mai fand die erste Aufführung der »Admiral's Men« statt: Marlowes »Der Jude von Malta«. Für den Beginn der »Chamberlain's Men« fehlen uns Datum und Stück; alles spricht dafür, dass sie Shakespeare gehörten.

Marlowe oder Shakespeare: der Unterschied der Anfänge im Sommer 1594 blieb für beide Truppen nicht Episode, sondern Bekenntnis. 1593 war Marlowe ermordet worden; 1593 war Shakespeare sein erster Geniestreich gelungen. Vom toten Marlowe bezogen »The Admiral's« ihre fünf bleibenden Erfolge; der junge Shakespeare brachte den »Chamberlain's« seine sieben Frühwerke mit[14], dazu unverbraucht »Richard III« und »Love's Labours Lost« – und er schenkte ihnen alljährlich bis zu zwei neue Stücke. Der Diskrepanz zwischen beiden Repertoires entsprach der Gegensatz der beiden Protagonisten in ihren Paraderollen. Edward Alleyn wiederholte im Jahrzehnt 1594-1603, längst einstudiert, die fünf einander ähnlichen „Machiavellisten" Tamerlan 1 und 2, Doktor Faustus, den Juden Barabas, den Guise der Bartholomäusnacht; dem addierte er flache Zufallsprodukte. Richard Burbage spielte indessen die vielfältigsten Gestalten von Romeo bis Prinz Heinz, von Oberon bis Hamlet, jedesmal als erster. Londons sachverständiges Publikum betete beide an. Doch war es dasselbe Publikum, wirkte derselbe Sachverstand? Beschreibungen von Alleyns, von Burbages „method" lassen daran zweifeln.

Alleyns Riesenwuchs, seine an Marlowe geschulte Monumental-Gangart und -Deklamation wurden staunend verehrt: „His eyes are lightning, and his words are thunder"[15] – und zugleich als schaustellerisches „Stelzen und Röhren"[16] („strutting and bellowing" laut Shakespeare[17], „scenical strutting and furious vociferation" laut Jonson[18]) erbarmungslos verspottet. Hingegen wurden Burbages Haltung und Sprache, poetisch und realistisch, anmutig und präzis, mit dankbarer Liebe belohnt: „How did his speech become him, and his pace / Suit with his speech, and every action grace / Them both alike, whilst not a word did fall / Without just weight, to ballast it withal."[19] Shakespeares Richard III. teilt alle Ungeduld der Machtgier mit Marlowes Tamerlan, Barabas, Faustus, Guise – warum hat er für ihn einen anderen, neuartigen Darsteller gesucht? Die Antwort liegt nahe. Tamerlan und Genossen sind purer, weißglühender Wille ohne Reflexion: Sie überfallen und besetzen das Allgemeine mit ihrer massiven Einzigkeit. Richard III. wagt mit bestrickend frecher Ironie und Selbstironie den Sprung ins Subjektive: Er untergräbt und zersetzt das Allgemeine durch seine extremistische Besonderheit.

Auch die Laufbahnen beider Mimen fielen unähnlich aus. Alleyn war nur zwei Jahre älter als Burbage. Aber er trat 1603, mit 37 Jahren, von der Bühne ab, während Burbage bis zu seinem Tod 1619 weiterspielte – seit 1601 den Anti-Tamerlan: den reflektiertesten, willenswundesten aller Menschen, Hamlet. Ahnte Alleyn, dass seine Zeit, die Ära seiner grandiosen Figuren, vorbei war? Hier bietet sich an, eine vielumstrittene Merkwürdigkeit zu befragen: Warum spielte Alleyn Marlowes letzte Tragödie »Edward II« als einzige nicht, warum überließ er Stück und Titelgestalt diesmal einer anderen Truppe?[20] Die ungestützte Annahme, Alleyn habe den sodomitischen König aus „Zimperlichkeit“ nicht dargestellt,[21] ist mit einer triftigeren zu ersetzen. Das Drama wirkt, als sei für Alleyn nicht der Protagonist Edward, sondern der Antagonist Mortimer konzipiert worden: ein Machiavellist, wie dessen erprobte, erfolggekrönte Glanzpartien. Edward hat im Stück 749, Mortimer 450 Zeilen.[22] Alleyn verweigerte sich offenbar dem ärgerlichen Dilemma, entweder die größte, aber falsche, oder die kleinere, aber passende Rolle zu verkörpern.

Marlowe aber erwies sich, kurz vor seinem Tod am 30. Mai 1593, nochmals als Bahnbrecher. In »Edward II« ging er, Shakespeare vorgreifend, die Krise des Schauspielerberufs an. Er beschritt zumindest den halben Weg zum Neuen. Zwar gibt er uns Edwards nuancierte Innenseite kaum zu sehen. Auch Edward lebt, wie seine ungleichen Vettern, unter der Geißel einer einzigen Besessenheit; doch sie heißt nicht Machtwille, sondern

Liebe. Marlowe ahnte die Korrosion des Monuments durch das Subjekt voraus. Alleyn, Vorkämpfer seines Ruhms seit 1587, wollte oder konnte ihm dorthin nicht folgen.

## PROTAGONIST, DES AUTORS SPIEGEL

Als Shakespeare zwei, drei Jahre später »Richard II« nach dem Muster von »Edward II« entwarf, hatte er es leichter. Er schrieb die Hauptrolle des Gesalbten, Entthronten, Gefolterten, Gemordeten für Burbage. Die Rebellenrolle, den siegreichen, aber blasseren Bolingbroke, musste ein heute namenloses Ensemblemitglied sich überstreifen. Romeo und Richard (der Zweite in mehrfacher Hinsicht) eröffneten die Serie genialer Stücke für »The Lord Chamberlain's Men« 1594-98, die eine sonderbare, fast mystische Bindung zwischen Autor und Spieler stiften. Der Protagonist wird zum Spiegel des Dichters.

Shakespeare wird verehrt für die weltumfassende Objektivität seiner Sicht und Einsicht. Doch erst die Subjekt-Vertiefung durch Burbages Kunstvermögen ergänzt seine Bühnengeschöpfe mit suggestiver Nähe und Präsenz: mit Beglaubigung des Humanen. Dabei wandelt sich Shakespeare freilich nicht zum Ahnherrn Kleists oder Strindbergs, zum autobiographischen Geisterseher. Scharf bleibt der Gegensatz: Kleist benützt den Prinzen von Homburg, Prinz Hal benützt Shakespeare, um sich zu erklären. Gleichwohl formt sich in Shakespeares Wunderjahren zwischen Dramatiker und „jeune premier" ein singulärer Bezug von Ich zu Ich, der bis in die Moderne wirkt. Ihre Bindung lässt sich, da er den Produktionsweisen von Theater auf den Fersen folgt, in einem Dreitakt periodisieren.

Shakespeare überträgt sich auf Burbage, der *Autor* auf den *Spieler*. Mit Betterton, Garrick, Kean bis Irving vertritt dann der *Prinzipal* einer Compagnie den Autor (seinen Urtext bald verhunzend, bald rehabilitierend); und er ist selber der taten- und ausdrucksmächtigste Spieler. Diese Personalunion wird um 1900 gespalten: Der *Regisseur* macht sich zum Eidolon des Autors, der „jeune premier“ zum Eidolon des Regisseurs für das Spiel auf der Bühne. Legendär wurde die Beziehung Max Reinhardt/Alexander Moissi in »Oedipus« und »Hamlet«, Jean Vilar/Gérard Philipe in »Cid« und »Prinz von Homburg«. Analogien dazu bietet, wie Ulrich Wildgruber für Peter Zadek, wie Bruno Ganz nacheinander für Peter Zadek, Peter Stein, Klaus Michael Grüber, wie Gert Voss für Claus Peymann und George Tabori, wie Martin Wuttke für Heiner Müller und Frank Castorf zum zweiten Ich wurden: eine essentielle Chronik der neueren deutschen Theatergeschichte.

Das Paradox des historischen Dreitakts heißt: Je weiter das Bild des Theaters sich ablöst von der sündigen Zerstreuung der Elisabethaner, von der Erbauung der Gefühle durch die Aufklärer und die Romantiker, je konkreter es den eigentlich theatralen Vorgang zwischen Autor/Regisseur und Spieler lesbar macht – umso mehr dringt eine zur Allegorie erhöhte, beinahe gnostische Metaphorik in das gelehrt deutende, sogar in das berufspezielle Vokabular. Gemunkelt wird von „Vater“ und „Sohn“, von „Schöpfer“ und „Geschöpf“. Das Arcanum dieser Umklammerungen heißt bald: Sehnsucht der Idee nach Realisierung – bald: Drängen des Leiblich-Fassbaren nach oberer Inspiration. So trifft die Vater-und-Sohn-Allegorie fast zu wörtlich das theatrale Ereignis: Fleischwerdung des Wortes, Einlösung dessen, was da geschrieben steht. Zum Sinnbild chiffriert sich das Streben des Textes nach Aufführung, der unbändige Wille jedes großen Dramas, Theater zu werden.

Die riskantere Allegorie von Schöpfer-und-Geschöpf holt ihr Modell aus der göttlichen Erschaffung und Beseelung des ersten Menschen. Michelangelos »Erschaffung Adams« gab ihr gültige Bildgestalt. Diese zeigt ein Einflößen des eigenen Geistes, der eigenen Lebenskraft in das Ebenbild – auch ein Leitemblem theatraler, auktorialer Selbstverwirklichung. Einleuchtend wurde beobachtet, dass die muschelähnliche Schale, aus der Michelangelos Gott handelt, sich nicht als sein aufgeblähtes Gewand erklären lässt: nicht als jene „velificatio", welche die sakral schützende Mandorla schon in der Antike abwandelte.[23] Die nach innen gewölbte violette Hülle ist nicht Kleid, sondern Wohnung des Schöpfers: frappierenderweise der anatomische Längsschnitt eines Schädels – eine Hirnschale als Sitz der Fähigkeit zum Wollen und Entwerfen.[24] Aus ihr wird das Ebenbild durchseelt zum Prototyp „Mensch", der selber begabt ist zum Wollen und Entwerfen.

Der Dichter und sein Protagonist tauschen miteinander Beseelung für Verwirklichung. Der Neuerer Shakespeare übertraf auch hier seine Nachfolger. Als Autor, Regisseur, Mitunternehmer („shareholder") blieb er nicht narzissgleich an seinem idealen jungen Abbild haften. In der Reihenfolge seiner großen Tragödien prägt sich aus (neben der objektiven Abfolge der Menschenalter, wie in Jaques' berühmter Aufzählung) lebendige, gefühlt-beobachtete Selbsterkenntnis. Shakespeare ist Jüngling mit Richard II., Romeo, Faulconbridge, Prinz Hal, Hamlet. Er ist Mann mit Frau durch Othello, Antonius, Macbeth. Er ist Vater von Töchtern mit Lear, Leontes, Pericles, Prospero. Sogar der universale Menschenkenner erlebte und belebte Romeo nicht erst, als er selber fünfzig, Prospero nicht schon, als er selber dreißig Jahre alt war. Er wandelte sich. Sein Protagonist, sein Ensemble hielten mit.

Enthusiastisch hielt vor allem der „onlie begetter" seines Ensembles und seines Protagonisten mit: James Burbage, Praktiker und Träumer. Er war der unersetzliche Organisator einer Truppe, die im Duopol über Londons Bühnen herrschte. Und er war der Visionär des festen Ensembles »Lord Chamberlain's Men« im festen Sitz seines »Theatre«, in deren Mitte zwei Künstler standen: sein Sohn und dessen Dichter. Um Shakespeares Werk- und Lebensabschnitt 1593-98 mit »Richard III.«, »Verlorene Liebesmüh« »Romeo und Julia«, »Richard II.«, »Sommernachtstraum«, »Kaufmann von Venedig«, »Heinrich IV., Erster Teil« sich vorzustellen, braucht man keine entfesselte Phantasie – nur nüchtern präzise Einfühlung in drei reale Theaterleute: den Unternehmer James Burbage, den Spieler Richard Burbage und den Stückeschreiber William Shakespeare.

## GLÜCK UND KATASTROPHE

„Einfühlung" fordert von uns diesmal: Sympathie mit dem Glück. Man stelle sich den Vater vor, der dank dem Dichter die wahrsten Gestalten, welche die Kunst damals und seither ersann, eine nach der anderen im Sohn inkarniert sieht. Man stelle sich den Schauspieler vor, dem Theaterleiter und Stückeschreiber, Vater und Freund, dieses Unausdenkbare überbringen. Man denke sich schließlich den Dramatiker, der plötzlich sein Alter ego fand, in dem er erkannte, was Leib und Geist seines Bühnen-Ichs vermögen: was Theater ist.

Das Glück der drei muss auf das Publikum ausgestrahlt haben, das den Aufstieg ihrer Unternehmung erlebte. Londons Theater waren Nachmittag für Nachmittag überfüllt. Im Übungsbuch für italienische Konversation des Montaigne-Übersetzers Florio liest man den Dialog: „Ich liebe Komödien, aber die Prediger verbieten sie." „Warum werden sie dann gespielt?" „Weil jedermann sie liebt." Puritanische Warnungen, Schmähungen klangen so teufelsfürchtig, als seien die Theater die einzige Konkurrenz der Kirche, die Komödianten Gottes gefährlichste Gegenspieler. Anathemaschreie dieser Art waren die beste Vorbedingung für einen glanzvollen Anfang der neuen Truppe – abzulesen an der Legende, zu der er sich, wie alle großen Anfänge, zwanzig bis dreißig Jahre später verklärte. In Burbages Tod 1619 wird Middleton die „fünfte Sonnenfinsternis" jenes Jahres sehen.[25] Jonson preist Shakespeare 1623 im Prolog zur Folio: „Soul of the Age! / The applause! delight! the wonder of our Stage!" „I confess thy writings to be such, / As neither Man nor Muse can praise too much."[26]

Der Ruhmdiskurs der »Chamberlain's Men«, sich selbst historisierend, schenkte ihren Anführern zeitlosen Rang in der Geschichte des Theaters, der Dichtung, der edleren Menschheit. Ähnlich wird 1950-2000 die Euphorie lauter geglückter Anfänge zu unanfechtbaren Mythen gerinnen: Brechts »Mutter Courage« im Berliner Ensemble, Strehlers erster Goldoni im »Piccolo Teatro«, Peter Brooks »Lear« und »Sommernachtstraum« nach der Neuformung der »Royal Shakespeare Company«, Planchons »Georges Dandin« und Chéreaus »La Dispute« in Villeurbanne, Steins »Peer Gynt« in der »Schaubühne« – zuletzt noch, am Rosa-Luxemburg-Platz, Marthalers »Murks den Europäer ab« und Castorfs »Pension Schöller«. – In Wirklichkeit hielt das Glück der »Chamberlain's Men« ungestört nur zweieinhalb Jahre. Schon im Januar 1596 drohte James Burbages groß Erdachtes und Erreichtes zu zerfallen. Der Grundbesitzer seines »Theatre« kündigte zum Ende März 1597, nach 21 Jahren, den Mietvertrag mit ihm und den »Chamberlain's Men«.[27]

James Burbage entschied sich (nach der Erfindung des Theaterbaus und des Ensembles mit festem Sitz) zu seiner dritten Theaterrevolution. Er beschloss nach der Kündigung, kein anderes Amphitheater mit den bisher bevorzugten Maßen zu suchen. Er kaufte am 4. Februar 1596 eine Halle des aufgelösten Klosters Blackfriars und begann unverzüglich, sie zum Theater umzubauen: nicht als Notersatz eines offenen „public playhouse", sondern als dessen entschlossen „privates" Gegenmodell.[28] Der rechteckige, überdachte Raum war viel kleiner als sein »Theatre«. Eine ähnliche Hallenbühne der Chorknaben von

St. Paul für Lylys hochliterarische Komödien legte dem neuen »Blackfriars« subtilere Themen und Darstellungsweisen nahe – auch ein verändertes Publikum. Der Spielort lag unweit vom Gerichtsviertel Inns of Court, der Berufs- und Wohnstätte reicher, ausgehfreudiger junger Männer aus Oxfords und Cambridges Gehirnschmieden. Im November 1596 war der Saal, nach der kostspieligen Beseitigung der Zwischenwände, nach dem Ausbau von Bühne und Zuschauerraum, so gut wie fertig, ausgerüstet für einen baldigen Spielbeginn.

»Blackfriars« sollte das erste Hallentheater in London sein, das nicht von Kindertruppen, sondern von einem Ensemble professioneller Schauspieler bespielt wurde. Eine neue Katastrophe brach ein; sie zerstörte James Burbages Ideen und Investitionen. Die Bewohner des feinen Wohnviertels Blackfriars, darunter hofnah einflussreiche, appellierten an das Privy Council der Königin: Das Theaterspiel in ihrem Bezirk müsse verboten werden. Es bedrohe nicht nur die umwohnenden „noblemen and gentlemen“ mit „sehr großer Belästigung und Unruhe“, sondern gefährde jeglichen Bewohner mit einer „Ansammlung von obdachlosen und unzüchtigen Personen, die unter dem Vorwand des Theaterbesuchs allen möglichen Unfug treiben.“[29] Der Petition wurde stattgegeben, die Bespielung der fertigen Halle untersagt. Burbage starb mit erschöpften Hoffnungen und Mitteln im Februar 1597, zwei Monate ehe der Mietvertrag für »The Theatre« auslief.

Die äußerste Notlage der »Chamberlain's Men« hatte bekanntlich ein ruhmreiches Ergebnis: die Gründung des »Globe Theatre«. Statt auf die Umstände seiner Errichtung einzugehen, schulden wir hier James Burbage Frage und Antwort: Was wollte er mit seiner dritten Theaterrevolution bewirken? Weshalb entschließt sich ein erfolgreiches Theater, seine Bühne, Zuschauerräume, Besucher plötzlich und gleichzeitig zu ändern?

# III. DOPPELTE BÜHNE, DOPPELTES PUBLIKUM

… you are known
The first and happiest hearers of the town,
Be sad, as we would make ye.
»Henry VIII«, Prolog an das Publikum
des »Globe Theatre«

## BÜHNE, PLÄTZE, PREISE – THEATER DER NÄHE

Wir erkunden im folgenden keine fest vorhandenen, geschichtlich oder philologisch nachweisbaren Tatsachen. Wir fragen im Konditional: nach der nie verwirklichten Vision, die James Burbage antrieb, für sein und Shakespeares Ensemble das Amphitheater mit einer Hallenbühne zu vertauschen. Manche Historiker sehen im »Blackfriars«-Projekt nur ein Winterasyl für »Chamberlain's Men«. Doch dafür, dass Burbage nach der Kündigung ein anderes sommerliches Amphitheater suchte, gibt es weder Dokumente noch Anspielungen. Und selbst wenn er »Blackfriars« eher als Ausweichquartier geplant haben sollte: Neuartigkeit, Radikalität von dessen Formidee hätten ihm paradigmatischen Vorrang gesichert. Nicht »Blackfriars« hätte fortan als notbefohlener Ersatz für das Amphitheater gegolten – sondern das Spiel im Amphitheater wäre zur halbherzigen Anpassung eines kühn experimentalen Entwurfs an die Theaterkasse und den abgenutzten Massengeschmack verblasst. So bleibt die Frage: Welchen Wechsel wollte James Burbage durch die neue Hallenbühne im Geschäftlichen, Organisatorischen erreichen? Einen Wechsel auch im Künstlerischen?

Der erste Wechsel betraf, zuverlässig kalkulierbar, die soziale Prägung des erwünschten Publikums. Burbages »Blackfriars« sah höchstens 600 Zuschauer vor, gegen 2000 seines »Theatre«. Die Saaltheater der Kindertruppen erhoben für ihre billigsten Plätze sechsmal so viel Eintrittsgeld wie die Amphitheater. Dort kostete der *Stehplatz* im „yard" 1 penny, der *Sitzplatz* auf der Galerie 2 pence, der *teuerste Logenplatz* im „Lords' Room" 6 pence. Genausoviel, 6 pence, kostete der *billigste Sitzplatz* im Saaltheater; und es gab nur Sitzplätze. Der höchste Eintrittspreis, für einen Stuhl auf der Bühne oder in einer Proszeniumsloge, betrug 30 pence – ein mächtiger Betrag im städtischen Alltag. Das hieß: Ab April 1597 sollten die »Chamberlain's Men« für ein feineres, exklusives Publikum spielen, mit John Marstons Worten: für „select and most respected auditors".[1] Dieser Wechsel mag äußerlich wirken; doch er schon greift entschieden in die Ästhetik des Spieles ein.

Die teuersten Plätze in Burbages Saaltheater würden nämlich die, die im Amphitheater am billigsten waren: am dichtesten bei den Spielern. Der Bestzahlende (und damit, angenommen, der Sachverständigste) saß nun nicht mehr in der Distanz der Galerie, sondern in den vordersten Bankreihen des Parterre. Bezahlt werden sollte nicht der größte Überblick, sondern die nächste Nähe. Im heiklen Reich des Konditionals helfen dem Deuter keine Urkunden aus Archiven. Ihm hilft einzig das Theater selbst: die Erfahrung, wie unauflöslich sich in ihm Spielort mit Kunstsubstanz, Szenenbau mit Dramenwirkung, Gestalt mit Sinn verflechten. Gangart und Deklamation des großen Edward Alleyn (ein letztes Mal genannt) waren für das Freilicht-Spiel des Amphitheaters bemessen. Im »Blackfriars« aber sollten dem Bühnengeschehen die Reste des Jahrmarkts ausgetrieben werden. Soviel hätte der Umzug wie nebenbei bewirkt. In Wahrheit aber: Der Wechsel zielte auf alles.

Verändern sollte sich die gesamte „Welt" des Spiels: Raum, Licht, Ton. Zum *Raum*: Die Seitenwände der Bühne bewirkten, dass der Appell des Schauspielers nicht in *einer* Richtung, vom Bretterpodest zur Zuschauermenge hin, strebte – sondern die Spielenergie sich zugleich nach innen wandte, in eine geschlossene Gegenseitigkeit der Spieler. Zum *Licht*: Die Beleuchtung war künstlich, nicht naturgeliefert. In der gezielten Kerzendisposition der Halle gab sich das Spiel gleichsam sein eigenes Licht. Zum *Ton*: Er ist, laut Thomas Overburys hinreißender Formel, „not louder than the foil and target."[2] Die Stimme im neuen Raum spricht zum Gegenspieler („foil") und Adressaten

(„target"). Geboren ist der *Partner*. Mit der „Welt" hat sich auch die Person der Handlung verändert. Sie schöpft ihre Worte, Taten aus Inwendigem. Man lese Shakespeares Frühwerk in zeitlicher Folge und erschrecke: bis zu Richard III., bis zu Richard Burbage hat keine einzige Figur eine glaubhaft atmende Innenseite. Romeo, Richard II. sind Explorationen der Innenseite. Für sie und den kommenden Hamlet wurde »Blackfriars« gebaut.

Das Neuwort „personation" wurde für Richard Burbages Spielart erfunden: für seine täuschend nachgeahmten, in sich erlebten Charaktere. Alle Schilderungen preisen seine merkwürdige Fähigkeit, einen ununterbrochenen Fluss von Empathie zwischen der Bühnenfigur und dem Zuschauer zu erzeugen. Doch Burbage appelliert dabei nicht an das Sentiment, sondern an das Realitätserlebnis seines Publikums. Die Damen in den Logen weinen – nicht weil Burbage melodramatisch, sondern weil er wahrhaft, lebensgerecht darstellt. „Ladies in the boxes / Kept time with sighs and tears to his sad accents, / As had he truly been the man he seemed."[3] Die Empathie wirkt durch jenen „Realschein" von Shakespeares Figuren, der nun auch die Art ihrer Verkörperung ergreift. Der Literat Flecknoe (geboren um 1600) erinnert sich noch 1664 an Burbages Spiel, als habe er mit achtzehn Stanislawski den Astrow oder Trigorin spielen sehen: „Er war ein herrlicher Proteus, der sich so vollständig in seine Figur verwandelte, sich mit seinen Kleidern derart abstreifte, dass er sich selbst nie (nicht einmal in seiner Garderobe) wieder einnahm, bis die Aufführung vorbei war."[4]

Das »Blackfriars« des James Burbage war ein Theater der Nähe: erdacht für einen besonderen Spieler und seinen Autor. Julias und Romeos Bettgespräch, Richards II. lyrisch-metaphysisches Todesgrübeln, Antonios schwermütiger Opferdrang scheinen nicht geschrieben, um aus 15 Metern sicherer Logen-Entfernung gehört und ausgewertet zu werden. Die Saalbühne der Beobachtbarkeit von Sprache und Seele wurde nicht von Sozial-

oder Finanzehrgeiz postuliert, sondern von William Shakespeares und Richard Burbages Kunstwillen um 1594-98. Lesen wir nochmals jene beiden Nachrufe auf Londons „mortal God on earth“[5]: „Wie passte doch seine Sprache zu ihm, wie vereinte sich seine Haltung mit seiner Sprache, und wie erfüllte jede Aktion beide mit der gleichen Anmut – während kein Wort fiel ohne den richtigen Nachdruck, der Gleichgewicht schuf“. Und: „The best Tragedian ever played“ spielte, „als sei er wahrlich der Mann, der er schien“.[6]

Es dämmert einem: Richard Burbage muss die beiden Imperative des erneuerten Schauspielerberufs in einem singulären Maße erkannt und befolgt haben – Neugier auf das Wirkliche und Liebe zu noch unerkannten Menschen. Die Serie von Rollen, die Shakespeare für ihn schrieb, war nicht durch Virtuosität, sondern nur durch solche Neugier und Liebe zu bewältigen. Von Londons Publikum aber verlangten die Balance, Genauigkeit, Wahrheitstreue des „besten Tragikers“ ein minutiöses Registrieren durch das Auge und Gefühl von lauter exakten, gleichsam fachgeschulten Betrachtern. Kein Wunder darum, dass der Sohn Burbage hartnäckig an der Hallentheater-Idee des Vaters Burbage festhielt. Zehn Jahre nach dessen Sterben, sobald das 1608 möglich wurde, zog er, ohne das »Globe« aufzugeben, mit seinem Dichter und seiner Truppe (nunmehr »The King's Men«) in das lange zwanggeleerte »Blackfriars« ein. Zu Beginn dieser Zehnjahreslücke, nicht lange vor James Burbages Tod am 2. Februar 1597, muss die Uraufführung des »Kaufmann von Venedig« stattgefunden haben.

## DAS DATUM, NOCHMALS

Die Premierendaten von Shakespeares Stücken, nicht nur die Tage und Monate, oft auch die Jahre, sind unbekannt. Eine Ausnahme gibt es: Wir kennen den Uraufführungstag des »Sommernachtstraum« durch einen Glücksfall, der in das Stück selbst eingeschrieben ist. Es ist der 15. Februar 1596.[7]

Das Spiel über drei Hochzeiten wurde für die Festlichkeiten einer hocharistokratischen Hochzeit bestellt und ausgeführt. Nach allen Anzeichen war es die Vermählung am 19. Februar 1596 von Thomas Berkeley mit Elizabeth Carey, der Enkelin des Lord Chamberlain Henry Carey, der seit 1594 Protektor von Burbages/Shakespeares Truppe war. In den Daten steckt allerdings ein Widerspruch; er hat die Forschung immer schon beschäftigt. Theseus und Hippolyta geben in den ersten Zeilen des Stückes bekannt (I, 1, 2 und I, 1, 7-8), dass ihre Vermählung nach vier Tagen und Nächten, also in der *fünften* Nacht vollzogen wird. Doch die Handlung von »Sommernachtstraum« braucht nur *drei* Tage, Nächte (1. Liebesverbot, 2. Fluchttag und -nacht, 3. Hochzeitstag und -nacht) bis zur Vermählung. Dabei wurde die Fabel sogar durch einen „überflüssigen" Tag gestreckt: Lysander und Hermia verabreden ihre Flucht, grundlos, erst für „tomorrow night" (I, 1, 164).

Das Dilemma löst sich auf, bedenkt man, dass Shakespeares Hochzeitsstück am ersten Tag von fünftägigen Festlichkeiten zur Aufführung kam. Theseus/Hippolyta begrüßten in den ersten neunzehn Zeilen die herbeigereisten Gäste stellvertretend für das einladende Brautpaar und vertrösteten sie auf den Vollzug am fünften Tag. Um den Widerspruch zwischen den „realen" fünf und den fabelnötigen zwei Tagen zu dämpfen, fügte Shakespeare den Aufschub der Flucht um einen Tag, bis „tomorrow night" ein. Nach den ersten zwanzig Zeilen des Stückes ist von den fünf realen Festtagen nirgends mehr die Rede. Der innere Zeitablauf des »Sommernachtstraum« ist nun nicht weniger eng und streng geknüpft als der seiner Nachbarstücke »Romeo und Julia« und »Der Kaufmann von Venedig«.

Hilft uns das nun feste Uraufführungsdatum des »Sommernachtstraum«, die Entstehungsdaten der ihm folgenden Stücke zu errechnen – vor allem das Datum des »Kaufmann von Venedig«?

## DAS ERÖFFNUNGSSTÜCK UND DER NOTBEHELF

Das Bild vom genialisch-volksnahen Schnellschreiber Shakespeare ist falsch. Er schrieb acht Stücke in den sechs Jahren 1593-98 – und (zur Gegenprobe) fünfzehn Stücke in den elf Jahren 1601-11. In beiden großen Perioden seiner Kreativität (von »Richard III.« bis »Heinrich IV., Erster Teil« und von »Hamlet« bis zum »Sturm«) schuf er also im Durchschnitt nur *eineindrittel* neue Stücke pro Jahr. Neun Monate brauchte jede Geburt. – Allein, dieser Rhythmus wurde einmal empfindlich gestört. Gerade das Stück, das zwischen »Sommernachtstraum« und »Kaufmann von Venedig« entstand, war in schockierendem Maße kein Neunmonatsstück. »König Johann« ist wohl das schlechteste Theaterprodukt Shakespeares: ohne welthaltige, geschichtsmächtige Thematik, dafür weitgehend von einem anderen (nicht einmal schlechten, bloß tüchtig-durchschnittlichen) fremden Historienstück als Kopie, stellenweise sogar als Parodie abgeschrieben.[8]

Die rhetorischen Schimpf- und Schlachtzeremonien exhibieren diesmal ihr ärgerlich Substanzloses, aufgebläht Plattes wie eine höhnische Selbstverulkung der Historienstücke der ersten Tetralogie – und der Historie, der sinnlos-blutigen Feudalgeschichte selbst. Deren mörderische Fiktionalität in »King John« wird einzig von der schamlos breitbeinigen Vernunft des Bastards Faulconbridge widerlegt, einer umgestülpten „Vice“-Figur aus den populären Mysterienspielen, die die herrschende Unvernunft bloßstellt und verlacht. Shakespeare fügt seiner Vorlage, dem »Troublesome Reign of King John«, die er wie ein hochmütig professioneller Hollywood-„script-doctor“ nach seinem eigenen Geschmack und Wirkungswillen verbessert oder verschlechtert, insgesamt drei Neuelemente hinzu. Das erste ist Faulconbridge. Zusätzlich hat er zwei Episoden rührseliger Melodramatik seiner Pastiche von machtostentativen Verbalergüssen aufgesetzt: die Blendung des Kindes Arthur, den Wahnsinn der Mutter Constance.

Der Bearbeiter prahlt hier mit seiner Virtuosität der Gefühlserpressung: „Das kann ich endlos besser als mein bemühter Vorgänger!“ Nur die Faulconbridge-Änderung kommt beglükkend von Shakespeares theatralischem Augenblick. Er hat den Bastard aufs geistvollste, menschlichste für Richard Burbage bereichert; dann erlahmte auch dieser Impuls, während seine Vorlage zu hohler Nationalpropaganda fortschritt.[9] Kein geübter Dramatiker hätte, mit dem aufgeschlagenen Buch des »Troublesome Reign« auf seinem Schreibtisch (gedruckt 1591), für diesen „Rewriter“-Job mehr als drei Wochen gebraucht, geschweige denn Shakespeares übliche neun Monate. Rechnen wir: Wäre »King John« kein geschludertes, sondern ein seriöses neues Stück gewesen, er wäre dem »Sommernachtstraum« vom *15. Februar 1596* im gewohntem Rhythmus um den *15. Oktober 1596* gefolgt. »Der Kaufmann von Venedig« wäre nach gleichem Zeitbedarf erst um den *15. Juli 1597* zur Uraufführung gelangt. Dem steht, als Hypothese, ein anderes, bedeutungsvolles Datum als Möglichkeit, ja Wahrscheinlichkeit entgegen.

„Wahrscheinlichkeit“ heißt die Konstellation mehrerer zufällig erscheinender Umstände, die gemeinsam einen unerwarteten Sinn ergeben. Die äußeren Umstände heißen diesmal: 1) Die Kündigung von James Burbages »Theatre« zum 27. April 1597.

2) Sein Kauf des »Blackfriars« am 4. Februar 1596. 3) Der Umbau zum Hallentheater so, dass es zwischen dem November 1596 (Fertigstellung von »Blackfriars«) und Ende April 1597 (Kündigungstermin des »Theatre«) jederzeit hätte eröffnet und bespielt werden können. 4) Die provisorische, ja schlampige Machart des »König Johann«. 5) Die einstimmige Datierung des »König Johann« durch die Forschung (aufgrund von Versifikation, Vokabular, Metaphorik) auf 1595-97. 6) Die einleuchtende Annahme heißt seit dem großen Herausgeber Malone (1778) bis zu Wells' und Taylors Oxford- und Norton-Ausgabe (1987): »König Johann« entstand 1596, zwischen »Sommernachtstraum« und »Kaufmann von Venedig«.[10]

So weit die äußeren Umstände; nun die Verbindungsstücke: 1) In James Burbages Absicht, in einem neuartig intimen Theaterraum zu spielen, wurde Shakespeare gewiss frühzeitig eingeweiht – spätestens zehn Tage vor der »Sommernachtstraum«-Premiere, beim Ankauf von »Blackfriars«. 2) Der Hausautor muss entschlossen gewesen sein, im Hallentheater seinen „dolce stil novo" mit und für Richard Burbage zu entfalten. 3) Wahrscheinlich hatten Unternehmer und Autor die gemeinsame Absicht, das neue Theater mit einem komplexen neuen Stück für ihr komplexes neues Publikum zu eröffnen. 4) »King John« durfte schon für den Spielplan von Mai/Juni 1596 benötigt und benützt worden sein, um die sorgfältige Arbeit am »Kaufmann von Venedig« abzudecken. 5) Die Herstellungsfolge nach »Sommernachtstraum« Mitte *Februar 1596*, die Schnellanfertigung des »König Johann« wohl zum *März/April 1596*: sie sprechen für die geplante Premiere des »Kaufmann von Venedig« *Ende November/Anfang Dezember 1596*. Er war als Eröffnungsstück für »Blackfriars« konzipiert und niedergeschrieben.

Als frühestes Datum des »Kaufmann von Venedig« erkannten wir (dank „my wealthy Andrew") Essex' Cadíz-Expedition im Juni 1596, als spätestes den 22. Juli 1598. Die Präsentierung der Erfindung „Hallentheater“ wäre zum Beginn der Wintersaison 1596 besonders wirkungsvoll gewesen. Dieser Beginn wurde verboten. Hat nun Shakespeare sein fast fertiges Stück dem (bis April 1597 noch bespielten) Großraum des »Theatre« angepasst? Wurde »Der Kaufmann von Venedig« schon damit zu „Zwei Stücken in einem“: ein Werk von hochkomplexem Entwurf und massenwirksamer Ausführung? Fabel und Charakterisierung sollten sich, gemäß den beiden Protagonisten, in einem Reich der ethischen und psychologischen Intimität und Mehrdeutigkeit bewegen – und doch auch den Londoner Pöbel an Gemütsbedürfnissen und Lachverlangen packen. Versuchen wir, diese Vermutung-als-Wahrscheinlichkeit mit einigem theaterpraktischem Detail zu ergänzen.

Richard Burbage, 1597 schon der unbestrittene Protagonist der »Chamberlain«-Truppe, würde weder den Bassanio noch den Shylock, sondern den Antonio spielen. Nur auf ihn konnte Shakespeare sein (vergebliches) Vertrauen setzen, dass ein begnadeter Spieler das Verschwiegene zum Sprechen bringt und die Titelfigur als Hauptfigur behauptet. In einem Burbage-Epitaph taucht allerdings unter seinen Rollen auf: „The red-haired Jew, / Which sought the bankrupt merchant's pound of flesh, / By woman-lawyer caught in his own mesh.“[11] Diese Zeilen sind eine Fälschung, ein Einschub aus dem frühen 19. Jahrhundert. Dem Nachruhm Burbages stieß das gleiche zu wie dem gesamten Stück seit Shakespeares Tagen: Der Bekennende Jude verdrängte den Heimlichen Homosexuellen aus der Mitte des Stükkes und aus dem Interesse des Publikums. In »King John« wuchs die nominelle Nebenrolle des Bastards dank Burbage zur Hauptrolle – in »Kaufmann von Venedig« schrumpfte die nominelle Hauptrolle des Antonio trotz Burbage zur Nebenrolle.

Denkbar ist, dass Shakespeare zwischen dem Novemberverbot 1596 und einer auf Anfang 1597 verschobenen Premiere sein neues Stück nochmals zwingender, härter auf den Rezeptionsriss hin zwischen den „select and most respected auditors“ des Saaltheaters und dem roheren Volksgeschmack des Amphitheaters durcharbeitete. Verstärkte er die beliebte romantische Komödie, glättete er das irritierende Problemstück? Wir wissen es nicht. – Jedenfalls: *Ein* Mann aus jenen zwei „einander grundfremden Stämmen“ von Publikum, die an der Spaltung und Doppelung der Werte und Wirkungen teilnahmen, hat sich der Nachwelt parteiisch aufgedrängt. In musterhafter Klarheit verkörpert dieser Mann den Zuschauer/Leser der romantischen Komödie. Das Problemstück ignoriert er mit äußerster Entschiedenheit. Es lohnt sich, ihn kennenzulernen.

## DER LESER DER „ROMANTIC COMEDY“

Ein verhexter oder begnadeter Zufall hat uns einen Zeitgenossen, ja Mit-Zuschauer, Mit-Leser Shakespeares authentisch vererbt. Das kam so: Von den schätzungsweise 1000 Bänden der Ur-Auflage der First Folio sind etwa 230 bis heute erhalten. Die Folger Library zu Washington besitzt mit 79 Bänden die größte Sammlung.[12] An zweiter Stelle kommt die Bibliothek der Meisei-Universität in Tokio mit 12 Erstdrucken von 1623. Unter ihnen steht ein einzigartiges Exemplar. Der Erstbesitzer des riesigen schweren Bandes hat bei seiner Lektüre Zeile nach Zeile mit Feder und Tinte einzeln abgehakt. Besonders beherzigenswerte Zeilen hat er mit kräftigen Linien unter- oder überstrichen. Wichtiger aber: Er hat die mehr als neunhundert Seiten, in der Regel auf dem breiten Oberrand, mit ganzen oder verkürzten Meinungen kommentiert. Dieser Übergewissenhafte war ein recht früher Leser. Der Handschrift nach (von Fachleuten »English Secretary 1620-40« genannt) entstanden seine Notate schon während der ersten zwei Jahrzehnte nach dem Erscheinen der First Folio.[13]

Shakespeare starb 1616; sein Œuvre datiert sich auf 1590-1610. Nehmen wir an, der Erstbesitzer der »Meisei Copy« leistete seine Lese- und Schreibarbeit um 1630 im Alter von vierzig bis fünfzig Jahren. Demnach halten seine Notate die Reaktionen eines Noch-Zeitgenossen auf Shakespeares gesamtes dramatisches Œuvre fest. – Wie repräsentativ war dieser Zeitgenosse des späten Shakespeare für Shakespeares Publikum? Er war gewiss kein „entlaufener Diener, Beutelschneider, Pferdedieb, Zuhälter".[14] Die Folio kostete beim Buchhändler 1 Pfund, reichlich das Zweihundertfache in heutigem Geld.[15] Der Meisei-Besitzer war wohl ein belesener, begüterter, der Muße und Bildung zugeneigter Herr. Umso mehr verblüfft es, wie gläubig er sich an die dünnste Oberfläche der Konflikte und Situationen hielt. Genauer: Er zeigte sich unwillig oder rührend unfähig, sich auch nur eine Sekunde lang hineinzuversetzen in Shakespeares leibhaft beseelte Personen – in Menschen, die jenen Situationen und Konflikten Körper und Willen gaben. Die Shakespeare-Figuren des Meisei-Lesers leben ihr eigenes Drama nicht.

Wir müssen eine für unser Argument unbequeme Frage stellen. Gehörte der *Leser* überhaupt zu Shakespeares *Publikum*? Hat er je ein Stück Shakespeares auf der Bühne gesehen? Die Notate enthalten Schottismen in Wortgebrauch und -schreibung. Ein William Johnstoune, wohl der Zweitbesitzer, markierte das Buch als „seines". Der Name weist nach Dumfriesshire in Schottland, nahe der englischen Grenze.[16] 1593 rottete der Clan der Johnstones dort 700 Männer des Clans Maxwell aus; erst 1623, im Jahr der Folio, zwang König Jakob die „borderer" zu Ruhe und Versöhnung. Lebte der Erstbesitzer und Kommentator als Landedelmann in Jakobs Neuem Frieden, mit viel Zeit zuhause und einem wachen Buchhändler in London? Wer, wenn nicht ein eingefleischter *Leser*, liest 36 Dramen nacheinander von Anfang bis Ende, wer arbeitet jede Zeile darin mit Freude an gewonnener Erbauung ab? Wer, wenn nicht ein *Nicht-*

*Zuschauer*, sucht in Dramen Lebensregeln statt Menschen? Seltsam ist: Für den Gehalt der Meisei-Notate machen diese Fragen fast keinen Unterschied. Die Enthusiasten der „romantic comedy" (ob dieser Unbekannte Leser von 1630, der Theaternarr Lloyd 1856 oder der Mystikerguru Lewis 1942) sehen und sagen das gleiche: Alle sind gut in dem Stück, nur einer ist böse. Wer das leugnet, beleidigt den Dichter.

Geglaubt aufs Wort hat der Meisei-Leser nicht nur all das selbstgefällig Edle, das die Figuren von sich sagen, sondern auch, was Shakespeare mit ihnen angeblich sagen wollte. Ihre streitgeladenen Dialoge plättet er zu brav eindeutigen Rezepten. Man höre, wie er Shylocks verwundetes Aufbäumen gegen das Un-Menschliche, Wider-Menschliche von Rassenhass zur leeren Belehrung schrumpfen lässt. Shylock: „Hat nicht ein Jude Augen? Hat nicht ein Jude Hände, Gliedmaßen, Werkzeuge, Sinne, Neigungen, Leidenschaften? mit derselben Speise genährt, mit denselben Waffen verletzt, denselben Krankheiten unterworfen, mit denselben Mitteln geheilt, gewärmt und gekältet von eben dem Winter und Sommer, als ein Christ? Wenn ihr uns stecht, bluten wir nicht? Wenn ihr uns kitzelt, lachen wir nicht? Wenn ihr uns vergiftet, sterben wir nicht?" Dazu der Leser: „One man in most things like another in desires passions and suffrances".[17] Der Dramenmensch klagt gegen mörderische Ungleichheit – der Leser speist ihn mit einem Gemeinplatz über die platteste Art Gleichheit ab.

Der Leser nutzt seine Muße, die er dem Zuschauer im Theater voraushat, niemals zur Eindringung, Entdeckung. Im Gegenteil: Er wehrt jede Suggestion ab, mit der die Dramenfigur ihre Zeugen in ihren Reichtum, in ihre Vielfalt, ihren Widerspruch hineinzieht. Sie redet und kämpft – er sperrt sie in dürre Sentenzen. Weshalb haben Shakespeares Figuren so wenig Begabung zur Sentenz? Die Sentenz steht am Ende des Nachdenkens. Shakespeares Figuren kommen nie ans Ende ihrer Bewegung im Denken, Fühlen, Wollen. Schiller machte jede dritte Zeile des »Wilhelm Tell« maximenhaft zitierbar. Shakespeare malt und verhöhnt Polonius mit seinen Maximen als den greisen Pedanten, der nichts vom Leben weiß und vorgibt, alles von ihm zu wissen. Noch ein Beispiel auf Shylocks Kosten, da er seinen Ekel vor Antonio in einer fast obszönen Tirade ausspeit: „Es gibt der Leute, die kein schmatzend Ferkel / Ausstehen können; manche werden toll, / Wenn sie 'ne Katze sehn; noch andre können, / Wenn die Sackpfeife durch die Nase singt, / Vor Anreiz nicht die Pisse bei sich halten … / So weiß ich keinen Grund, will keinen sagen / Als eingewohnten Haß und Widerwillen, / Den mir Antonio einflößt" (IV, 1, 47-61). Der Leser, ungerührt: „Strange antipathies which particular men have with things not hatefull to most part of other men".[18]

Antonio hat an Kraft und Leben weniger als Shylock zu verlieren. Pauschalisiert, sentenzgeplättet wird auch er. Uber Bassanios Leih-Aktion und Antonios Blanko-Angebot in I, 1 (jedenfalls merkwürdige Haltungen und Taten) sagen die Randnotizen in schlichten Tautologien: „partie engadged most to get his first debt" und: „brotherlie offer to a distressed friend". Tautologie ist, im Drama statt in der Logik: Weigerung des Hirns gegen Mitdenken, Weiterdenken. Folglich steht zur schrecklichen Überraschung von III, 2 (zu Bassanios monatelanger Vergesslichkeit, zu Antonios Abschiedsbrief vor seinem Sterbetag) nur zu lesen: „a letter stryking the reader with extreame confusion for his friends danger"[19], dazu die Moral für Schulkinder: „courteous and kind friend" gegen „mercilesse Iew". Von Antonios Todeswunsch vor Gericht, von seinem Horror, arm und einsam zu sterben, bleibt die Phrase erhalten: „death is most welcome in extreame miserie". Kein Wunder, dass Portias Rechtsverdrehung, Shylocks Vernichtung simple Zustimmung beim Unbekannten Leser finden: „precise and wise and Iuste sentence" und: „Crueltie Iustlie retorted"[20].

Dummgläubig für Antonio, Bassanio, Portia, mitleidlos gegen Shylock – so sorgte ein Teil von Shakespeares Zeitgenossen für den Vollzug der „romantic comedy". Für den anderen Teil, der das „problem play" entdeckte, schätzte, verstand, haben wir keinen schriftlichen Bürgen. Gab es diesen Teil überhaupt: einzelne oder Gruppen nicht bloß mit eigenen Ideen zum Juden oder zum Sodomiten, sondern mit einem anderen, mutig genaueren Blick auf die Welt? Wo ist er zu suchen?

## DIE GEMEINDE DES „PROBLEM PLAY"

An einer einzigen Stelle der Erdkugel wird die Religion der Juden um 1600 wahrhaft toleriert: im Nirgendland. Francis Bacons Utopie »Neues Atlantis« (1627) ist am Kreuzweg von *Weisheit* und *Wissen* erbaut: dort, wo das Zusammenleben von Menschen unter vernünftigen Gesetzen sich trifft mit der Erkennntnis der Natur durch vernunftbegabte Menschen. Das gemeinsame „Auge" von Staat und Wissenschaft, Regierung und Forschung im Inselstaat Bensalem/Atlantis heißt „Salomans Haus", „die edelste Stiftung, die es je auf Erden gegeben hat".[21] Bacon zahlt dem Christentum seinen Tribut; Bensalems Bewohner sind Christen, glauben an die Jungfrauengeburt und Jesu göttliches Wesen – außer einem alteingesessenen Stamm von Juden unter ihnen, deren Messias-„Träume" keinen Nichtjuden daran hindern, sie anzunehmen und zu schätzen. Bacons Ich-Erzähler lernt im Idealstaat den jüdischen Kaufmann Joabin kennen. Er ist sein einziger Gesprächspartner mit individuellen Zügen, „ein weiser und gelehrter Mann, von vorzüglichem Umgang und hervorragend bewandert in den Gesetzen und Sitten seines Landes".[22] Solche Juden konnte es für Englands Elite geben, in der Bacon zuhause war, dachte und schrieb.

Der große König und Gesetzgeber Bensalems vor 1900 Jahren

hieß Salomana. Bemerkenswerter als der Gebrauch von Hebräisch unter den Landessprachen, als der judäoforme Mythos, in den Bensalems zivile Lebens- und Verhaltenregeln gekleidet werden, muss uns erscheinen: Bacons ernste, aufrichtig scharfe Diagnose der Bedingungen gegenseitiger Duldung. Sie kommen den Assimilationsvorschlägen des aufgeklärten 18. Jahrhunderts nahe. „Unter ihnen leben einige Stammlinien von Juden, denen sie ihre eigene Religion belassen. Das können sie umso besser, als diese sehr verschieden von den Juden anderer Länder gesinnt sind. Während nämlich jene den Namen Christi hassen und einen geheimen inneren Groll gegen die Völker hegen, in deren Mitte sie leben, gestehen diese im Gegenteil unserem Heiland viele hohe Eigenschaften zu und lieben leidenschaftlich ihre Heimat Bensalem.“[23] Was „andere Länder“ den Juden antun, mögen Autor und Leser dazudenken. Bacon ist auch hier Empirist, geht von der schwankenden Erfahrungswelt aus. Der Weg zur Aussöhnung muss von beiden Enden begangen werden, sagt seine verstandeshelle Stimme.

Francis Bacons Exzeptionalisierung der Juden von Bensalem ist freilich doppelwertig: Der angebliche Hass der Juden auf ihre Wirtsvölker ist das älteste Argument des Hasses auf Juden seitens ihrer Wirtsvölker. Es wirkt, wie jüngst dokumentarisch nachgewiesen, schon in der hellenistischen Judenverfolgung im 1. Jahrhundert n. Chr.[24] Der deutsch-jüdische Theatermann Hermann Sinsheimer reagierte in seinem »Shylock«-Buch von 1935 gereizt auf Bacons Kompliment an Joabin und seinesgleichen. Er spürte in ihm, selber verfolgt, mit Schreibverbot geschlagen, den ungerechten Vorwurf. Er erlebte in jenen Jahren des Grauens, dass Anpassung, ja Verehrung für ihr Wirtvolk die deutschen Juden nicht vor Plünderung und Ermordung schützten. Dennoch hatte Bacons Sicht auf die Fremden erstaunliche Freiheit und Vernunft. Ohne das feste, nicht grundlose Volksurteil, Vorurteil zu bedenken, gab es keinen Weg zur Versöhnung. Jahrhundertelang davor und danach musste selbst der einfühlsame Blick auf die Juden ein doppelter, in sich gespaltener sein.

Konnte sich aus einzelnen wie Francis Bacon eine Gruppe, ein Kern für ein Geistes- und Theaterpublikum bilden? Prüfen wir die bekannteste Gruppe an Elisabeths Hof, zu der Bacon sich selber zählte: die um den Grafen Essex. Francis und sein Bruder Anthony gehörten ab 1592/93 zu Robert Devereux' enger Gefolgschaft. Besonders befreundet waren sie dort mit dem prominentesten Emigranten jener Jahre aus Spanien, mit Philipps II. ehemaligem Staatssekretär Antonio Pérez. In Madrid wie in London herrschte die Ansicht, dass Antonios Vater Gonzalo, auch er schon Philipps mächtiger Diener, von konvertierten Juden abstammte. Der rassische Judenhass, in dem der Londoner Mob sich damals schlimmer als nur über Shylocks rotes Haar und Hakennase austobte, hatte im Kreis um Essex keinen Platz.[25] Ein anderer Hass fehlte noch zwingender: der auf die Sodomiten. Antonio Pérez, Anthony und Francis Bacon waren Sodomiten. Der erste wurde von der Inquisition wegen Päderastie schuldig gesprochen[26], der zweite entkam dem Schuldspruch nur mit Mühe und hohen Beschützern. Über Francis' Neigungen haben wir einiges gehört.

Auch ein weiteres Mitglied des Essex-Kreises ist uns begegnet: Henry Wriothelsey, der dritte Graf von Southampton. Er setzte ab der frühen Jugend alles Glück und Unglück seiner Laufbahn auf Essex' Gunst bei der Königin, auf seine Gunst bei Essex. Seit 1592, bevor Shakespeare ihm 1593 »Venus and Adonis«, 1594 »The Rape of Lucrece« widmete, gehörte er schon zu den Aufstrebenden um den Grafen: ein Neunzehnjähriger von „hervorstechender Gelehrsamkeit". In den »Kaufmann«-Entstehungsjahren 1596 und 1597 nahm er an zwei Feldzügen Essex' teil, „a scholar and a soldier", wie es von Bassanio heißt. 1598 mit 25, sozusagen in Bassanios Alter, heiratete er.[27] Ab 1599 begleitete der Twen mit der weißen Haut und den rotblonden Haaren, den wir von Miniaturen und aus den Sonetten kennen, Essex auf dessen Feldzug in Irland. Dort „umarmte und liebkoste" er einen Hauptmann Piers Edmunds, „spielte laszive Spiele mit ihm". So der Bericht eines Spions an Robert Cecil, Essex' Erzfeind und Besieger.[28]

Im Oktober 1599 hieß es, Southampton gehe, zurück aus Irland, mit dem noch jüngeren Grafen Rutland, ebenfalls aus Essex' Freundeskreis, jeden Tag ins Theater.[29] Das »Globe« war im Juni eröffnet worden. Doch nicht zum »Kaufmann von Venedig«, sondern zu einem anderen Stück Shakespeares führen vom Essex-Kreis bald schon starke, aktenfeste Fäden.

## EINE THEATERNÄRRISCHE VERSCHWÖRUNG

Ein Gefolgsmann Essex' überredete Shakespeares Truppe, wohl mit Southamptons Vermittlung, das Königsmord-Stück »Richard II« am 7. Februar 1601, am Vortag des geplanten Staatsstreichs, aufzuführen. Der Einwand der Schauspieler, sie hätten das Stück zu lange nicht mehr gespielt, wurde mit 40 Shilling Extralohn besänftigt. Ein Kernbestand der Möchtegern-Rebellen fuhr trotz Frost zur Südseite der Themse hinüber, um sich im »Globe« Mut für den Schicksalstag einzuflößen. Am nächsten Morgen sah man Essex nur in der hübschesten Dreiergruppe mit Southampton und Rutland, seinen »Globe«-besessenen jungen Freunden. Ihre Auftritte und Abgänge waren, wie die Verschwörung insgesamt, von katastrophaler Theatralik. Essex deklamierte mit rhetorischem Jammer über zu Unrecht Erlittenes – sein politisches Ziel, die Mittel, es zu erreichen, ließ er unbestimmt. Elisabeth durfte nach überstandener Krise voll wirkungsvollem Selbstmitleid seufzen: „Ich bin ja Richard".[30] Essex' Rollenwunsch dagegen, dem machtbegabten Bolingbroke zu gleichen, blieb ein Phantasma.

Zum gesprengten Kreis: Essex' Ratgeber und Sekretär Anthony Bacon versteckte sich und starb kurze Zeit nach des Grafen Hinrichtung. Southampton kam ins Gefängnis, fast aufs Schafott. Der bucklige Robert Cecil, Triumphator über Essex' Charme und Schönheit, trat im Februar für die Enthauptung, im März für die Schonung des „armen jungen Grafen Southampton" ein, der „nur durch Liebe zum Grafen in diese Aktion hineingezogen worden ist".[31] Zwei Jahre später: Als erster Akt seiner Regierung begnadigte der Essex-Freund König Jakob 1603 Southampton, setzte ihn in alle Titel und Güter wieder ein.[32] – Francis Bacon hatte sich in Verstellung geübt. Er ließ sich zum Wortführer der Anklage berufen, verfasste 1601 »A Declaration of the Practices and Treasons Attempted and Committed by Robert the late Earl of Essex«. Nach Jakobs Thronantritt versuchte er, die Lager nochmals diskret zu wechseln. Er schrieb 1604, um sich vom Verrat an seinem Förderer zu reinigen, »His Apologie, in Certaine Imputations Concerning the late Earle of Essex«. Er habe die Treue zum Souverän über die Treue zum Freund gestellt. Das hat seinen späten, lang verzögerten Aufstieg ermöglicht.

Es sei wiederholt: Wir besitzen nicht das geringste schriftliche Zeugnis für eine alternative, um nicht zu sagen, esoterische Auslegung des „problem play" »Kaufmann von Venedig«. Die Essex-Freunde sind der besterforschte Kreis unter den vielen, die es an Elisabeths Hof gab. Deutlich wird an seinem Modell nur eines: Ein Francis Bacon sah Shylock radikal anders als der Londoner Pöbel; die beiden Antonio, Pérez und Bacon, mussten den dritten Antonio radikal anders verstehen als den „courteous and kind friend" Bassanios (genauer, des Meisei-Lesers.[33]) Sie hatten gewichtige Gründe, ihr abweichendes Verstehen für sich zu behalten. – Esoterische Deutung ist nicht, wonach dieses Buch strebt. Um die Kehrseite der Figuren, des Stückes, des Zeitalters zu erhellen, hat es handfeste Anhaltspunkte im »Kaufmann von Venedig« gesucht: Tages- und Stundenplan der Handlung, minutiöse Nachzeichnung der Charaktere und deren fast haarspalterischen Vergleich mit den Quellen. Eben darum sollten wir es nicht vergessen: Die soziale, kulturelle, ethische Teilung des Publikums der Shakespeare-Zeit wird von zahllosen Philologen an elisabethanischen Texten und Sittenbildern aufgedeckt.[34] Aber es spricht noch Konkreteres dafür: Londons tüchtigster Theaterunternehmer hat in den Entstehungsjahren des »Kaufmann von Venedig« seine Pläne, Investitionen auf „zwei einander grundfremden Stämmen von Publikum" gegründet.

Jeder Shakespearologe weiß: „Den Hofleuten wurde eine Sorte Stück serviert, den Bürgern eine andere."[35] Keiner hat bisher daraus den Sonderplatz des »Kaufmann von Venedig« zu bestimmen versucht. Dieses Stück bot sich von seiner Entstehung, Fabel, Thematik her Hofleuten und Bürgern, Studenten und Schuhmachergesellen an – und da das not tat, in zwei verschiedenen Sprachen, mit zwei verschiedenen Blicken.

# VIERTES KAPITEL
# VENEDIGS GESELLSCHAFT

Tillyard: Lorenzo, arrived in Belmont, shows the most impeccable approval of Portia's generosity in allowing Bassanio to hurry to Venice on Antonio's account …
»Shakespere's Early Comedies« (1965)

Gervinus: Lorenzo und Jessica, ein verschwenderisches leichtsinniges Paar, die ihr entwandtes Geld in Genua verprassen, für Affen hinweggeben und als ausgehungerte Leute nach Belmont kommen …
»Shakespeare« (1849)

# I. DIE CLIQUE

## FREUNDE, UNFREUNDLICH GESEHEN

Bassanio, Gratiano, Lorenzo, Solanio, Salerio, Lanzelot: Sechs Personen stehen für Venedigs Gesellschaft. „Gesellschaft" erlaubt, ja fördert die nüchterne Frage: Wovon leben sie? Die Antwort ist am einfachsten bei Bassanio. Er lebt von Antonio. Das ist recht so: Gratiano und Lorenzo leben ja von ihm. Sie sind, grob gesagt, Parasiten des Parasiten. Beim Abschied im ersten Auftritt erinnern Gratiano, Lorenzo den Bassanio zweimal daran, dass sie zu Mittag mit ihm verabredet sind. Noch jedesmal, wenn ihr schöner Freund mit seinem reichen Freund ein ernstes Gespräch hatte, lud er sie anschließend in die feinste Osteria von San Marco ein.

Bassanio bleibt, wie dringlich verabredet, bei Antonio. Lorenzo und Gratiano verdrücken sich rücksichtsvoll. An diesem herrlichen Sonnenmorgen streifen sie durch Venedigs Plätze und Gassen auf der Suche nach jemand, der sie zum Frühstück einlädt: vielleicht ein pickeliger Provinzjüngling mit Geld in der Tasche, der von ihnen die gute Lebensart, Nichtstun, zu erlernen hofft. Etwas Lebenswichtiges haben die zwei – „we two" – in der Tat selber gelernt: Ihr Stand in der Gesellschaft lässt sich weniger an ihrer Vorliebe zur Arbeit als an ihrer Vorliebe zum Nichtstun messen. Sie werten sich auf durch Müßiggang, den sie unermüdlich zur Schau tragen.

Bassanio ist Edelmann. Mühelose Muße, Verschwendung sind ihm mitgeboren. Lorenzo und Gratiano, ohne Stand, ahmen ihn mit dem hartnäckigen Frohsinn nach, den sie Freundschaft nennen. Shakespeare nimmt es mit ihrem Standesunterschied genau. Die Kopisten titulieren ihr Vorbild: „my Lord Bassanio" (I, 1, 69). In einem einzigen Grußtausch ist Bassanio dem Gratiano „Signior Bassanio" – Gratiano dem Bassanio „Gratiano"

(II, 2, 167-168). Bassanio spricht Gratiano nach Belieben „nach unten" mit „thou" (II, 2, 171-179) oder in formell-netter Gleichheitsfiktion mit „you" an (II, 2, 189-195).[1] „Lord Bassanio" hören wir immer häufiger, seit er Herr von Belmont ist.

Bassanio schämt sich Gratianos; das verrät seine erste Replik im Stück an Antonio. Unfein setzt er sich vom Gefährten ab, sobald der ihnen den Rücken kehrt (I, 1, 114-118). Ähnlich befürchtet Bassanio bei Gratianos Bitte, nach Belmont mitzuziehen, dass der zäh-treue Begleiter ihn dort durch prollige Unarten in Verruf bringt (II, 2, 171-179). Bassanio verhält sich wie ein Gigolo der Luxusklasse – ein besonders konventionsfrommes Arbeitsfeld. Nichts muss er seiner Karriere zuliebe peinlicher verhüten, als durch einen alten Kumpel kompromittiert zu werden: „lest through thy wild behaviour / I be misconst'red in the place I go to, / And lose my hopes."

Dieser geborene Verschwender nimmt Umrisse einer Standardfigur der Stadtfarcen voraus: des halbgaren „country squire" oder Erbanwärters, der in der Metropole sein Vermögen verprasst. Er wird von Dekker, Shakespeare, Jonson (»Shoemaker's Holiday« 1599, »Maß für Maß« 1604, »Der Alchemist« 1610) mit wechselnden Publikumssympathien durch die Fabel gelenkt. In »Shoemaker's Holiday« hat der Junker Sympathievorsprung, weil er in eine Bürgerliche verliebt ist – und (da im Publikum mehr Handwerker als Earls sitzen) weil er nach seinem Ruin in die Schusterlehre ging. Sonst wird der Typus als tumber Provinzler ausgenommen und verlacht.

Shakespeares Liebeskomödie über das ferne Venedig ist realistischer als Dekkers häusliches Londoner Bürgerdrama. Bassanio lernt keinen Beruf um seines Mädchens willen. Bizarr unpassend nähme er sich mitten in einer Schusterstube aus, um ehrliches Geld zu verdienen. Blaues Blut ist ihm Beruf und Habe genug: „I freely told you all the wealth I had / Ran in my veins – I was a gentleman …". Portias Traum-Bassanio, den sie einst sah und nicht vergaß, ist „scholar" ohne Bücher, „soldier" ohne Krieg.[2] Unfleiß ist sein Verdienst. Der „prince charmant" erringt das Schlossfräulein, statt mit taufrischem Gesellenbrief, mit einem vergilbten Adelspatent.

Lorenzo und Gratiano haben früh von Bassanios Heiratsplänen erfahren, vielleicht schon vor Antonio. Wissen sie, worum das Gespräch geht, zu dem sie ihren Lord-Kumpel begleiten? Womöglich haben sie das Projekt sogar gemeinsam ausgeheckt, ohne die Folgen zu bedenken. Sobald es jedenfalls feststeht, dass Bassanio Venedig verlässt, suchen die zwei ein neues Auskommen. Lorenzo bestiehlt Shylock und vergnügt sich in Genua auf der Flucht, bis die Dukaten und Juwelen erschöpft sind. Gratiano setzt sein Glück weiter auf Bassanio; er fleht ihn an, sich ihm nach Belmont anschließen zu dürfen. Antonio bleibt allein in der Not; ihn haben alle vergessen.

Die Clique trifft sich in Belmont wieder. Portia taugt besser zum Abschöpfen als Antonio. Sie ist reicher, und auf die Ehe ist, im Vergleich zur Männerliebe, festerer Langzeitverlass. Lorenzo beteuert, dass er eigentlich nicht herkommen wollte. Aber er braucht das „Manna" von Portias, Bassanios Großmut, seit aus Shylocks Türkis ein Äffchen geworden ist. Gefährte Gratiano prahlt in seiner direkten Art (III, 2, 238-240), das Goldene Vlies in moderner Fertigung gewonnen zu haben. Dass er aus erster Freude über seine Verlobung, neue Versorgung, Nerissas Erspartes verwettet (III, 2, 213 ff.), ist keinem Deuter bisher aufgefallen.[3]

Nach Ende des Stückes wird Portia außer der trauten Nerissa auch noch Bassanio, Gratiano, Lorenzo, Jessica, Lancelot und dessen Mulattenbaby zu ernähren haben. Lorenzo und Jessica bleiben wohl nur, bis sie das Geld des bösen Juden erben. Sie ziehen dann nach Venedig; dort gibt man Geld schneller und lustiger aus als in den Mondnächten von Belmont.

## FREUNDE, FREUNDLICH GESEHEN

Verletzt solche rüde Lesart den Reiz, den Lebensnerv des oft als heiter strahlend gepriesenen Stückes? Seltsamerweise nicht. Trotz Verdachtsgründen erscheinen Bassanio, Gratiano, Lorenzo dem „common viewer" nicht als „Schmarotzer und Schmeichler"[4], „Vergeuder oder Schufte oder beides"[5], „Strichjungen" und „Zuhälterlümmel"[6]. Sie verkörpern im Gegenteil „das Venedig der prachtvollen Jungmänner"[7]. „Sie besitzen Elan, Kühnheit und Selbstsicherheit, ... haben teil an einer fröhlichen Kameraderie der Gesundheit und Lebensfreude"[8]. Dieses rosige Bild der Clique hat sich im Theater und in der Forschung seit je dominant durchgesetzt.

Shakespeare *sah* die drei in ihrer ausgehungerten Gier und verschwieg nichts, falls jemand davon wissen wollte. Aber er *zeigte* sie uns als ihr Poet: greifbar nah in Glanz und Farbpracht jener Fata Morgana, in der sie ihm entgegentraten. Nicht mit der nackten Desillusionsfabel über „ein Fräulein, reich an Erbe" (Asyl vor „Schulden an Geld und Liebe") – sondern durch ein unerreichtes Fachkönnen, die hellwache szenische Beredtheit und Bewegtheit seiner jungen Tagediebe zu beschwören, sichert der Dichter/Techniker unser Entzücken an ihrer Anmut und gesegneten Vitalität. Shakespeare ließ die Clique erst die Mädchen im Stück, dann vierhundert Jahre lang ihr Publikum verführen. Die drei wuchsen zu Anwälten des Lustspiels mitten im Problemstück.

Shakespeares Handgriffe dafür sind knapp und effektiv. Erstens: Die drei stimmen gussformgenau mit ihrem nie bezweifelten sozialen Stand überein. Dieses Identischsein panzert ihre hübsche Haut; es bietet der Bürgermoral, der Gesellschaftskritik keine Blöße.[9] Sie sind, wie sie sind. Zweitens: Die Kluft zwischen ihrem oft zwielichtigen stückimmanenten Verhalten und ihrer blendenden theatralischen Wirkung wird mit eiserner Rücksicht verdeckt: uns zum Hinwegsehen, ja zum Verdrängen anheimgestellt. Ein drittes Mittel darf nicht wegen unseres Leitinteresses zu kurz kommen: Im dogmatischen Entweder/Oder von Romantischer Komödie und Problemstück vermittelt diesmal, jäh und beglückend, Shakespeares Witz.

Versöhnungswitz regte sich schon im bestechend Unfertigen, plötzlich Aufzüngelnden der Jugendsprache von »Romeo und Julia«, von »Sommernachtstraum«: bald leidenschaftlicher Atem, bald übermütiges Reimspiel. Ihre spontane Augenblicklichkeit schenkt nun der Clique eine Kraftquelle, ein geheim-weltoffenes Lebenselixier. Venedigs Jungmänner bewältigen die Gefahr, dass wir viel zuviel über sie wissen. Ihre hellen und dunklen Porträtskizzen erstarren nicht im Gegeneinander. Die drei überstehen in flexibler Balance von Ruhm und Schimpf, was Shylock und Antonio schmerzlich zerreißt. Sie bewohnen mit Bravour und Eleganz „zwei Stücke in einem".

Ausgedörrter Mangel alles Spontanen, versteckt hinter hochgestochener Rhetorik, ist das Gift, mit dem das Stück seine unliebsamsten Personen tränkt: die restlichen zwei, die Venedigs Gesellschaft im »Kaufmann von Venedig« vertreten. Solanio und Salerio sind die meistvernachlässigten, meistmissdeuteten Personen in der Liste der „dramatis personae". Haben sie gleichwohl einen fassbaren Kern, Stofflichkeit und Wahrheit, die einer Entdeckung wert sind?

# II. ZWEI EXPERTEN

Solanio: Let good Antonio look he keep his day,
Or he shall pay for this.
II, 8, 25 f.

Hinrichs: Wir äußern unsere objektive und unabhängige Meinung zur Wahrscheinlichkeit der künftigen Zahlungsfähigkeit.
»Süddeutsche Zeitung«, 24. Oktober 2011

## POPANZ, CHORUS, CHARAKTER

Solanio und Salerio sind, sooft sie auf der Bühne stehen, unentwegt *tätig*. Niemand könnte sich vom ostentativen Müßiggang der Clique schärfer absetzen als diese beiden. Doch darauf, dass sie einem *Beruf* nachgehen, ist keiner ihrer szenischen oder gelehrten Deuter verfallen. Das Thema „Beruf" ist wichtig für den »Kaufmann von Venedig« – kein anderes Stück Shakespeares führt eine Profession (es sei denn „König") im Titel. Fragen wir aber hartnäckig nach dem Thema, so kommt die Antwort viel zu leicht, schulterzuckend selbstverständlich. Portia und Bassanio sind Edelleute, also haben sie keinen Beruf. Gratiano und Lorenzo äffen sie nach, also haben sie keinen Beruf. Antonio und Shylock sind Kaufleute, also haben sie einen Beruf. Punktum. Dass Solanio und Salerio an rastloser Geschäftigkeit sie alle weit übertreffen, entgeht, wie gesagt, dem Augenmerk.

Ein Grund dafür wird angeführt: Solanio und Salerio seien keine Charaktere. Shakespeare nehme sie in Dienst allein als Funktionen: formal zur Exposition, inhaltlich zur Information. Sie bleiben *Popanze* mit dem dürftigen Auftrag, alles, was Shakespeare nicht auf die Bühne stellen will, anderen abzufragen oder selber auszutratschen. Der Dramatiker lässt die Fabel an zwei sorgsam berechneten Stellen von ihrer Neugier in Gang bringen, exponieren: in der Eröffnungsszene I, 1 durch Antonios Vernehmung – in der genauen Mittelachse III, 1 durch Shylocks Ausforschung. Diese beiden Anstöße sind von verblüffend unterschiedlicher Effizienz: Platt ergebnislos gegen Antonios Verschlossenheit, entfesseln sie Shylocks mächtigste Selbstoffenbarung. Das weckt ersten Verdacht: Steckt nicht im sturen Weiterbohren der beiden Lästigen, über bloße dramaturgische Nothilfe hinaus, ein stetiger, quasi „beruflicher“ Eifer und Ehrgeiz? Das zu klären wird uns schwergemacht; denn $S_1$ und $S_2$ verschleiern die Gründe und Ziele ihrer Inquisitorien unter rührseligem Mitgefühl (Antonio) oder grausamer Folterlust (Shylock).

So kommen uns Solanio/Salerio kurz wie ein *Chorus* vor: die präindividuelle Zwischenstufe zwischen Funktion und Charakter. Als Venedigs öffentliche Meinung verkleidet, plädieren sie mit krudem Einsatz für den leidenden Christen, gegen den erzbösen Juden. „A kinder gentleman treads not the earth“ (II, 8, 35) steht gegen: „The devil … in the likeness of a Jew“ (III, 1, 19-20). Ziehen $S_1$ und $S_2$ für einen Augenblick sogar die moralischen Koordinaten des Stückes? Aber halt! Sowohl ihr Mitleid mit Antonio als auch ihre Empörung gegen Shylock stecken voll Perfidie. Nach einer Sturmnachricht vom Ärmelkanal beginnt Solanio sein übliches Gejammer: „Der gute Antonio, der ehrliche Antonio. Oh dass ich ein Beiwort fände, das der Gesellschaft seines Namens würdig –“ Salerio, zum ersten Mal ungeduldig: „Mach mal Schluss.“ Solanio in Geschäftsprosa: „Tja, der Schluss heißt: Sein Schiff ist futsch“ (III, 1, 17-22). Im Rückblick durchschauen wir plötzlich: Der Salbungston beider für Antonio war immer schon abgekartete Gefühlsparodie, zynische Maske für Schadenfreude.

Auftritt Shylock. Mit brutalem Hohn wird erst sein Zorn aufgestachelt gegen Antonio und die Seinen. Dann fragt ihn Salerio: „Why, I am sure if he forfeit thou wilt not take his flesh. What’s that good for?“ Die Frage ist unecht, eine grelle Suggestivfrage. Sie provoziert und erinnert den rasend Erbosten: Du hast deinen Feind in der Hand. – Zwei Schlüsse scheinen allmählich unausweichlich. Salerios und Solanios variables, gezieltes Verhalten bezeugt: Sie sind keine bloßen Form- und Fabelfunktionen, sondern Charaktere, Personen in eigenem Recht – die tückischsten, die das Stück zu bieten hat. Für ihre Sonderklasse findet Shakespeare ein Sondermittel: Sie sind Zwillinge. Die herrliche Absicht der Natur, jeden Menschen anders und voll auszuformen, hat bei ihnen nachgelassen. Die Natur stotterte, als sie sie schuf. Salerio und Solanio, Rosencrantz und Guildenstern wurden Charaktere, aber nicht ganz – *charakterlose Charaktere.*

Ihre Eigenart ist, nichts Eigenes zu haben. Sie müssen sich von Sekunde zu Sekunde neu mit Fremdgeschichten, Fremdgerüchten füllen, um nicht in ihrer Nullität einzustürzen. Das Gerücht, das Neueste ist darum ihr Element. Solanios und Salerios unerschöpfliches Versuchen, Scheitern, Versuchen, Gelingen im Fragen, Horchen, Verbreiten legen nahe, dass sie einem spezialistischen Interesse nachgehen, ja dessen Ziele mit besessenem Perfektionismus verfolgen. $S_1$ und $S_2$ sind Venezianer, jeder kennt sie, jeder redet mit ihnen. Wer aber braucht sie, wozu? Ihren besonderen Sachverstand – sprechen wir es aus: ihren *Beruf* – nennen sie nirgends. Lässt er sich ihrem Weg durch das Stück, durch die Stadt ablesen?

## NEUGIER – GIER NACH DEM NEUESTEN NEUEN

$S_1$ und $S_2$, arbeiten zusammen, trennen sich nur wenn nötig, um alles Stadtgeschehen als erste zu erfahren, um immer dabeizusein. Sie haben am Morgen (I, 1) und am frühen Nachmittag (II, 4) des ersten Handlungstages offenbar beschlossen, dass Antonios, Shylocks Geschichte das Interessanteste ist, das Venedig zur Zeit hergibt. Anfangs zu zweit bei Bassanios Abschiedsparty gegen fünf Uhr nachmittags, beobachtet Solanio dort Antonio, Shylock und den Gastgeber weiter – indes Salerio sich an Lorenzo hängt, um Jessicas Entführung nicht zu versäumen (II, 6). Gegen neun Uhr abends treffen sie sich wieder bei Bassanio, der eine in dessen Gästeschar, der andere in Lorenzos Maskenzug. Sie verteilen ihre Aufgaben neu für die restliche Ereignisnacht.

Salerio folgt dem abreisenden Bassanio bis zum Hafen, Solanio dem heimkehrenden Shylock bis zu dessen Haus, um dem Compagnon anderntags über Antonios Tränen, über Shylocks Toben zu berichten (II, 8).

Drei Monate später hat sich ihre Neugier ausgezahlt. Am Vorabend des Sensationsprozesses harrt Solanio in Venedig bei Shylock-und-Antonio aus, um die kommende Katastrophe zu begleiten (III, 3). Salerio reist indes nach Belmont, um den Effekt der Katastrophe auf ihre Verursacher zu erspähen.[1] Die Frage bei seiner Ankunft: „What's the news in Venice?“ (III, 2, 237), trifft den Kern seiner Mission. Er bringt von Venedig „news“ nach Belmont: Antonios Herz wird morgen ausgerissen. Und er will von Belmont „news“ nach Venedig bringen: So (entsetzt oder ungerührt, reuig oder kalt) haben Bassanio-und-Portia die Folgen ihres Heiratskredits, so Lorenzo-und-Jessica die Folgen des Tochter- und Juwelenraubs aufgenommen. Zuschauer und Leser des »Kaufmann von Venedig« spüren längst: „News“ ist ein Hauptthema des Stückes. Solanio und Salerio sind Nebenrollen *und* die vollsten Okkupanten dieses Hauptthemas. Sie sind Kundschafter und Verkünder der neuesten Neuigkeiten kraft Beruf und Berufung.[2]

Es steht zu vermuten: $S_1$ und $S_2$ sind die frühesten Rating-Experten. Wir wollen den »Kaufmann von Venedig« keineswegs „aktualisieren“; versucht werden soll im Gegenteil, sein historisch-ökonomisches Epochenmuster aufzuschlüsseln. In den Börsen von Venedig, dann Antwerpen und London wurde nicht nur Welthandel, sondern Handel mit dem Welthandel getrieben. Diese Finanz-Stufe des Wirtschaftens ist sozusagen Handel hoch zwei: Sie verlagert ihr Interesse an Gewinn und Bereicherung von der Produktion auf die Spekulation. Das macht Rating, den Beruf von $S_1$ und $S_2$, unerlässlich. Um zu wissen, worauf man sein Kapital setzt – oder: wie man die allzeit mögliche Pleite abwehrt –, braucht man sichere, schnelle, komplette Lageberichte. Bestürzend „aktuell“ ist heute nicht das Rating für sich; man kann schon jene frühesten Börsen, wie die jetzigen, als gigantische Rating-Konglomerate sehen. Neu ist heute, dass Staaten, Nationen, Völker auf ihre Zahlungsfähigkeit und -unfähigkeit täglich frisch taxiert werden: wie alle anderen Handelsunternehmen. Antonios, Shylocks Republik Venedig wurde noch nicht auf dem Rialto notiert.

Solanio und Salerio sind überall dabei, weil eben das Wissenwollen, Dabeiseinmüssen, das Abzapfen und Zutragen ihrer Informationen ihre neu entdeckte Profession ausfüllt. Mit solchem Dabeisein hat New Yorks Bürgermeister Bloomberg („updated business news and financial information“) ein Paar Jahrhunderte später seine Milliarden gemacht. Bassanio, Lorenzo, Gratiano sind Parasiten eines reichen Mannes – Solanio und Salerio sind die Parasiten des Welthandels und des Handels mit dem Welthandel, was klüger, sicherer und einträglicher ist. Allerdings ist im Stück nirgends die Rede davon, dass sie für ihre Nachrichten Geld bekommen, auch nur Geld erwarten. Leben $S_1$ und $S_2$ von eigener Spekulation aufgrund ihrer eigenen Informationen oder auch von Honoraren – oder von beidem? Die Anfänge eines Berufs tasten sich von der individuell entdeckten, gesellschaftlich erst geahnten Nützlichkeit, Notwendigkeit dessen vor, was seinen Erfindern „Spaß macht“ – bis zur öffentlichen Anerkennung, Institutionalisierung ihrer Passion. $S_1$ und $S_2$ entwickeln in ihren beiden großen Expositions-Szenen I, 1 und III, 1 vor unseren Augen die Techniken, Taktiken ihrer neuen, neuzeitlichen Tätigkeit.

## ZWEI NEBENROLLEN KAPERN EIN HAUPTTHEMA 1

Rang und Gewicht der legendär berühmten „Mittelachse"-Szene III, 1 entspringen zwei Umständen: Sie ist die zeitlich, erzählerisch einzige Szene in jener ungespielten aber schicksalhaften „langen Zwischenzeit" von drei Monaten, die den einen Tag der „ersten Stückhälfte" von den drei Tagen der „zweiten Stückhälfte" trennen. Und sie dient zwei Hauptthemen des Stückes: „Jews" und „News". Üblich ist, sie zweiteilig zu sehen: gebaut aus dem Terzett Solanio/Salerio/Shylock – und dem Duett Shylock/Tubal. Unvergesslich wird der erste Teil kraft seiner Auftürmung zu Shylocks großer Klage und Anklage, „Weil ich ein Jude bin" – der zweite Teil durch Shylocks irrwitzig groteskes Pendeln zwischen Jammer und Jubel: der Tochter Flucht und Antonios Bankrott. Doch Shakespeare gibt ein überdeutliches Zeichen, dass er die Szene als dreiteilig verstand. Er lässt drei Abschnitte mit dem gleichen ersten Satz beginnen: „Now what news on the Rialto?" (Duett Solanio/Salerio III, 1, 1-20); „How now Shylock! what news among the merchants?" (Terzett Solanio/Salerio/Shylock III, 1, 21-69); „How now, Tubal! what news from Genoa?" (Duett Shylock/Tubal III, 1, 72-120). Drei Fragen, drei Abschnitte im rhythmischen Verhältnis 20:50:50 – ob über „Christians" oder „Jews", süchtig fixiert auf „news".

Die *erste Frage* ist die übliche, professionelle der beiden Rating-Agenten aneinander: gegenseitige erschöpfende Information über alles, was sie seit ihrer letzten Begegnung erlebt, erhorcht haben – und die krasse Selbstentlarvung ihrer Perfidie gegen Antonio.[3] Die *zweite Frage*, die von $S_1$ und $S_2$ an Shylock, ist selber dreiteilig, dreimal hinterhältig. Der erste Teil zielt auf den Tochter- und Juwelenraub, den alle drei kennen; er dient keiner Information, sondern nur der Folter Shylocks, um seine

Zunge zu lösen. Der zweite Teil vergleicht den Informationsstand der Agenten mit dem des Befragten: Weiß der eine etwas von Antonios Sturz, was die zwei nicht wissen? Erst das führt zur wahren Frage von $S_1/S_2$ an Shylock, zu der Vernehmung drittem Teil: Wirst du das Pfund Fleisch an Antonio eintreiben? Rating gibt sich objektiv und unabhängig. Aber wo es nur einzuschätzen behauptet, motiviert es. Salerios „Why, I am sure … thou wilt not take his flesh" stiftet den Rachewütenden zum Mord an Antonio an.

Die *dritte Frage* der großen Achsen-Szene richtet Shylock an Tubal. Doch sie schildert erst recht den neuen Rating-Beruf – von der Nachfrage her. Sie malt den Wucherer als den gierigsten Kunden von „news". Sein Porträt gerät modellhaft gerade als Extremfall. Denn am „Neuesten" hängt für Shylock diesmal nicht nur die Sicherung einer Leihsumme samt Zinsen, nicht nur die „Güte" eines besonderen Schuldners. „News" bringt ihm Leid oder Triumph, Wunde oder Rache, den restlichen Zweck seines verkrüppelten Lebens.

## ZWEI NEBENROLLEN KAPERN EIN HAUPTTHEMA 2

Wir nannten die Eröffnungsszene I, 1 des »Kaufmann von Venedig« eingangs die „schlechteste Exposition der Weltliteratur". Kein Element des Stückes ändert sich verblüffender mit dem neuen Blick auf $S_1$ und $S_2$ in ihrem neuen Beruf. „Wer sind sie?" erhellt wie mit einem Blitzschlag die Frage: „Was wollen sie und was tun sie?" Die theatrale Unterdefinition von $S_1$ und $S_2$ (grotesk hohl beim Theatermann Granville-Barker: „Solanio might cut the finer figure of the two … Salarino has a cultured gentleman's turn for classical allusion"[4]) weicht dem durchmotivierten Mit- und Gegeneinander von drei agierenden Personen –

einer „Inszenierung", die das Drama nicht willkürlich ändert, sondern erst lebend verwirklicht. Statt überschüttet mit Metaphernwirrwarr im Mahnungs- und Belehrungston, wird Antonio einer virtuosen Attacke ausgesetzt, wie von zwei perfekt aufeinander eingespielten Staranwälten oder Fußballstürmern. Die Reederei »Antonio, Seiden und Gewürze« wird durch die »S & S Auskunftei für Welthandel« einem Hearing unterworfen, das sich als teilnahmsvolle Freundschaftsplauderei tarnt. Geprüft wird, ob und wieweit das Geschäft des Großkaufmanns angeschlagen ist.

Antonios erster Satz ist eine Antwort – offenbar auf die Frage: „Ist Euch etwas Schlimmes zugestoßen?" Gemeint ist natürlich, auf See zugestoßen: „Your mind is tossing on the ocean". Die Experten $S_1$ und $S_2$ haben Antonios jähen Kummer observiert. Alles, was sie für geistreich und gebildet halten, lassen sie wuchern und mäandrieren, um aus Antonio herauszulocken, welche seiner Galeeren auf Sand gelaufen ist. Nach ihrem ersten oratorischen Vorstoß machen Salerio, Solanio eine gespannte Pause: „Nun sags doch, heraus mit der Sprache!" Antonio schweigt. Wieder ist Salerio dran, würfelt Suppe, Sanduhr, Backstein und Seide zu seltsamsten Redebogen zusammen, endet triumphal: „I know / Antonio is sad upon his merchandise." Nun macht Antonio den Mund auf – um Nein zu sagen. Mir scheint Solanios „You are in love" ein gewollter schlimmer „faux pas", Rache für des Kaufmanns verstocktes Schweigen. Denn natürlich weiß ganz Venedig, dass und in wen Antonio verliebt ist. Man redet, solang es ihm gutgeht, nur hinter seinem Rücken davon: maliziös die Senatoren, würzig die Gondolieri – verlogen, insgeheim giftig unsere verärgerten Rating-Unternehmer.[5]

Mit kaum verhehltem Hohn verbeugen sich $S_1$ und $S_2$ vor Antonios „better company" (59) und „worthier friends" (61) beim Auftauchen der Clique von drei Tagedieben. Bassanio nennen sie Antonio gegenüber „your most noble kinsman". Wir wissen freilich, dass es zu Shakespeares klarsten, radikalsten Veränderungen an Ser Giovannis Novelle gehört, jede Verwandtschaft zwischen Antonio und Bassanio zu tilgen. „Your noble kinsman" ist Salerios, Solanios unverschämt schonende Bezeichnung für „your male whore". Sie verabschieden sich mit grinsender Diskretion. Vier Akte lang sind sie dann überall präsent. Salerio wirft sich sogar zum Zeugen von Staatsaktionen auf: „Zwanzig Handelsleute, / Der Doge selber und die Senatoren / Vom größten Ansehen" reden Shylock zu, um ihn vom Mord an Antonio abzubringen (III, 2, 278-280). Warum hat keiner Antonio dreitausend Dukaten geliehen, als es ihm noch genützt hätte? Die Frage richtet sich nicht pedantisch gegen Shakespeare, sondern mit Shakespeare gegen Venedigs Banker und Händler. Mit einem Bankrotteur sprechen sie nicht.

Dass Antonio schließlich nur noch mit $S_1$ und $S_2$ „zu sprechen wünscht" (III, 1, 68), nur noch an ihre Freundschaft und Dienste appellieren kann, zeigt den Grad seiner Verlassenheit, seine Einsamkeit zum Tod. Im letzten Kapitel dieses Buches wird vom V. Akt des »Kaufmann von Venedig«, dem Finale im Park von Belmont, die Rede sein. Es kommt uns weniger harmonisch vor, als es gemeinhin gilt. Zu seinem Glück gehört allerdings, dass weder Solanio noch Salerio dabei sind.

# III. DER DIENER

Leonardo, Balthazar, Stephano heißen sie mit Namen, dazu „ein Bote“, „ein Hausdiener“; sie sind Ein-Satz-Rollen. Nur Lancelot avanciert zum Clown. Er darf fressen, faulenzen, kalauern, solang er will. Sein Herr Shylock beklagt das, sein neuer Herr Bassanio belohnt es mit einer prächtigen Hofnarrlivree. Keiner kümmert sich um die tüchtigen Diener. Wieso stehen einem schlechten Diener Sonderrechte zu?

Der Clown bewohnt einen unheimlichen Bereich. Seine Nähe zum Animalischen weckt Scheu. Nicht das durch Befehl und Gehorsam Geregelte, sondern das dämmerig Niedere fürchten wir zu verletzen. Der nichtdomestizierte Domestik – ist er ein Halbtier? Tierisch leidet er unter unstillbarem Hunger, mit tierischer Bosheit rafft er sich Nahrung. Die Gier des Magens macht den Londoner Clown zum Bruder des venezianischen Zanni. Sie bringt beide dem Volk im Zuschauerraum nah. Einfühlung, Verständnis des Volkes für den Clown wirken wohl grundlegend anders als für die rationalen, vernunftgelenkten Bühnenfiguren. Man misst, betrachtet, beurteilt, begreift alle anderen; beim Auftritt des Clowns juckt in unserem Leib etwas unnennbar Eigenes. Wir nehmen ihn nicht psychologisch wahr, sondern blockhaft, rudimentär: So simpel, schlau, so unergründlich sind wir, leben wir Menschen. Wehren wir ab, uns im Clown wiederzuerkennen, sprengt er die Abwehr. Der Diener gebietet über das Lachen seines Herrn.

Gegen die Rollenteilung von Herr und Diener erhebt sich ein vorzivilisatorisch gemeinsames Gedächtnis des Frühen Menschen, dem sich der Clown-Zanni verwandt fühlt. Obwohl zuunterst, eignet er sich schlecht zum Fundament von Venedigs Gesellschaft. Er trägt nicht. Die Lagunenerde ist dünn; sie bebt und bricht über seinen Schultern.

# FÜNFTES KAPITEL
# PORTIA, DIE SIEGERIN

… die hinreißende Mondschein-Lyrik,
worin er sein Drama münden lässt …
Georg Brandes, »William Shakespeare« (1896)

Antonio: I am th' unhappy subject
of these quarrels.
V, 1, 238

# I. GERICHT UND GNADE

## VOM SPOTT ZUR LIEBE

Licht bricht ein mit Portia in den »Kaufmann von Venedig«. Das trennt sie von den Hauptfiguren Antonio, Shylock. Der Kaufmann und der Jude sind erstarrt in ihrer Zerrissenheit. Sie versanden im Unglück. Portia aber wählt ihren Weg; sie verändert sich, sie wächst. Sie bringt Zeitlichkeit in Fabel und Dialog – die Perspektive der Befreiung. Gehen wir dem nach, was es vor ihr nicht gab: dem Entwicklungsroman einer jungen Frau, der sich einem Drama einschreibt.

Ein schnippisches, verwöhntes Mädchen behauptet ihren „kleinen Körper" gegen „diese große Welt" mit schnellem, eilfertigem Witz. Spott über gewöhnliches Leben, über die Wirklichkeit ist ihr Schutz gegen das, was sie nicht kennt. Noch ein, zwei Jahre im beschirmten Luxus ihres hortus conclusus, und die wunderbare Jungfrau müsste zu einer alten Jungfer versauern. Davor bewahrt sie Bassanios Ankunft; sie macht aus ihr eine Liebende. Zu Beginn der zweiten Stückhälfte, drei Monate nach Bassanios Eintreffen, Minuten vor Bassanios Kästchenwahl spricht sie eines der schönsten Liebesbekenntnisse, die eine weibliche Stimme je gesprochen, gelebt hat.

Bei Portias erstem Ton in III, 2 wissen wir: Sie hat sich verändert. Sie spielt nicht mehr die launische Protagonistin einer bekannten „romantic comedy" des William Shakespeare. Sie liebt. Sogar ihr jungfräulich-noch-nicht-altjüngferlicher Witz von einst scheint jetzt in eine zarte Anmut- und Tändelsprache übersetzt, die sie und der Geliebte gemeinsam erfunden haben (III, 2, 24-37). Portia hat im Zusammensein mit Bassanio gelernt, in *einem* Mann alle Kraft, Schönheit, Beseelung, deren Menschen fähig sind, mit Augen zu sehen, mit ihrem Herzen und Geist zu erraten. Das also ist Liebe: die erste Erfahrung in Portias Geschichte.

„I pray you tarry, pause a day or two ..." (1-21). Ihr Reden währt vorerst nur zwanzig Zeilen. Schon die erste sperrt uns Sinne und Gemüt auf; so ichhaft wahr sprach in diesem Stück noch keiner. Shylock, die realste Stimme bisher, rechnet und verstellt sich; Antonio verschweigt, was er zu sagen hätte; und Portia selbst gab bis dahin eine vorgestanzte, wenn auch hinreißende Rolle vor sich und den anderen. Jetzt aber erklingt ein Seelenton bar üblicher Rhetorik, ein Ichton ohne Rollenspiel, etwas Sich-Öffnendes, Einfaches. Jede Silbe macht in Nuancen von Zehntelsekunden hörbar, wie Portia denkt: ihr Wollen und Zögern, ihre Verwegenheit und Scheu.

„How all the other passions fleet to air ..." (108-114). Nach Bassanios Wahl hebt ihre zweite Rede an, schöner noch durch Erfüllung. Jener Stimmklang, den wir zuvor hörten, war wechselnd in feinste Biegungen gehüllt, ins verborgene Streitgespräch zwischen Geständnis und Leugnen. Ganz eigen und innig tönte er nur, wenn er ein Stück von seinem Innersten zurücknahm. Jetzt aber steigt Portias Rede als einziger Atemzug in drei Wellen auf. Sie beginnt als Aufatmen, gipfelt im Stoßseufzer an den göttlichen Eros, endet im Ausatmen, ein seliger Hauch. Mädchenhafte Hoffnung ist in einem Wimpernschlag zum Selbstgefühl, Selbsterkennen einer Frau geworden.

„You see me, Lord Bassanio, where I stand ..." (149-174). Erneut ändert sich Portias Ton. Ihre Diktion hat sich gehoben und geglättet zum Arioso einer gleichsam triumphalen Unterwerfung. Ein Vorbehalt nur: Sie bleibt eingeschlossen in der Illusion, das „ungelehrte, unerfahrene Mädchen" könne von „ihrem Herrn, Gebieter und König" nicht nur Liebe, auch Welteinsicht lernen. Sie stockt und stagniert nicht in diesem Irrtum. Ein tollkühner Impuls drängt sie, den Zauberkreis Belmonts zu verlassen, in Venedigs fremde, reale Verderbnis hinabzusteigen. Wir nannten ihre Begegnung mit Wucher, Blutdurst, Männerliebe: Portias Höllenfahrt.

Vor dieser Prüfung noch lernt Portia aus Antonios Abschiedsbotschaft, was für jede Verliebte der unfasslichste Schock ist: dass der Angebetete ein eigenes Leben hatte, verstrickt in ihr unbekannte Antriebe und Ziele – dass er ein Mensch ist, den sie nicht kennt. Portias Geschichte wurzelt, tiefer als die des Kaufmanns und des Juden, im Fundament des Stückes. Es überfällt sie allein, dass es zwei Dramen in diesem Drama gibt, eine Doppelfabel mit doppelten Menschen. Doppelt ist vor allem der, den sie liebt. Das Fremdsein „dieser großen Welt" trifft Portia nicht erst in Venedig als soziales Faktum und Fatum, sondern zu Belmont in ihrer Seele.

Die Gerichtsszene bezieht dann, seit es sie gibt, unfehlbaren Effekt aus dem Paradox: Das *Wirkliche* bricht voll ins Leben und Bewusstsein der Protagonistin ein erst mittels einer schamlos offengelegten *Fiktion*. Bis zu Portias Maskerade im Dogenpalast waren ihre „Realannahmen" – wir sprachen davon – allesamt falsch. Sie irrte nicht nur in der Annahme, dass Bassanio sie Reife, Erfahrung lehrt: „her gentle spirit / Commits itself to yours to be directed" (163-164). Sie irrte nochmals in der Annahme, dass Bassanio und Antonio sich ähnlich, gleichgeartet seien: „Being the bosom lover of my lord, / Must needs be like my lord" (III, 4, 17f.).

Zunächst: Wird Bassanio je willens sein, etwas über das Leben zu lernen, so künftig von Portia; Antonio hat ihm das Lernen erspart. Sodann: „Der Freund, ein anderes Selbst."

Portias Maxime zeugt von der Belesenheit ihrer Hauslehrer, nicht ihrem triftigen Urteil. „Philotes – isotes": Aristoteles zitiert den Satz in der »Nikomachischen Ethik«, Diogenes Laertius, Cicero zitieren ihn. Einen falscheren aber für Antonios und Bassanios ungriechisch-gebrochene Philia gibt es nicht. – Portias beide Fehlschlüsse entspringen dem gleichen Rückstand. Sie sieht das Leben, bevor sie Venedig erfährt, „romantisch" stimmig. Nicht wie es ist; wie es ihr gefällt.

Nichts von diesem Rückstand lässt sich an der souverän entschlossenen Portia entdecken, die uns im Finale des V. Aktes entgegentritt. Sie treibt das Drama zum Höhe- und Endpunkt ihres vorbildlosen Entwicklungsgangs. Dennoch scheuen bisher die Hunderte Stückinterpreten nachzuforschen, was Portia in der Gerichtsszene genau zustößt: wie und weshalb sie als eine derart Verwandelte aus ihr hervorgeht. Schauspielerinnen freilich, die Portia spielten, kamen um diese Frage nicht herum. Die verehrteste Portia aller Zeiten, Ellen Terry (1847-1928), werden wir öfter zu Rate ziehen.

## DAS GERICHT: SCHERZ ODER RÄTSEL

Was in Portias Kopf und Herzen während des Prozesses vorgeht, sagt sie nicht und sagt uns keiner. Zum Wesen des Dramas gehört es, nicht allwissend zu erzählen – nur die sichtbare Tat, das hörbare Wort vorzuzeigen. Das Drama ist sozusagen löchrig; es saugt in sich alle unsere Ahnungen, Vermutungen über die Beweggründe seiner Personen auf. Shakespeares immenser Reichtum kommt nicht von ihm allein, sondern von uns allen. Jeder, nicht nur der ernannte Regisseur, „inszeniert" seine Dramen, füllt deren Lücken mit eigener Imagination. Erst recht tun das seit je schon und unaufhörlich die Schauspieler. Vor Gericht, im mächtigsten Auftritt des »Kaufmann von Venedig«, bieten sich für Portia zwei extrem verschiedene (Selbst-)Inszenierungen an. Ihre beiden Anblicke erzeugen zwei konträre Sinngebungen des gesamten Stückes.

Sehen wir Portia vor Gericht von außen oder von innen? Als bizarre Silhouette in schwarzem Talar oder als tiefbetroffene Liebende? Das Außenbild strotzt vor drolliger Wirkung: Perükke, dicke Hornbrille, aufgeklebter Bart an einem Anwalts- oder Gelehrtenpopanz mit verrauhter Stimme und ruckhaften Rednergesten. Jahrhundertelang hat dieses Bild belustigt oder geärgert. Offenbar fällt es den Schauspielern, Zuschauern, Lesern schwer zu glauben, dass Portia auch unter der Richterrobe weiter als Portia lebt, denkt, empfindet. Das Kostüm hat die Person, unser Lachen ihre Gefühle gelöscht. Shakespeare trägt dazu das seine bei. Er fabriziert Komik, indem er Portia von Bassanio verkennen lässt – „Were you the doctor, and I knew you not?" –, und den Trick alsbald an Nerissa und Gratiano drastisch wiederholt.[1]

Der Entschluss, Portia von innen zu zeigen, lässt sich datieren: Ellen Terry spielt sie mit der Truppe Bancroft am 17. April 1875 im »Prince of Wales Theatre«.[2] Der Wandel wird von wenigen (auch von Henry James) fast erschrocken als „viel zu natürlich" abgelehnt, allgemein aber als epochaler Einschnitt der Rollengeschichte entdeckt und gepriesen. Terry selbst formuliert den Sprung: Der Auftrag der Schauspielerin sei, „den Charakter in sich selbst zu übersetzen, seine Gedanken zu ihren Gedanken, seine Worte zu ihren Worten zu machen".[3] Ihr Sohn, der Theaterdenker Edward Gordon Craig, bekräftigt: „Sie hing nicht an Erfindungen merkwürdiger Details; ihre Stärke lag darin, sich in jeden Charakter einzufühlen und sich mit ihm zu vereinen – ‚unter die Haut der Rolle schlüpfen' nennt das unser Fachjargon."[4]

Man könnte denken, dass dies die Portia-Spielerin auf eine einzige für sie gültige Gestaltung einschränkt. Das Gegenteil ist wahr. Man mystifiziere Einfühlung nicht zur puren Spontaneität – Entscheidung, Wahl im Innersten geht ihr voraus. Deshalb gibt es, so Terry, „viele verschiedene Wege, [Portia] zu spielen. Ich habe fünf oder sechs Wege selber versucht ..."[5]. Kurz: Erst das „Von-innen-Spielen" eröffnet die Ära der *Deutung* in Spiel und Regie. Als Ellen Terry eine ihrer Entscheidungen radikal ins Innere verlegt, löst sie geradezu eine Explosion möglicher Deutungen aus. Ihren innovativen Einfall und die Folgerungen daraus wollen wir unter die Lupe nehmen. Sie prägen die Rolle bis heute. Es geht um den vielgelobten, vielgescholtenen Urteilsspruch: Shylock stehe Antonios Fleisch zu, aber kein Tropfen seines Blutes.

„Bis vor ihrem Urteilsspruch sucht Portia Auswege; dann hat sie eine Eingebung und handelt nach ihr. ‚Tarry a little, there is something else!' … Shakespeare sah ihre Kasuistik nicht vorgeplant. Ich empfinde sie als blitzgleiche Inspiration."[6] Terry notiert am Rand ihres Shakespeare-Vortrags »The Triumphant Women«: „Das letzte Mal, da ich die Rolle spielte, wollte ich diese Idee in Darstellung wenden. Ich gab es auf; ich hätte eine große Anzahl Proben gebraucht, um die neue Linie der Deutung vollkommen umzusetzen."[7] „Auswege suchen"? Gewiss meinte Terry die zu Antonios Gunsten – die Wege der „mercy". Dem Freund G. B. Shaw, der sie anflehte, seine Lady Cicely mit der monströsen Gerichtsparodie („Ich bin der Staatsanwalt!") zu spielen[8], wäre Ambivalenz gegen den Rivalen – bis zur Eifersucht und Rachelust – denkbar, spielbar vorgekommen. Portias Entschluss, Antonio zu retten, wüchse damit zum gipfelnden Moment der »Kaufmann«-Fabel.

Bejahen wir Portias Urteil als „blitzgleiche" Inspiration-gleich-Improvisation, dann ist ihr allumwälzender Sinneswandel, die Wende des Plots: stumm. Nur die Spielerin der Portia weiß, was ihr im Schweigen geschieht. Die Ermächtigung ihrer inneren Wahl reißt alle Varianten auf bis in eine traditionswidrig buchstäbliche Auslegung – die des „problem play". Die wörtlichste Version des Problemstücks umschließt Portias Denk- und Tatmotive in ihrem vollen Entfaltungsraum vom I. zum V. Akt: vom Umhegtsein in Belmont über die Aussetzung, Krise, Befreiung in Venedig bis zum Glückstriumph in Belmont – verblüffend anders, als Bühne und Philologie sie uns vorzuschlagen pflegen. Lesen wir zunächst die Prozess-Szene, statt auf ein vorgefasstes, harmonisiertes Ziel hin, Satz für Satz. Es wird eine sonderbare Lektüre.

## „PROBLEM PLAY“: GERICHT UND GNADE

Portias Sätze an Antonio nach ihrer „Gnade“-Rede sind von einer extremen, sich schonungslos steigernden Schärfe, Aggression. Der grausamen Reihe nach: „There is no power in Venice / Can alter a decree established“ (IV, 1, 214f.). „Lawfully by this the Jew may claim / A pound of flesh, to be by him cut off / Nearest the merchant's heart“ (227-229). „You must prepare your bosom for his knife“ (240). „Therefore lay bare your bosom“ (248). Zu Shylock, endgültig: „A pound of that same merchant's flesh is thine“ (295). „And you must cut this flesh from off his breast; / The law allows it, and the court awards it“ (298-299). Kraftlos wirken dagegen die mildernden Vorschläge des jungen Richters: Erstattung des Kredits, Bestellung eines Wundarztes. Will Portia den Liebhaber ihres Mannes durch Tortur erproben, brechen? Will sie ihn vom Juden töten lassen? Wann und weshalb lässt sie davon ab? Das sind riskante Fragen – geweckt nicht gegen, vielmehr durch die poetisch-dramatische Macht von Shakespeares Wort.

Nicht nur Terry, auch ihr Antonio und Bassanio hätten einverständliche Proben gebraucht, um Portias Eingebung durch eigene Darstellung zu legitimieren. Denn Antonios Letzter Wille ist über Bassanio hinweg an Portia gerichtet: „… sagt ihr / Wie ich Euch liebte, rühmt im Tode mich, / Und wenn Ihrs auserzählt, lasst sie Richterin sein, / Ob nicht Bassanio einmal schon geliebt ward.“ Antonio vererbt Bassanio an dessen „honourable wife“ (wobei er ihr „Ehre“, sich „Liebe“ zuordnet). Bassanio aber ficht das Testament an: „Das Leben selbst, mein Weib und alle Welt / Gilt höher nicht als dein Leben für mich. / Ich will all das verlier'n, ja alles opfern, / … dich zu befrein.“ Dieses Bekenntnis zeugt in Portia den Drang nach Vergeltung – und den Zwang zur Rettung. Hat sie einen Moment, in dem sie Antonios und Bassanios Liebe und Elend sieht und verzeiht? Wird sie hinfort fähig zu etwas, das wieder neu im erstaunlichen Stufengang ihrer Reifung wäre: zu „spielen“? Besteht sie ihre Prüfungen nicht nur als Liebende, sondern als Spielerin, Experimentatorin? Davon später. Als Richterin bestünde sie sie nicht.

Terry hatte recht; die blitzgleiche Eingebung braucht lange Proben – und einen begnadeten Regisseur. Peter Sellars' Aufführung von 1994 verwirklichte unvergesslich den Augenblick von Portias Umschwung. Shylock hatte sein Messer gezückt, Bassanio warf sich vor Antonios Leib – Portia sah das, nahm es auf. Von Schock und Verwundung wechselte sie jäh zu dem nicht begründbaren Imperativ, Unmenschliches zu verhindern: ihren Widersacher trotz allem Verstand und Interesse zu befreien. Mit dem Ruf „Halt!“ wirkte sie selber jene Gnade, die sie von Shylock vergebens gefordert hatte. Doch Sellars' Spiel griff tiefer: Portia übersah im selben Augenblick, da sie sich Antonios erbarmte, Shylocks Zusammenbruch. Der Jude schluchzte auf: „These be the Christian husbands! I have a daughter –“. Unbemerkt entging Portia ihre zweite Chance zur Gnade. Ihre gnadenlose Vernichtung des Juden, ein Axthieb nach dem anderen, musste folgen.

Die Gerichtsszene bringt dem doppelten Drama »Der Kaufmann von Venedig« eine doppelte Peripetie. Die Peripetie der Komödie ist Portias Sieg über Shylock. Die Peripetie des Problemstücks ist Portias Sieg über Portia. Der Prozess, den ihr Spruch beendet, ist zugleich ihr eigener, dicht geraffter Prozess der Heimsuchung, Erleuchtung, Überwindung. Er verlangt ihr fast Maßloses ab. Wird nämlich Portia im Gerichtssaal von innen, als lebender Mensch gespielt, so gerät sie unausweichlich in ihre schwerste Krise. Drei Schläge treffen die Liebende, jedesmal härter: 1) Bassanios Beharren, ihr Leben für Antonios Leben einzutauschen (IV, 1, 280-283); 2) Bassanios Bereitschaft, seinen und ihren Ehering wegzuschenken (IV, 1, 448-450); 3) Bassanios

Angebot, in seiner, ihrer Hochzeitsnacht bei Antonio zu schlafen (IV, 1, 450-453). Einer der drei Schläge würde reichen, die „romantic comedy" zu zertrümmern. Doch Terrys Portia wollte die Komödie hier und für den Stückschluss bewahren. Die drei Lösungen, die sie fand, wurden von beglückten Zeitgenossen überliefert.

## DER NEUE BLICK: IRONIE

„Sie behält in der gesamten Gerichtsszene ihre fröhliche, schelmische Laune – als sie ihren Gatten damit neckt, dass er sie aufgeben will, und als sie auf seinem Ring besteht."[9] So beschrieb der Shakespeare-Gelehrte F. J. Furnivall Portias erste und zweite Prüfung und gestand, seine Frauenfigur der „Schauspielerin von Genie" Ellen Terry nachzumalen.[10] Ähnlich ging James Speddings Rezension in Portias zweiter Prüfung dem Spielzauber Terrys nach: „Da schließlich alles ernste Geschäft glücklich vorbei war, konnte sie die Situation gelassen, mit endlosem Genuss ihrer Komik betrachten. Es bräuchte eine ganze Druckseite, zu berichten, was durch ihren Kopf ging und aus ihren Augen sprühte, als sie zu Bassanio sprach, ‚Erkennt mich, wenn wir uns mal wiedersehen': jene Herzensheiterkeit, die ihr den Ring als Lohn zu fordern eingab, und der überfließende Geist liebevollen Ulks, mit dem sie den Spaß zum frohen Ende führte."[11]

„Necken", „Komik", „Ulk", „Spaß": Ellen Terry war eisern entschlossen, heiter zu sein – weil sie die Wucht der ersten zwei Schläge, „Hintansetzung" (Gervinus) und „Ring-Kampf" (Polgar), voll ermaß. Nicht pauschale „Heiterkeit" aber ist das Heilmittel in Terrys Belebung, sondern ausgesucht spezifisch: *Ironie.* Ironie ist ein neuer Blick und Ton im »Kaufmann von Venedig«. Ihn führt die Spielerin (führt Shakespeare?) ausgerechnet im leidenschaftlichsten Ausschlag von Bassanios Gemüt, im Moment seiner Opferbeharrung ein. Ja, das „schelmisch" „geneckte" Objekt der „Komik", mit dem Portia ihren „Spaß" treibt, heißt Bassanio. Man erwäge den kaum fasslichen Sprung in Portias Wachsen, Reifen: nach dem Jugendspott über ihre Freier im I. und II. Akt, nach der Huldigung an den „Herrn, Gebieter und König" im III. Akt – nun, im IV. Akt, ihr Beiseite „Das würde Eure Frau Euch kaum sehr danken." Das Publikum lacht mit ihr, auf Bassanios Kosten.[12]

Ellen Terry wusste, wie halsbrecherisch der Sprung in Portias Bezug zu Bassanio war: von der Unterwerfung zur Überlegenheit. Sie baute ihn mit Instinkt und Berechnung zu einem Triumph ihrer Rollenwirkung aus. Die neue Dominanz umflocht sie mit ihrer legendären Anmut, sie schmückte sie mit unübersehbaren Zeichen von Zärtlichkeit. Sie impfte „Nuancen der Gattinliebe in den Anwalt, als Bassanio sagte, er würde seine Frau für Antonio aufgeben – und [sie] warf ihm im Ring-Streit einen Kuss hinter seinem Rücken zu."[13] Verletztsein wurde durch Ironie verhüllt, deren Schärfe zu Ironie-aus-Liebe besänftigt. Zuschauer und Kritiker dankten ihr dafür. Nach ihrem Abgang am Schluss der Gerichts- und Ringszene wurde sie von ihrem verzückten Publikum dreimal auf die Bühne zurückgeklatscht.[14] Ein Rezensent: „Ihre Begleitspiele um den Ring waren das klügste und funkelndste Stück Schauspielkunst, das wir je gesehen haben."[15] In ergriffenem Gedenken rühmte ihr Sohn E. G. Craig „ihr unvergessliches Spiel …, da Bassanio sich weigert, sich vom Ring zu trennen".[16]

Der heikle Punkt bleibt allerdings offen. Wie Terry reagierte, als sie den Ring doch noch zurückgeschickt bekam, finden wir nirgends nacherzählt. Wir wissen nur: „Moderne" Portias 1987-99 „waren deutlich bestürzt über das Ringgeschenk".[17] Das treibt zur entscheidenden Frage: Leistet Ironie die ihr aufgegebene Versöhnung zwischen Krisenschlägen und Lustspielform? Ausgespannt zwischen der hergebrachten Gattung und dem je akuten Konflikt, zwischen der Komödiengestalt und ihrem krud realen Problemgehalt, muss sich Ironie prüfen lassen auf Wahrheit oder Trug ihres Lösungsvorschlags. Shakespeare steht uns unerwartet in diesem Examen bei. Er lässt Portia, wie sonst nirgends im IV. Akt, ihre Gedanken und Tatmotive ausplaudern: in der raschen Aktschluss-Szene IV, 2, dem Dialog-Scherzo mit Nerissa. Kein fremder Zeuge hört mit – ein vertrautes Zwiegespräch. Es müsste Portias, Nerissas Haltung in unverstellter Aufrichtigkeit spiegeln.

Der Autor selbst hat sich also aufgerafft, um Partei für Portias Ironie zu nehmen: für ihr liebend „neckisches" Spiel mit dem unterlegenen Bassanio, das auf den V. Akt übergreifen soll. Und dennoch: Die Lösung von Portias Heimsuchungen durch Ironie, die uns ihr Nerissa-Dialog rät, für die Shakespeare zu bürgen scheint – sie ist falsch. Portia spielt fröhliches Vergnügen, „we'll away tonight, / And be a day before our husbands home" (IV, 2, 2-3) – als gehe es nur darum, Lorenzo mit Shylocks geraubtem Vermögen als erste in Belmont zu erfreuen, oder gar Bassanio/Gratiano im Sprint zum ersehnten Bettgang zu überholen. Die zweite, gleichsam faktische Fabel widerlegt dies mit schroffer Verstörung. Sie berichtet das Anstößigste des „problem play". Während Portias, Nerissas Heimfahrt „tonight" nimmt sich Bassanio seine „night from home" (V, 1, 230), die erst „in the morning early" endet (IV, 1, 452). Portias froher „day before" (der Tag nach dem Prozess) verschleiert und enthüllt Bassanios skandalöse „Nacht davor": den gebrochenen Heimkehr-Eid, die verheißene Hochzeitsnacht, die der Ehemann bei seinem Liebhaber verbringt. Portias Ironie: Lügt sie, lügt Shakespeare?

Auftritt Gratiano, der Bote mit Portias, Bassanios Ehering. Wie steht es mit diesem zweiten Thema des Zwei-Mädchen-Scherzetto? Es scheint noch heiterer gefärbt: „We shall have old swearing / That they did give the rings away to men" (IV, 2, 15 f.).

Shakespeare entnahm diese Nutzanwendung des Ringes pointen-, fast buchstabentreu Ser Giovannis »Pecorone«. Was jedoch dort komisch-direkt sinnvoll war, ist hier hinterhältig-latent sinnwidrig geworden. Der Ring taucht bei Ser Giovanni Monate nach glücklich vollzogener Ehe und erst nach gewonnenem Prozess auf – folglich wird vorm Abschied in Belmonte kein Treueeid auf ihn, wie bei Shakespeare, geleistet. Obendrein stellt Ser Giovanni sicher, dass die Herrin weiß, ohne Konkurrentin geliebt zu werden. Vor ihr als „Richter" legt Gianetto in Venedig ein andächtiges Treuegelöbnis an seine ferne Gattin-und-Göttin ab; zurück in Belmonte, treiben ihn ihre Anschuldigungen – „Messer im Herz" – zu Tränen der Verzweiflung. Gianettos maßlose und ausschließliche Leidenschaft steht für sie und für ihn fest. Der Ring dient allein dem Lustspieltrick des Wiedererkennens.

Nichts davon gilt für Portia-und-Bassanio. Die Herrin von Belmonte gab vor, mit ihrem Schein-Streit auf viele fiktive, schalkhaft ersonnene Rivalinnen zu zielen: „Ich weiß genau, dass du deine alten Schätzchen wiedertrafst".[18] Portias Ring-Streit hingegen bekämpft den einen, wirklichen Rivalen. Weiter: Bassanio verknüpft die Rücksendung des Ringes mit einer „dinner"-Einladung in Antonios Haus – eine stückgestellte, shakespearegewollte Falle willkürlicher Grausamkeit? Zweideutig für jede Inszenierung ist Portias Absage mit emphatisch geballtem Klang: „That cannot be" (IV, 2, 7). Hören wir einen amtlichen Bescheid oder einen erstickten Schmerzensschrei? Platzt hier, für einen Augenblick, alle Ironie Portias gegen Bassanio? Aber schon wird sie unbeirrt, wir sahen es, mit Rückgriff auf Ser Giovannis unpassendes Vorbild repariert: „Wir werden vielfaches Geschwöre hören, / Dass sie an Männer diese Ringe gaben; / Wir übertrumpfen sie und schwörn sie nieder" (15-17). Portias gute Laune reißt für den, der genau liest, ihr beschämendstes Scheitern auf.

Eben was Portia als überlegenen Spaß gegen die Männer plant, verkehrt sich in fatale Niederlage. Denn der Ring ist Portia selbst in ihrem seelisch-geschlechtlichen Ich: „this same myself" im Vagina-Abbild ihres Liebespfands, „stuck upon your finger, riveted with faith unto your flesh" (III, 2, 170; V, 1, 169). Portia wurde von Bassanio auf Antonios Verlangen Balthazar geschenkt: Zwei Männer verhökerten eine Frau an einen dritten Mann. Hat Ironie damit, ein Instrument der Fälschung statt der Wahrheit, für den »Kaufmann von Venedig« ausgedient? Das Gegenteil verblüfft: Die Interpreten bis in unsere Zeit führen Ton, Handlungsimpuls, Formstruktur des V. Aktes hartnäckig weiter auf Portias ironisches Spiel mit Bassanio zurück. Sie übersehen dabei das singuläre Ereignis des Belmont-Schlusses: Shakespeare gibt darin der Funktion, ja dem Begriff von Ironie eine Erweiterung, radikale Umwertung. Sie wird den Horizont des »Kaufmann von Venedig« erst endgültig bestimmen, gleichsam von letzter Hand erhellen.

# II. DER FÜNFTE AKT: DAS LETZTE DOPPELGESICHT

## IRONIE: ENDE ODER NEUBEGINN

Ein Flackerlicht vor vierhundert Jahren beleuchtet die Ur-Verfehlung fast aller Interpreten des »Kaufmann von Venedig«. Wir sprachen von den „Meisei"-Kommentaren zur First Folio um 1630. Shakespeares Fast-Zeitgenosse nahm den Ringkonflikt des Schlussakts nur mit der zwanghaften Eindeutigkeit der „rosa" Sicht wahr, als zielstrebig hastigen Drang zum guten Ende: „Feares wittilie wroght and fairlie quenched"; „Conceiued feares and losses happilie remoued" und: „Intricassies cleered and Ioyfullie ended".[1] Farbe und Leben der Erprobungen, Erfahrungen wurden mit der Dampfwalze der Lustspiel-Teleologie plattgedrückt. Alles gut, wenn ...?

Danach verschwand der authentische Text, vor allem der V. Akt. Man mache sich klar: In der großen Lücke von 1600 bis 1900 hat Londons Publikum den Belmont-Schluss des »Kaufmann von Venedig« öfter nicht gesehen als gesehen.[2] Trotz Macklins Reform 1741 sprang Charles Kean noch 1858, Edwin Booth 1867, Lawrence Barrett 1886 von Shylocks Plünderung übergangslos zu Antonios Endabfindung mit den auferstandenen Galeeren. Ausdrucksmächtige Mimen exerzierten das Stück nur Shylocks wegen vor, ließen es mit seiner Zerrüttung enden. Dass sich der Belmont-Akt seit 1879 im Theater durchsetzte, hatte er Terrys Portia, nicht Irvings Shylock zu danken.

Im Deutschen ließ Friedrich Ludwig Schröder 1777 (wohl auch Iffland, Devrient) den V. Akt fort. Direktor Laube am Burgtheater kürzte 1851 den Belmont-Schluss auf ein einziges prunkvolles Tutti-Tableau bei Fackelschein. In ihm wurde „das spaßhafte Rätsel der Ringe in wenigen Minuten aufgelöst", damit das Publikum nach dem Prozess nicht „aufsteht und sich zum Fortgang rüstet."[3] Bedient wurden durch Verstümmelung des

Stückes: die Bestätigung des Lustspiels trotz melodramatischer Spannung, fasttragischer Erregung – und die Tilgung des Problemstücks mit allem Unziemenden in Portias und Antonios Kampf um Besitz an Bassanio.

Die Vorgeschichte des V. Aktes lief damit aus; seine *Geschichte* von Befragung, Reflexion, (Miss-)Verständnis hatte schon um 1800 begonnen. A. W. Schlegel rühmte 1811 die Ring-Intrige im Schlussakt: „Nach einer artigen verstellten Entzweiung endigt Alles mit den heitersten Scherzen", einer „Neckerei Portias und ihrer Gefährtin gegen ihre neuvermählten Gatten". Im Drang zum Glücksschluss wurde die biedere Einfalt des „Meisei"-Lesers abgelöst von der Beschreibung kunstwirksamer Formen. Shakespeare habe „den fünften Aufzug als ein musikalisches Nachspiel im Stücke selbst hinzugefügt".[4] Weimars Gattungsästhetik der „dramatischen Kunst und Litteratur" beugte sich über die Komödie.

Zwei Kommentatoren machten auf Schlegels Spuren die *Ironie* der Frauen zum Thema. Gustav Landauer wies 1919 (Wochen vor seiner Ermordung) darauf hin, dass das „Lust-Spiel" Mitwissen des Publikums voraussetzt: „In dem Nachspiel mit den Ringen … ist der fortwährende Doppelsinn der Reden nicht tragische Ironie, sondern Lust; wir Zuschauer sind ja eingeweiht und lassen die Männer da droben vergnüglich eine Weile zappeln."[5] Der Zuschauer hat die Sicht der Protagonistin zu teilen. Als Überlegener spielt er Portias Überlegenheit gegen Bassanio mit.

Für den Shakespeare-Experten C. L. Barber barg „Ironie" 1959 noch zuviel Distanz, Brechung. Damit sie einzig zur „romantic comedy" vermittelt, wird ihr innewohnender Vorbehalt beseitigt. „Die Treuegelübde-Ringe … bleiben als einzige Handlung übrig, um das Stück nach dem Prozess in Bewegung zu halten. Ein dünner Behelf …" Dagegen hält der missionarische Lustspiel-Anhänger: „Keine andere Komödie bis zu den späten

Romanzen endet mit einem so vollen Ausdruck von Harmonie wie jene, die uns die Eröffnung der Schlussszene des »Kaufmann von Venedig« schenkt. Und keine Schlussszene spricht so gänzlich ohne Ironie über die Wonnen, die sie feiert."[6]

Lesen und Verstand des Interpreten trotzen hier dem Wortlaut Shakespeares. Eben jene „Eröffnung der Schlussszene" ist voll schrill verwirrender Ironie, extrem in der Weltliteratur. Sie ist allerdings von einer gewandelten Art: statt Portias Ironie gegen Bassanio Shakespeares Ironie über das eigene Lustspiel. Sein Blick fällt auf sein Werk in dessen doppelter Eigenart: im Übergewagten seiner Konflikte, in der Irrealität seiner Glücksbehauptung. Die Umwertung, Neudefinition der Ironie ereignet sich an der weltberühmten Stelle: „In such a night …" (V, 1, 3). In dem Gesang zu zweien in der Nacht verwandelt sich Liebe ganz in ein musiksattes Poem[7] – und lässt alsbald jede berükkende Strophe in den Katastrophenbericht einer kaputten Leidenschaft abstürzen.

„In such a night …" ist die herrlichste Beschwörung und tückischste Zerschlagung der „romantic comedy". Im siebenmaligen Abbruch jener Himmelsmelodie werden herbeizitiert: Cressida, beschlafen im Griechenlager, Thisbe, ins Schwert ihres Selbstmörder-Liebhabers gestürzt, Dido, sich tötend über Aeneas' Untreue – gipfelnd im Inbegriff aller verratenen, rachsüchtigen Liebe: Medea mit ihren seriellen Mordopfern vom Schwarzen Meer bis Korinth. Dass Portia im »Kaufmann von Venedig« zuerst als Bassanios Retterin „auf Kolchis' Strand" – Medea also – benannt wird, zählt zu den hinterhältigen Pointen der Unglücksliste.[8] Was Generationen zu gerührtem Entzücken gebracht hat, ist eine Reihe von schlimmen Witzen.

Perfiderweise begleitet Shakespeare Cressida, Thisbe, Dido, Medea nicht bis zum bösen Ausgang. Ihre unheilvollen Namen sollen, „sapienti sat", an das Unvermeidliche ihres Fatums erinnern – und, eine letzte, allerböseste Ironie, Gleiches für die

Romanze der Judentochter Jessica mit dem christlichen Taugenichts und Amateurdichter Lorenzo, „stealing her soul with many vows of faith“ (V, 1, 19), wahrsagen. Das Haltmachen vor dem wüsten Ergebnis öffnet dem Zuschauer oder Leser drei Fluchttüren dieses taktischen Meisterwerks. Er darf die Schwärze des Nachtgesprächs zum neckischen Spaß mildern, als hehre Lyrik mitschlucken oder ganz und gar ignorieren. Oft wurden alle drei Türen auf einmal benutzt.

## UNRUHE ZWISCHEN KLAMMERN

„In such a night …“: Die Reihung der paradoxen Vierzeiler macht die Klammer auf, in die der V. Akt gebettet wird. Geschlossen wird die Klammer der Eröffnung mit der Klammer am Stückschluss, einem Kniff von wahrhaft surrealer Frechheit: „Antonio …, / unseal this letter soon, / There you shall find three of your argosies / Are richly come to harbour suddenly.“ Der letzte Satz ist an Affront gegen Stück und Leser nicht zu übertreffen: „You shall not know by what strange accident / I chancèd on this letter“ (V, 1, 273-278). Zu Beginn stand die siebenfache Dekonstruktion des gleichsam idealen Liebes-Lustspiels. Zum Schluss verfremdet Shakespeare das eigene Liebes-Lustspiel: Er stellt dessen obligates Happy-End, „poetical justice“, als schiere Gattungsfiktion, Pflichtabgabe des Komödiendichters bloß.

Dicht und fremd eingeschlossen in der Riesenstrecke zwischen „In such a night …“ (3) und „You shall not know …“ (278) wird der Ausgang der Doppelintrige ihrem Doppelpublikum aus Gutgläubigen und Argwöhnischen, bald rosa-, bald schwarzschillernd, Punkt für Punkt vorgeführt. Die Geschichte beginnt, großartig, im dunklen: mit dem einzigen Tag der Bühnenfabel, von dem wir nie erfahren, was an ihm geschah. Portia und Nerissa, am Morgen nach dem Prozess in Padua angekommen, durchwandern stumm und unsichtbar ihren bedeutungsschweren dritten Tag der zweiten Stückhälfte. Nur Portias Diener Stephano verrät (oder erfindet): „Sie streift derzeit umher / Bei heilgen Kreuzen, wo sie kniet und betet / Um glückliche Ehestunden" – begleitet von einem „heiligen Eremiten", der die profane Bühne scheut, keinmal betritt.

Mit Portias Erscheinen verdüstert sich die Szene – kaum geeignet, die Innenfabel von Eheringen und -betten als „heiterste Scherze" einzuführen. Nerissas „Als noch der Mond schien" (92) weicht Portias „siechem Tageslicht", „bleich" wie bei „bedeckter Sonne" (124-126).[9] Zwischen Portias und Bassanios Auftritt entsteht der chaotischste Teil des gesamten Stückes, ein Wirbel verschobener, fast unvereinbarer Metaphern. Bald suggerieren sie mit „Antipoden" ein verkehrtes Universum, bald deuten sie mit intimem Selbstbezug die Depression der Prozesssiegerin an: „So leuchtet gute Tat in einer schnöden Welt" (91). Nirgends sonst wird das Gemeinwesen, die Stadt Venedig, ja die Menschenwelt des »Kaufmann von Venedig« so schwermütig als „schnöde Welt" eingetrübt.

Portia und Bassanio begegnen sich endlich wieder: nach zweieinhalb Tagen, wie er meint, nach anderthalb Tagen, wie sie weiß. Beginnt damit Schlegels „Neckerei Portias und ihrer Gefährtin gegen ihre neuvermählten Gatten" – oder der Kampf um Bassanios Zukunft, Körper und Seele? Voran stellt Portia ihm ein Stoßgebet: „But God sort all!" Schon die gewollt lückenhaften, irrationalen Stellen mit den heiligen Kreuzen am Wegrand, dem heiligen Eremiten sollten wir nicht als exotische Einsprengsel abtun, sondern – im wunderlich allegorienahen Sinn, den sich Shakespeare im V. Akt gestattet – ernst nehmen. Portia hat Grund genug, sich „glückliche Ehestunden" zu erknien. Doch erst ihr „Gott!"-Ruf erwirkt die rituelle Erhöhung, die von nun an, auf Messers Schneide austariert mit einer Ehefarce, dem Rest der Fabel Licht und Schatten gibt.

Portia nimmt „God" fünfmal in den Mund im »Kaufmann von Venedig«: zweimal schnippisch über ihre versoffenen Freier in I, 2 („God defend me of these two" (51) und „God made him, and therefore let him pass for a man" (53)) – erst dann ergreifend emphatisch im „Mercy"-Vortrag: „[Mercy] is an attribute to God himself, / And earthly power doth then show likest God's / When mercy seasons justice" (V, 1, 191-193). Jetzt nennt sie Seinen Namen zum fünften Mal. Er ertönt wie vor einer Schlacht in den Historienstücken. „We are in God's hand", wird der Idealkönig Heinrich V. flehen (H5, III, 6) und: „How thou pleasest, God, dispose the day!" (H5, IV, 3). Die Parallelen legen nahe: Portias Gebet an Gott entsteigt keiner Vorfreude auf ein spaßiges „Zappelnlassen".

„To sort" besagt in Shakespeares Gebrauch „auswählen", „unterscheiden", diesmal „lenken" und „entscheiden". Der schöne Unterton heißt jedesmal: „entwirren". Kummer um Kommendes, in keiner Nuance optimistisch, durchdringt die ausdrucksdichte Vergleichsstelle des Dritten Bürgers in »Richard III«: „All may be well; but if God sort it so / 'Tis more than we deserve, or I expect" (II, 3, 35-36). Das Bedeutungsfeld von „sort" ist das Ungewisse, ein kommender Kampf um Zukunft. Der glückliche Ausgang ist „mehr als wir verdienen oder ich erwarten darf". So lassen sich die Sorgen des Dritten Bürgers wort- und gedankengenau vom Historischen auf die Jetztzeit, vom Öffentlichen ins Private projizieren: auf Portias Streit um den künftigen Besitz an Bassanios Liebe und Treue.

Die „Innenfabel" der Belmontnacht ist ein harter Streit. Portia drängt Bassanio mit erbarmungloser Energie in die Enge. Ihre Verfolgung des Geliebten ist wie von einem mysteriös feindlichen Zwang und Genuss angetrieben, dessen Quelle, beleidigte Liebe, sich ahnen, nicht aussprechen lässt. Wir folgen Portias Drohungen, Erpressungen Schritt für Schritt, bald mit blankem Entsetzen. Wie der Streit ausgehen wird, erfahren wir nicht. Denn sie und er haben ein ganzes Leben vor sich. Erprobt Shakespeare an Portia versus Bassanio/Antonio zum erstenmal, was sein Lebenswerk dann nicht mehr ruhen lässt: Wann bricht der Mensch? Wie weit kann man ihn biegen, wringen, reißen, bis es knackt? Bevor Prospero seine Feinde im Insellabor zum Wahnsinn treibt, übt Jago an Othello, üben die Götter an Lear das große Experiment.[10]

Sinead Cusack spielte die Portia 1981 in John Bartons Stratforder Inszenierung. Sie erinnert sich: „In unseren [Cusacks and Bartons] Gesprächen über das Stück war der größte Bereich von Meinungsverschiedenheit die letzte Szene. Ich will sie mir als eine weitere Prozessszene vorstellen. Bassanio wird geprüft, als er unter den Kästchen wählt, Shylock wird geprüft im Gerichtsauftritt – und Bassanio nochmals geprüft, als er nach Belmont zurückkehrt, nach seinem Vertrauensbruch. Die Schlussszene, stritt ich, sollte nicht als boshaft hübsches Spielchen vorgeführt werden. Sie ist nicht komisch."[11]

## IN DER SCHALE: PROBLEMSTÜCK ODER KOMÖDIE?

Die schwarze Variante der Geschichte, die zwischen „in such a night" und „you shall not know" in der Schale der Ironie liegt, ist von extremer Grausamkeit. Verzichten wir auf unser Mehrwissen, so wird die Vernehmung Bassanios durch Portia Folter statt Scherz. Zu Beginn gelobt sie: „Beim Himmel, ich komm niemals in dein Bett, / Bis ich den Ring erst seh!" (190 f.). Schamlos besteht sie darauf, dass die Ehe „bei meiner Ehre, die mein noch ist" (232) nicht vollzogen wurde. Sie ist Jungfrau, die Trauung ungültig. Man mache sich das Ungeheuerliche klar. Inmitten des V. Aktes steht: Alle hohen Gewinne, Hoffnung auf Ehe und Reichtum, Brautfahrt, Kästchenglück, Dreimonatswonnen,

Prozesstriumph waren vergeblich. Die Ring-Schuld hat das gesamte Stück gelöscht. Shakespeare zieht die Daumenschraube weiter an. Den angedrohten macht er zum vollzogenen Ehebruch – und reißt mit Bassanios Tortur Portias Rivalen Antonio herein.

Die beiden Grußworte, die Portia zu Antonio sprach, waren von eisiger Kälte. „As I hear, he was much bound for you" (137); „I scant this breathing courtesy" (141). Dann hundert Zeilen lang kein Wort an ihn, bis er Reue über seine Mit- und Hauptschuld bekennt: „I am the unhappy subject of these quarrels." Darauf der Gnadenstoß: „you are welcome notwithstanding" (238 f.). Härter als Portias wortreicher Streit Bassanio trifft ihr strafendes Schweigen Antonio. Granvilles dumme Bearbeitung 1701 hat hier seinen ausgeflippt genialen Moment. „Bassanio (angrily): Antonio! This was your doing. Antonio: Take your revenge, and kill me."[12] Shakespeare meidet solche rüde Offenheit. Doch über Bassanios Los lässt er uns wählen wie einst über Portia vor Gericht: Sehen wir die Figur im Brennpunkt von außen oder von innen? Mit Augen der überlegenen Kämpferin oder mit seinen eigenen?

„Lie not a night from home … / if I be left alone … / I'll have that doctor for my bedfellow" (230) ist nur scheinbar eine Drohung, Freiheitsentzug für alle Zukunft. Sie verstört im Gegenteil, weil sie Vergangenheit, nicht mehr zurückzunehmende Tat nüchtern kalt quittiert: Du bist fremdgegangen; ich schlief mit dem Doktor. Portia macht Bassanio zum Gefangenen, nicht um ihn liebend zu erobern, sondern gerecht zu bestrafen. Auch die böse Kehrseite des Wirklichen – Mordgefahr, Rechtsbeugung, Verrat des Liebsten an Freund und Frau – war umsonst. Denn Portia, sie sagt es selber, gehört Bassanio nicht – noch nicht und nicht mehr.

Da aber hat die Heldin das Problem schon findig und hart umgedreht: Es geht nicht darum, wem Portia gehört. Es geht darum, wem Bassanio gehört. Ihr, seiner Frau, mit der er noch nicht geschlafen hat – oder dem Mann, mit dem er in ihrer, seiner Hochzeitsnacht geschlafen hat? Bassanio ist im Muster des Stückes nicht der Liebende, sondern der Geliebte. Der V. Akt fragt nicht, wen er besitzt, sondern wer das Vorrecht hat, ihn zu besitzen. Keinen einzigen Ton der Portia an Bassanio vernehmen wir in V. Akt, der in III. Akt am entferntesten möglich gewesen wäre – und keinen einzigen Ton im III. Akt, der im V. Akt nun nicht rüd widerlegt würde. Der Schlussakt ist das letzte Kapitel von Portias Entwicklungsroman. Taub müsste sein, wer das überhört.

# III. SHAKESPEARES AMBIVALENZEN

## VON DER AMBIVALENZ

Der Entschluss der Jahrhunderte, den Aufschub des guten Endes als Neckerei zu genießen, ist nicht auf nichts gebaut. Blick und Sinn, Stimmung und Fabel des V. Aktes sind in jeder Silbe ambivalent, zugleich Liebeskomödie und Problemstück, ganz vereint und dissoziiert. Von Zeile zu Zeile hören wir den romantischen und den radikalen Wortlaut. Bei jeder Wendung von widerständigem Reichtum der Charaktere und Situationen wurde die Mahnung des Deuter- und Warnerchors laut: „Dann aber geht das Stück nicht auf!" Als würden Dramen geschrieben, damit sie aufgehen. Als hätte Shakespeare dieses Drama nicht so geschrieben, dass es nicht aufgeht.

Shakespeares Verfahren »Zwei Stücke in einem« ermöglicht, das gesamte Drama entweder gutgläubig ideal oder argwöhnisch real zu sehen. Unsere Grundthese hieß: Der Autor bietet dem Zuschauer, Leser über jede Figur und jedes Ereignis zwei Erzählungen, zwei Wertungen zur Wahl. Wir durften Antonios edle Hilfsbereitschaft, erhabene Freundschaftsidee verehren – oder uns über seine Liebesverfallenheit, besessene Sucht nach Selbstopfer wundern. Shylocks Kreditangebot ohne Zinsen mochte sein letzter Versuch sein, sich mit dem Christen zu versöhnen – oder schon die hinterhältige Hoffnung, ihn in die Todesfalle zu locken. Untrennbar verquickte sich Lorenzos Liebe zu Jessica mit der Liebe zu Shylocks Juwelen.

Die Doppelung aller Charaktere, die restlose Verknäuelung von Komödie und Problemstück, Form und Realität rückt Shakespeares fast unvorstellbare Ingenieursarbeit in den Blick. Unser Bild von seinen Kompositionsmühen ändert sich. Er war nicht, nach dem vielbezweifelten Zeugnis der Folio-Heraugeber, nur ein „glücklicher Nachahmer der Natur ..., ihr sanftester Tongeber". Noch schroffer verfehlt ihn: „Geist und Hand gingen bei ihm zusammen: Und was er dachte, äußerte er mit solcher Leichtigkeit, dass wir kaum einen Tintenfleck in seinen Manuskripten erben."[1] Im »Kaufmann von Venedig« steckt keine intuitive Schlamperei, sondern eine ungeheure Menge Arbeit. (Man kann das erahnen an den pränatalen Rissen des wohl einzigen Stükkes, das unfertig auf uns kam: »Timon von Athen«).

Blicken wir auf Shakespeares Arbeit zurück, in der er das Novellenschema des »Pecorone« in das Widerspruchsgewebe des »Kaufmann von Venedig« verwandelte: Sie gibt das fasslichste Bild seiner Intentionen. Unsere Methode der wortwörtlichen Lektüre wiederholt jedesmal: *Niemand zwang Shakespeare …*

1) Ansaldo/Antonios Verwandtschaft mit Giannetto/Bassanio zu liquidieren;
2) Antonios Judenmisshandlung zu erfinden;
3) Antonio einen „Kredit für deinen Feind" von Shylock fordern zu lassen, die Fleischopfer-Klausel mit Freude einzugehen;
4) Shylocks Tochter zu erfinden;
5) Jessica von einem Freund Antonios entführen zu lassen;
6) Lorenzo Gold und Juwelen rauben zu lassen;
7) Lorenzo/Jessica das Geraubte in drei Monaten verprassen zu lassen;
8) die Ehe Portia/Bassanio vor dem Prozess und Ringverrat nicht vollziehen zu lassen;
9) Bassanios beide Eide und Eidbrüche zu erfinden;
10) Portias Rechtsverdrehung mit der Beschlagnahme von Shylocks Vermögen, mit seiner Zwangstaufe zu verschärfen;
11) Lorenzo den Chaucer der »Legend of Good Women«, der untreu verlassenen Frauen, als Liebes-Beispiele wählen zu lassen.

Kein einziges unter diesen Motiven, das nicht Doppelwerte bis zum grellen Widerspruch stiftet. Shakespeare muss Ambivalenz, »Zwei Stücke in einem« gewollt haben – sonst hätte er sie nicht erfunden.

## DAS DOPPELSTÜCK: GLEICHBERECHTIGT?

Wiegen beide „Fassungen", Sichten immer mit gleichem Gewicht? Behalten „romantic comedy" und „problem play" in den Klammern von Shakespeares Ironie ihren vollen, doppelten Eigenwert, ohne dass Form die Realität, Realität die Form je widerlegt? Nein. Es gibt einen schmerzlichen Punkt im V. Akt, an dem die „rosa" Fassung von der „schwarzen" nicht doubliert, sondern ohne Appellinstanz durchgestrichen wird. Zwei Sätze, die Bassanios, Antonios innere Hölle und Portias Erpressungssieg bezeugen, wurden in vierhundert Jahren, ob blind oder aus Furcht, stets überlesen. Es geht um extreme Schuld; beide Männer gestehen sie. Bassanio bekennt: „I never more will break an oath with thee" (248). Den doppelten Eidbruch mit Ring und Nachturlaub hat er also begangen.

Antonios Garantie, Schwur auf sein Seelenheil, zurrt das Skandalon fest: „My soul upon the forfeit, that your lord / Will never more break faith advisedly" (252-3). „Advisedly", befremdlich nachgeschoben, bezeugt Antonios Wissen, dass Bassanio seinen Eid brach – „vorsätzlich", bei voller Verantwortung, Verantwortungslosigkeit.[2] Beide Bekenntnisse entstiegen dem Schüsselwort: „your double self" (242-6). Wenn Bassanio auf Portias Augenpaar schwor, schwor er in der Tat als „double self", zwischen seinen zwei Arten Liebe. Aber Portias Augen sehen nun selber eine doppelte, zweideutige Welt. Sie üben die Strategie des Stückes: das Gegebene lässt sich so oder so werten. Der Mensch ist das zweideutige Wesen. Portias Scherz- und Leidensironie trifft fortan nicht nur den doppelten Geliebten, sondern die doppelte Welt.

Ihr zähneknirschender Kampf endet erst, als Antonio reumütig erkennt und gesteht: „I am the unhappy subject of these quarrels“ (238) – und sich als Garanten von Bassanios künftiger, heterosexueller Treue verbürgt (252-253).[3] Die Wahrheit tritt, mit solemnen Riesenwuchs, ins Spiel. Bassanio würde Antonio ewig hassen, hätte er ihm seinen Lebenstraum vergällt. Mit „I was enforcèd“ (216), beginnt er sich vom Freund abzusetzen; nur Antonio konnte die Weggabe des Ringes „erzwingen“. Darum muss Antonio ohne Rückhalt büßen: Er ist schuld an allem. Seine Wahrheit sprengt das Stück, entfesselt die Große Restitution: „Then you shall be his surety“ (254). Mit diesem Wort, Einschnitt, kehrt der Ring zu Bassanio zurück. Dessen Schuld ist erlöst; Portia hat gesiegt.

Das dramaturgische, ethische Ereignis des „Argosy“-Wunders ist so groß wie seltsam. Der Galeerenaffront lässt die beiden Gattungen, „problem play“ und „romantic comedy“, auseinanderplatzen. Er macht deren Substanzen rein sichtbar: *Besitz* und *Glück*. Geht es im V. Akt um die Herrschaft in einer Ehe – oder um die Hoffnung auf gemeinsame Erfüllung? Jene Vermischung, Verwirrung von Geld- und Liebesmetaphern, die wir zu Beginn dieses Buches als Grundmuster des »Kaufmann von Venedig« vorfanden, verwirklicht sich in dem Dilemma. Waltet im Finale die Harmonie der Parknacht oder der Streit ihrer Bewohner, das Glück der Zweigeschlechtigkeit des Menschen oder der Kampf der Geschlechter?

## UNSER LETZTER BLICK FÄLLT AUF PORTIA, DIE …

Portia wächst im ganzen Stück Schritt für Schritt über die „romantic comedy" hinaus – und steigt zum Schluss als höchster Stufe ihres Aufstiegs zur Göttin der Komödie – Fortuna – auf.

Der Galeerentrick, der beide sich vereint-ausschließenden Gattungen mit einer einzigen Geste der souveränen Verfügung denunziert – und rein herausstellt. Lustspielutopie und Realitätsernst gesondert, vereint.

Portia bewahrt die Komödie – weil es ihr nicht um Bassanios *Besitz*, sondern um ihr und sein *Glück* geht. Die Idee des Lustspiels ist: Glück. Die Fiktion der Galeerenrettung ist Ironie, ja, romantische Ironie über das Lustspiel, in dem man sich befindet. Sie ist vor allem die Behauptung des Lustspiels, des Glücks, so fragwürdig deren Realität sein mag. Portias „Galeerenwitz" darf als schöner Trotz erscheinen: Sie weiß, dass die Welt nicht so ist – aber doch so, so tröstlich und richtig, sollte sie sein.

*Glück*: im Deutschen steht gegen die Doppelung im Englischen – „bliss" und „luck", „happiness" und „fortune" –, die wir anfangs als Doppelmetaphorik von Geld und Liebe vorfanden. Hier, zum Schluss, darf sie sich als das strukturelle Grundmuster des »Kaufmann von Venedig« erweisen.

Alles hat eine fast unerträgliche Kehrseite: Das, nichts anderes, heißt Wirklichkeit. Jetzt weiß Portia: Sie muss herrschen, die Dinge selber in die Hand nehmen. Dafür steht die Ring-Geschichte. Portias „Entwicklungsroman" ist die Widerlegung der „romantic comedy". Portia ist nicht Teil, sondern Überwinderin der „romantic comedy".

Der „strange accident“ ist *zugleich*, im „problem play“, Portias endgültiger Sieg über Antonio: Indem sie Antonio sein Verlorenes wiedergibt, begleicht sie dessen Einsatz für Bassanio, löst Bassanio aus der Pflichtschuld. Portias „Entwicklungsroman“ = Portias Selbstbewusstsein? Zum Schluss: Sie weist jedem seinen Platz zu – also auch sich selbst. Ihre höchste Stufe: Reflexion, Selbstbewusstsein.

Ab Zeile 280 ein Regensturz von Segnungen, Erfüllungen: das reine selbstzweckhafte Lustspiel. Portia steigt da a) zum Gipfel ihres Entwicklungsromans, b) zur Göttin Fortuna auf – und wird doch immer näher, persönlicher, liebenswerter.

Shakespeare rehabilitiert das Lustspiel – als unentbehrlich erhofftes Glück, das das trübe Realitätsgeflecht des Lebens herausfordert und widerlegt. Der Freilegung substantieller Wahrheit folgt mit Portias absurd-wundervollen „news“: Shakespeares ironische Klärung und Vernichtung der Gattungen. Portia als Glücksgöttin, das utopische Gesicht der „romantic comedy“. Shakespeare/Portia behauptet das eigene Lustspiel, indem er dessen absurde Hoffnung über alles Unversöhnliche der Wirklichkeit stellt.

Dass Portia ihm (Antonio) Bassanio nimmt, dafür sein Vermögen wiederschenkt, ist zugleich Göttertat der Fortuna – und die eigenartige Variante (für dieses Stück) der „poetical justice“.

Im V. Akt wird Ironie nicht fallengelassen – im Gegenteil, sie radikalisiert sich ins Universale, zur fastallegorischen Universalagentin für den Kern des Stückes: die zwischen Glückshoffnung und Konfliktrealität gespaltene, zweideutige Welt.

Der V. Akt *eingerahmt* in Ironie – nicht Portias, sondern Shakespeares. „In such a night" – und „news", „letter" über Antonios Galeeren, den „strange accident". Ironie Shakespeares über seine *Pflicht zum Lustspiel.*

Nimmt Portias Ironie die *Tatsache* von Bassanios HS an – und übernimmt die *Herrschaft*, die *Ehepraxis*: Ironie nicht als Gegensatz von, als Ausweichen vor der Realität (Absage an das „problem play"), sondern die höchste Stufe von Realismus? Es bleibt: Portias Entwicklungsroman.

Gratiano wird benutzt zur „Heterosexualisierung" der Konflikte, um die Komödie nicht zu zerstören. Er muss den Sachverhalt, den er nicht beseitigen kann, übertünchen. Er steht Portias Ironie bei, die auf den falschen Feind zeigt, um den »Kaufmann von Venedig« lustspielfähig zu machen.

Verfälscht wird auch ihr Publikum; denn es ist nicht das interessierte von Frauen, sondern das konventionssüchtige von Männern. Das ideale Publikum des »Kaufmann von Venedig« besteht gewiss nicht aus Frauen, die nichts dagegen hätten, wenn ihre Männer ihre Hochzeitsnacht im Bett eines anderen Mannes verbrächten und ihren Ehering einem wieder anderen, dritten Mann schenkten – sondern aus Männern, die sich dagegen wehren, im Sodomiten ihresgleichen wiederzuerkennen.

Shakespeare liebt den Jux über abgesegnete Gattungen. Im »Sommernachtstraum«: Ironie der Komödie über die Tragödie. Im »Kaufmann von Venedig« („in such a night" und „Galeeren"): Ironie des „problem play" über die „romantic comedy". Die „Gattung" erscheint frech als „Pflichterfüllung".

Doppelte Ironie: 1) Entschärfung des „problem play"; 2) Belustigung über die „romantic comedy" (mittels eines Hauptmotivs des Stückes: der „news"). Die „Galeeren"-Stelle scheint sich über das „problem play" lustig zu machen – in Wahrheit macht sich Portia über die „romantic comedy" lustig, über die Gattung, die sie durch ihre Entwicklung überwunden hat.

## DIE VIER SPRACHEN DER PORTIA

In der erschütternden Variante des V. Aktes ist Bassanios „Doppel-Ich" (V, 1, 245) die Erleuchtung einer durch Schock, Öffnung, Erkenntnis weise gewordenen jungen Frau, die mit ihrer Vermählung fast illusionslos, hoffentlich nicht ganz lieblos, in ein neues Leben tritt.

*Der Prozess des Stückes ist: Portia wird von der „romantic comedy" geheilt.* Wenn sie aus Venedig zurückgekehrt ist, spricht sie eine andere, neue Sprache: Wir hören ihren bitteren (V, 1, 124-126), entschlossenen, erfahrenen „dritten Ton": den Stoßseufzer zu Gott (132), den ersten Stich gegen Bassanio (136 f.), den kalten Gruß an Antonio (139-142): Schlachtvorbereitungen.

Handlungsprozess und Zuschauerwirkung, das Faktische und das Nötige brechen im V. Akt, diesem vorgeblich harmonischsten Lustspiel-Finale, dissonant auseinander. Was die Fabel schonungslos fasst, war das Gros ihrer Adressaten nicht bereit zu erfassen.

Das Paradox des V. Aktes, verkörpert in Portia: Der V. Akt installiert und feiert die „romantic comedy" – während er zeigt, wie es mit ihr ein für allemal aus und zuende ist. Heute nacht wird die heitere Fiktion vollendet – heute nacht ist es mit der heiteren Fiktion vorbei. Heute nacht siegt die Komödie – heute nacht wird sie von der Wirklichkeit besiegt. Die Komödie endet – Portias und Bassanios Leben fängt erst an.

Der fünfte Akt gehört Portia. Bassanio wird von ihr nicht im Spaß gefoppt, sondern zu Recht bestraft. Was der ihr angetan, ignorieren die theatralischen oder akademischen Schwärmer für Mondschein und Liebesgirren. Wer aber überhört, in welchem holden Mädchenton Portia den geliebten Mann zu ihrem „Herrn, Lehrmeister, König" erhob (III, 2, 165) und mit welcher Frauenerfahrung, Herrinnenmacht sie ihn und Antonio zu Schwüren der Reue zwingt (V, 1, 247-248) – der verrät die stärkste, einzig lern- und wandlungsfähige Figur des »Kaufmann von Venedig« an eine süßliche Konvention.

Nach der „Höllenfahrt" der Gerichtsszene: Es gibt keine „Rückkehr nach Belmont". Die „dritte Periode" eines verwandelten, von Erfahrung getrübten, belasteten Belmont ist die „Synthese" des Stückes – sie steht unter einem Fragezeichen. Das Stück endet mit dem Fragezeichen.

Zum Trost die Andeutung dessen, was dieses fünfte Kapitel des Buches behaupten will: Des »Kaufmann von Venedig« herrschende, immer heller erstrahlende Strähne liegt in Portias triumphalem Aufstieg vom anmutigen, verwöhnten Schlossfräulein zu einer fast allerfahrenen, fast allwissenden Frau.

Rechtfertigung, die Shakespeare den Verdoppelungszwängen seines Themas und dessen Rezeption ablistet: der Traum vom Idealzuschauer, der mit zwei Köpfen denkt, mit vier Augen schaut. (Der Traum von Portia in ihrem höchsten Reifegrad!)

„I exclaim on you“, wenn du den Ring weggibst. Der V. Akt ist eine einzige Exklamation.

## SHAKESPEARES DREIECKE

Portias, Antonios Bürgerkrieg-Gleichung: Wir wollen das gleiche – Bassanio.

Die Leontes-Parallele: Zusammenstoß von Freundschaft und Ehe, Vergangenheit und Gegenwart. Leontes zuerst eifersüchtig um Polyxenes (für mich wollte er nicht bleiben), nicht um Hermione.

Der Nichtvollzug der Ehe, damit die Aufwertung des Ringes, ist Shakespeares Erfindung. Bassanios Abschiedsschwur und die versäumte Hochzeitsnacht werden in Einheit damit erfunden. Shakespeare *will*, dass die „Wissenden“ diese Motive aufnehmen. Nicht die Vorlage, nicht die Handlung verlangen nach diesen Motiven: Shakespeare denkt sie aus.

Portias und Bassanios Ehe wird nach dem V. Akt gewiss eine sehr andere sein als die, die sie sich im III. Akt erträumten.

Portias letzte Tat: Sie eröffnet Antonio, dass seine Schiffe erhalten geblieben sind. Rahmender Aspekt auch dieser Tat: Der letzte, große Witz über „news“. Die extreme, absurde, mirakelhaltige Variante einer Nachricht, Portia an Antonio: „And I have better news in store for you …“ (V, 1, 274).

Portia offenbart sich in plötzlicher, schließlicher Parusie als die Göttin Fortuna: „Ich bins! Ich wars!“ Ihre Mitteilung an Antonio über dessen Schiffe heißt nicht, dass diese „in Wirklichkeit“

nicht untergegangen sind – sondern dass sie die Macht hat, Antonio seine untergegangenen Schiffe zu schenken, wiederzugeben.

Der Schluss durch den unverdächtigen Hetero Graziano *hilft uns vergessen*, wovon das Stück gehandelt hat. Er ist Shakespeares letzte, großzügige Beihilfe an sein Publikum, sein Stück genießen zu können, ohne es zu verstehen.

Wie rettet Shakespeare das Stück in die „heitere" Deutung? Indem er Antonio für alle Zukunft (für die Glücksewigkeit, die dem Happyend folgt) zum Garanten von Bassanios heterosexueller Treue macht.

Eine, vielleicht *die* Grundfrage an den IV. und V. Akt: Ist es denkbar, dass Portia im Augenblick ihrer Krise und ihrer Entscheidung für Antonios Rettung fähig wird, Bassanio so zu nehmen, wie er ist? So zu nehmen, um ihre Liebe und Ehe zu retten, wie sie ihn als „double self" erkannt hat? Dann wird ihr Spiel mit dem Ring tatsächlich *zugleich* Todesernst und Ironiespiel – und ihr Stoßseufzer „God sort all" (V, 1, 132) ihr Ruf zur größten Schlacht ihres Lebens, die ihr in neu erworbener Freiheit bevorsteht.

Bassanio/Gratianos und Portia/Nerissas Reisen aus Belmont nach Venedig zum Gerichtstermin, sodann Urteil, Ringintrige, Rückreisen von Venedig nach Belmont: unfehlbar sind wieder alle Zeitschritte und Ortswechsel durchgerechnet. Wie Portia Bassanio bei der Hinfahrt nach Venedig verfolgt, bei der Rückfahrt nach Belmont überholt, wie sie den Ring von ihm erst ergattert, dann an ihm einklagt, um seine Untreue zu bestrafen: an Kalkül und Stoff wäre das einer feydeauschen Präzisions-Eheposse würdig. Die wirklichen, großen Possen sind nicht nur zum Lachen – ihre Präzision bedeutet auch: Wirken einer unvorhersehbar wechselnden, aber unausweichlich steten Bedrohung. Die Ehe Portias und Bassanios wird am Ende des V. Aktes nicht die sein, die sie zu Beginn des III. Aktes einander und sich selbst versprachen.

## DER ABGRUND DER CHRONOLOGIE II

Das Stück birgt ein Enigma, ja einen dramaturgischen Abgrund: Shakespeare will *beide* Rezeptionen. Er schrieb dieses Stück, wie kein anderes, zugleich für ein „weises" Publikum – und für ein „dummes", das in jedem Theater die Mehrheit hergibt.

Dass Bassanio seinem Liebhaber das ius primae noctis schenkt, konnte Shakespeare seinem Publikum schwer zumuten. Von da an gibt es zweifellos „zwei Stücke" – in voller Absicht des Autors.

## NACHSPRUCH, DANK

Drei „Vorbilder" (Dank an sie): Rossiter, Geary, Cusack. Davon zum Glück nur Cusack vor der Abfassung kennengelernt.

Rossiter über »Richard III«. Überlagerung zweier Raster: Tudor-Mythos und Richard-Überclown (s. auch Weimann, Shakespeare und die Tradition des Volkstheaters). Seine Wühlarbeit vollzieht einerseits, stört andererseits die Dominanz des „Tudor myth" über die Erste und Zweite Tetralogie. Sie wühlt am summarischen „Gesamtsinn" einer verdienten Vergeltung des Königsmords an Richard II. Shakespeare sucht die Ambivalenz, Ambiguität.

»Der Kaufmann von Venedig« wühlt ähnlich am „Gesamtsinn“ der romantischen Komödie. Der „Doppelsinn“ ist Shakespeare nicht fremd, sondern fundamental.

## NOCHMALS: SHAKESPEARES REALSCHEIN DER FIGUREN

Grundthese: Shakespeares Doppelstrategie, „Wirklichkeit“ zu erzeugen, offenbart sich, wie wohl an keinem anderen Stück, am »Kaufmann von Venedig«. (Konkurrenz: »Hamlet«.) 1) Er stellt *vor uns* einen glaubhaft realen Menschen (Shylock); 2) Er stellt *in uns* die Perzeptionsweise her, mit der wir einen realen Menschen aufnehmen und ihn uns zum Bild („Charakter“) formen. Also: 1) die Sicherheiten (Gewissheiten) der bestmöglichen Beobachtung; 2) Die erkenntnistypischen Unsicherheiten (Ungewissheiten) der a) Wahrnehmung, b) Beurteilung, c) Abbildung, d) Fixierung eines uns erst einmal fremden Menschen. Jede Hauptfigur lernen wir erst einmal kennen: ein aktiver, fruchtbarer Vorgang. Die beiden Strategien wirken *zusammen*, um die „Illusion“ der Realität, der wirklichen Existenz einer Bühnenfigur zu erzeugen; aber sie wirken pragmatisch auch *gegeneinander*, da die eine Strategie nach Genauigkeit, Eindeutigkeit die andere Strategie nach Ungenauigkeit, Mehrdeutigkeit in allen „Daten“ (Motivierung, Chronologie) verlangt.

Resulat dieser „Unbestimmtheitsrelation“: Dem Zuschauer wird zur Wahl gestellt, welches Bild er sich von jeder einzelnen Person, ja von der Gesamthandlung machen will. Der Zuschauer „kreiert“ die Figur mit.

Die Macht der Gattungen. Thalia Hamburg: Bevor es dunkel wird, fragt die Abonnentin die andere Abonnentin, die seit fünfzehn Jahren neben ihr sitzt: „Ist das heute ein Lust-Stück oder ein Trauer-Stück?

In geernteter Harmonie durfte Siegfried Jacobsohn hundert Jahre später über Max Reinhardts Finale im Deutschen Theater schwärmen: „Die volle Höhe wird erreicht, wenn auf den Jammer der Jubel folgen darf. Der fünfte Akt ist von einem Märchenhauch umflossen, vom Vorgefühl süßer Wonnen durchglüht. Shakespeares erotische Poesie, die von Mondschein und Liebesgirren lebt, wird … in ein Notturno eingefangen, das an köstlicher Zartheit seinesgleichen nicht hat."

# ANMERKUNGEN

## Erstes Kapitel: Zeit und Wirklichkeit

### Einleitung: Die Chronologie des »Kaufmann von Venedig«

1 Diese Seite von Shakespeares Arbeit entdeckte die Forschung 1930-40. Am Anfang standen Aufsätze, Bücher von Caroline Spurgeon, G. Wilson Knight, Wolfgang Clemen. Eine frühe Bilanz s. Clemen, The Development of Shakespeare's Imagery, London 1951, Softcover-Ausgabe 1966, S. 16 f.

2 Wir zitieren Shakespeares Stücke mit Akt, Szene, Zeile – z. B. (III, 2, 312) – nach »The Arden Shakespeare«: »The Merchant of Venice« dort nach der Ausgabe von John Russell Brown (Neudruck London 1964-). Die deutschen Zitate haben wir selber übersetzt, oft in Anlehnung an Schlegel/Tieck, manchmal an neuere Übertragungen.

3 William Hazlitt, Characters of Shakespear's Plays, 1817.

4 A. Gurr, The Shakespearean Stage 1574-1642; Cambridge 1992, S. 114.

5 Chapman, The Gentleman Usher, London 1605, nach Gurr a. a. O., S. 252.

6 Th. Heywood, An Apology for Actors; London 1612, 1. Buch.

7 Zum Zeitproblem in »Romeo und Julia«, G. T. Tanselle, Time in »Romeo and Juliet«, in: Shakespeare Quarterly, 1964 Autumn. vgl. auch Anm 9.

8 So meint der einst berühmte Theatermann Granville-Barker: „For him dramatic time was a naturally elastic affair … he dismissed [the problem] as of no consequence.“ (Prefaces to Shakespeare, The Merchant of Venice; London 1930, Reprint 1971, Bd. 3, S. 163.)

9 H. H. Furness, der Herausgeber des Stückes in der »New Variorum Edition« (1888), postuliert eine wirre „doppelte Zeitrechnung“ und sieht in ihr „Shakespeare's consummate art“ (S. 338), seine „thaumaturgy“ und „magic“ (S. 339). Davon später mehr.

10 T. F. Driver, The Shakespearian Clock: Time and Vision of Reality in »Romeo and Juliet« and »The Tempest«, in: Shakespeare Quarterly, vol. 15 1964, S. 364.

11 Ernst Buschor, Über das griechische Drama; München 1963.

12 „Das Wesentliche auch an Ödipus ist *nicht* die Unabänderlichkeit einer sich enthüllenden *Vergangenheit* ..., sondern ein mit *Aktivität geführter Kampf* um Rettung, Selbstbehauptung und Verteidigung eines bedrohten menschlichen Scheingefüges ..." (Karl Reinhardt, Sophokles; Frankfurt am Main 1947, S. 108.)

13 Zu einigen falschen Alternativen weiter unten.

14 „Dinner" hieß in Shakespeares England das Mittagessen, „supper" das Abendessen (vgl. Nicholas Breton, Fantastickes, 1626). Dazu später ausführlicher.

15 So Eccles (1805), Daniel (1880).

16 Von H. H. Furness (1888) bis Franz Link (1975).

17 So Granville-Barker (1930) und eine Unzahl anderer nach ihm.

18 Erst um 1940 experimentierten amerikanische Dramatiker mit der „antidramatischen" Technik der Rückblende, die wohl aus dem Roman über den Film ins Theater gelangt war. Den exemplarischen Durchbruch wagte Thornton Wilder 1938 in »Unsere kleine Stadt«; Arthur Miller folgte ihm 1949 mit dem »Tod eines Handlungsreisenden«.

19 Das elisabethanische Kalenderjahr 1597 begann am 25. März 1597. Die Wintermonate Januar/Februar zählten zum Jahr 1596.

20 Henslowes Tagebücher (für das Rose Playhouse) geben den Stücken etwa je drei Wochen Probenzeit; das erlaubte siebzehn Premieren im Jahr. Daraus folgert Andrew Gurr (The Shakespearean Stage 1574-1642; Cambridge $^{3}$1992, S. 209), eine wirkliche Regie habe kaum stattfinden können, man habe sich auf Stil und Routine der Schauspieler verlassen. Jedoch: In der großen Zeit des Züricher Schauspielhauses 1938-45 wurde wegen des nur mittelstädtischen Publikumsreservoirs oft alle zwei Wochen eine Premiere gezeigt. Therese Giehse erzählte mir, sie habe achtzehn neue Rollen in der Spielzeit 1938/39 gespielt. Gewiss stützte man sich dabei auf die gemeinsame Sprache der Company (nun „Ensemble" genannt). Dass deshalb von Wolfgang Heinz, Leonard Steckel, Oskar Wälterlin, Leopold Lindtberg, Max Ophüls auf Regiearbeit (Durchdringung des Textes, Belebung des Raumes, Vertiefung der Charaktere) verzichtet wurde, lässt sich kaum annehmen.

21 Der Theatermann Granville-Barker notierte die Merkwürdigkeit: „We remark that Morocco is allotted two scenes instead of one."

Prefaces to Shakespeare 3 (London paperback 1971), S. 165. Er vermutet die Stärkung des Belmont-Elements als Shakespeares Beweggrund – und verliert den Faden leider bald wieder.

22 Deren Würfelspiel-Metapher, wohl Shakespeares Erfindung, mag er ad hoc jener Fortuna-Motivik des »Kaufmann von Venedig« entliehen haben, die Klaus Reichert (Fortuna oder die Beständigkeit des Wechsels; Frankfurt/Main 1985) gelehrt und inspiriert aufgedeckt hat.

23 E. K. Chambers, William Shakespeare, A Study of Facts and Problems; Oxford 1930, vol. II, S. 332.

24 Die ältere Theatergeschichte bietet dabei wenig Hilfe. Es gibt keine Nachricht über den »Kaufmann von Venedig« zwischen den Hofaufführungen 1605 und Granvilles Bearbeitung »The Jew of Venice« 1701. In dieser aber kamen weder Morocco noch Aragon vor. Mit Macklins texttreuer Fassung 1741 kehrten sie auf die Bühne zurück, um bald wieder zu verschwinden. Erst Charles Kean stellte 1858 beide Rollen wieder her – nach dem Vorwort seiner Buchausgabe „for the purpose of more strictly adhering to the author's text, and of heightening the interest attached to the episode of the caskets." Die beiden Morocco-Szenen verschmolz Kean, kürzte sie aber auf insgesamt 54 Zeilen. Henry Irving, der dominierende Shylock der Jahrhundertwende, gönnte 1879 Morocco (nicht Aragon) einen winzigen Auftritt. Das 20. Jahrhundert hielt sich zunächst an Shakespeares Text, spielte also zwei getrennte Morocco-Szenen. Dann aber wurden die Inszenierungen, die sie – in II, 1, in II, 7 oder an irgendeiner anderen Stelle – zusammenfassten, fast zur Regel. Einige neuere: Doran (Stratford 1997), Alföldi (Budapest 1998), Kahn (Washington 1999).

25 So P. A. Daniel (1879), zusammengefasst und bekräftigt in Furness' »New Variorum Edition« des »Kaufmann von Venedig«, S. 337 f.; s. Anm. 33.

## Die erste Stückhälfte

1 „... what lady ... / That you to-day promis'd to tell me of?" (I, 1, 19-121).

2 Es lohnt sich, hier die Ausreden zu sichten, die 200 Jahre Gelehrsamkeit erfand, um der Einsicht auszuweichen, dass Antonio traurig ist, weil er den geliebten Mann verlieren wird. Furness (A New

Variorum Edition; Philadelphia 1888, S. 2f.) verwendet eine volle kleinstgedruckte Seite für die Anmerkung zur ersten Zeile des Stükkes. Das Problem, das ihn quält: „Es ist nicht leicht einzusehen, warum Antonio am Stückbeginn in dieser melancholischen Stimmung dargestellt wird." Er zählt der Reihe nach Hypothesen der früheren und damaligen Deuter auf (mittlerweile sind viele dazugekommen): Antonio habe (laut Mrs. Griffith) eine Vorahnung von der bösen Zukunft; Antonio habe (laut Ulrici) Einsicht genommen in das Trügerische der Welt; Antonio sei reich und reichen Leuten fehle es (laut Gervinus) an Impulsen; Antonio musste von Shakespeare als Melancholiker dargestellt werden (laut Allen), sonst hätte dem Publikum seine unüberlegte Unterschrift unter den Shylock-Vertrag nicht eingeleuchtet. Am kühnsten wohl – viktorianische Kühnheit! – ist die Annahme des schottischen Pfarrers George MacDonalds (The Imagination, Boston 1883, S. 164; darin der Aufsatz von 1863: The Art of Shakespere, as Revealed by Himself): Antonio sei einst von einer geliebten Frau schrecklich enttäuscht worden, darunter leide er immer noch. Nachzutragen wäre die Ansicht John Middleton Murrays, des Ehemannes der unglücklichen Katherine Mansfield: Das Interessante, Tiefsinnige an „In sooth I know not why I am so sad" sei, dass Shakespeare keine Erklärung gebe und geben wolle.

Als erster erlaubte sich T. A. Ross, auf die Merkwürdigkeit dieser fachmännischen Hemmungen hinzuweisen: „It would be strange if the answer were nowhere in the play." Und mit Hinweis auf Antonios Liebe zu Bassanio: „It seems extraordinary that so little attention should have been paid to something which is stated so unequivocally." Signifikanterweise war Ross kein Shakespeare-Philologe, sondern Psychiater, und sein Aufsatz »A Note On The Merchant of Venice« erschien im British Journal of Medical Psychology (Vol. XIV, Part IV, p. 303ff.) – nicht vor 1934!

3 Wieviel weiter das Theater seit den 1980er Jahren ist als die Interpretation seit 400 Jahren ersehe man aus M. Gilbert, »The Merchant of Venice, Shakespeare at Stratford«, London 2002, S. 51ff., 149ff. Sobald heute ein Schauspieler den Antonio verkörpert, körperlich-real für Antonio auf der Bühne steht, kann man der Erkennbarkeit des Textes nicht mehr ausweichen. Das geschieht auch durch Jeremy Irons zu Beginn des Films: Ein Blick auf Bassanio genügt.

4 Chapman, Marston und Jonson beenden ihren Prolog zu »Eastward Ho« von 1605 mit dem Couplet: „Bear with our willing pains, if dull or witty; / We only dedicate it to the City."

5 Zwei geniale Theaterleute entdeckten vor einem halben Jahrhundert, dass »Romeo und Julia« sich als Stadt- und Jugend-Milieustück zu neuem Leben erwecken lässt. Nach Jerome Robbins' (39) aktualisierter »West Side Story« 1957 in New York übertrug Franco Zeffirellis (37) »Romeo and Juliet« 1960 in London wortgetreu Shakespeares Figuren zurück auf eine italienische Piazza. Ein schwüler Sommerabend, dessen Luft die Gemüter erhitzte, trieb die jungen Diener und ihre noch jüngeren Herren zum spielerischen Streit, der tödlich endete. Zeffirellis vital mitreißende Inszenierung im Old Vic (der leider seine dumme Filmversion folgte) lehrte Kenneth Tynan, Peter Zadek, auch den Verfasser dieses Buches, dass Shakespeares Stück nicht von gefühlvollen rhetorischen Fiktionen, sondern von körper- und seelenwahren Halbwüchsigen handelt.

6 Es ist merkwürdig, aber unstrittig, dass eine der frühesten oder die früheste „citizens' comedy" gerade für Shakespeares »Chamberlain's Men« geschrieben wurde: »A Warning for Fair Women« eines unbekannten Verfassers. Dessen Prolog wendet sich um 1597 an das Publikum: „My Scene is London, native and your own." Ein anderes frühes Exemplar der Gattung, William Haughtons »Englishmen for My Money«, wurde spätestens vor Jahresende 1598 im Rose Theatre uraufgeführt.

7 »Der Sturm« dauert von zwei Uhr bis sechs Uhr nachmittags: Die vier Stunden werden genau gemessen von Prospero, der ihren Ablauf durchplant – und von Ariel, der an ihrem Ende in die Freiheit entschwinden darf.

8 Antonio versteht sofort, dass sein junger Freund „a present sum" (I, 1, 179) von ihm will (und schickt ihn „presently" auf die Suche nach Kredit); Shylock wiederum erfuhr von Bassanio, dass es darum geht, „instantly [to] raise up … full three thousand ducats" (I, 3, 59 f.).

9 Zufall oder wieder ein Detail von kaum fasslicher Richtigkeit: Bassanio fällt erst im letzten Moment ein, wohl bei schon begonnenem Essen (sechs Uhr!), den Juden einzuladen. Ist die Einladung als Ehre, Anbiederung oder Erniedrigung gemeint (vgl. I, 3, 28-33)? Oder ist Bassanio Mitwisser von Lorenzos Entführungsplänen und

will den Vater aus dem Weg der Tochter räumen? (Gervinus und andere nehmen das als selbstverständlich an: „... jener Abschiedsschmaus diente zu einer tugendhaften Sünde, dem unnatürlichen Vater die lieblichste Tochter zu entführen.") Jedenfalls: Dass die Einladung unhöflich verspätet kommt (und die regulären Einladungen laut II, 2, 111 schon um drei Uhr ausgegangen sind), lässt uns Shakespeare nicht vergessen: Kaum zwei Minuten nach seinem „Geh vor, sage, dass ich komme" an Lancelot, macht sich Shylock auf den Weg. Er weiß: „I am not bid for love, they flatter me, / But yet I'll go in hate ..." (II, 5, 12-13).

10 Jacobsohn, Max Reinhardt; Berlin 1921, S. 6. Dafür, dass kein wahrhaft Theaterkundiger die einzigartigen Wirkungschancen der von Shakespeare ausgesparten Szene übersah, hier zwei Belege. Ellen Terry erinnert sich an die Heimkehr-Szene ihres Partners Henry Irving vor dem leeren Haus: „An höchstem Pathos, erzielt durch vollendete Einfachheit der Mittel, habe ich im Theater nie etwas Vergleichbares gesehen." Fritz Kortner nutzte die Möglichkeiten der Fernsehfassung 1969, um zu zeigen, wie Shylock verzweifelt sein Haus durchsucht und dabei neunmal (!) „Jessica" schreit.

## Die lange Zwischen-Zeit

1 Der Widerspruch um die Wirkungsdauer von Julias Schlaftrunk mag aus der italienischen Novelle des Da Porto oder der englischen Sammlung „Palace of Pleasure" in das Drama eingedrungen sein; er hat weder tiefere Gründe noch Folgen für die Handlung. G. T. Tanselle schlägt (»Time in ›Romeo and Juliet‹«, in: Shakespeare Quarterly, Autumn 1964) angesichts der Überemphase der Chronologie in diesem Stück eine Korrektur von zwei Worten vor, die auf ein Versehen des Setzers zurückgehen sollen; sie stellen die (von Shakespeare erstrebte) Logik gegen den überlieferten Wortlaut von IV, 1, 105 her.

2 Manches verbindet »Ein Sommernachtstraum« eng mit »Romeo und Julia« und dem »Kaufmann von Venedig«: nicht nur das nahe Datum ihrer Entstehung, sondern die strenge Genauigkeit ihres Zeitablaufs.

3 Lichtenberg notierte in seinen »Briefen aus England«, wie Macklin in seinen Auftrittsworten „Three thousand ducats" „das doppelte th

und das zweimalige s, zumal das letzte nach dem t ... so leckerhaft lispelt, als schmeckte er die Dukaten und alles, was man dafür kaufen kann, auf einmal ..."

4 Laut Furness in den »Variorum«, siehe unten.

5 Die üblichste Verlängerung von Bassanios Reise ist die Annahme, Belmont liege weit weg von Venedig am Meer. Wilson Knight hat 1932 in seinem Buch über den »Sturm« mit schönen Worten geschildert, wie Bassanios Werbung um Portia ein „Seeabenteuer" ist, eine Reise über das weite, gefährliche Meer zum Zauberreich von Belmont, zur Verheißung von „Kolchos' Ufer" (I, 1, 171). Das Loblied hat nur einen Fehler: dass Belmont nicht am Meer liegt.
Noch John R. Brown spricht im Vorwort der Arden-Ausgabe von 1955-64 von Belmont als einem „Schloss, das über das Meer zu erreichen ist". Und Klaus Reichert erliegt in seinem klugen »Fortuna«-Buch dem Fehlschluss, Belmont sei „offenkundig" eine Insel, denn „the four winds blow in from every coast / Renowned suitors" (I, 1, 168-169). Gewiss, einige der Freier kommen aus einem Küstenland (ob Marokko oder Schottland) – deshalb muss Belmont selber keineswegs an einer Küste liegen. Auf welche Weise Portia von einer Insel mit einer „Kutsche" in kaum einer Stunde zur „öffentlichen Fähre" gelangen soll, die von Padua „nach Venedig verkehrt" (III, 4, 53f.), ließe sich dann schwer erklären.
Schuld an den Fehlinterpretationen war wohl auch Bassanios (später Gratianos) Vergleich von Belmont mit dem fernen Märchenland des griechischen Mythos *Kolchis*, in dem Reichtümer durch die Betörung einer Jungfrau zu holen waren. Vermittelt wurde Shakespeare diese Legende nicht von antiken Schriften, sondern von Chaucers »Legend of Good Women«, aus der Jessica/Lorenzos berühmter Nachtdialog, „in such a night", gründlicher schöpfen wird. Chaucer verortet „eine Insel namens Colchis im Meer ostwärts jenseits von Troja". Dass die Erbeutung des Goldenen Vlieses, die in Medeas mehrfachem Familienmord endete, im I., III. und V. Akt als Vorbild einer glücklichen Brautwerbung hingestellt wird, beschäftigt uns an anderer Stelle. Hier eine Lektüre von Bassanios Colchis- und Seemetaphern I, 1, 161-176.
„In Belmont is a lady richly left" (I, 1, 161) klingt keineswegs nach Märchenland. Die Erhöhung des Ortes folgt erst zehn Zeilen später (I, 1, 171) eben durch den Vergleich: „which makes her seat in

Belmont Colchos' strand". Rhetorisch wäre aber diese Zeile sogar falsch, wenn darin beide Orte als gleich mythisch oder märchenhaft wirken sollten. „Sitz" und „Ufer", „seat" und „strand", das Poetische und das Konkrete, sind fast Gegensätze; ein Paar bilden sie nur im Sinne einer Vergleichbarkeit-durch-Verschiedenheit, etwa wie „Land" und „Meer". Wohl wird die Phantasie für einen Sekundenblick geöffnet zum Meer: „die vier Winde" bringen Freier „von allen Küsten". „Coasts" heißen hier jedoch die Kontinente, aus denen die Freier stammen, nicht Portias Schloss.

Von der Salzluft des »Pecorone« um die „Herrin von Belmonte", Souveränin einer Hafenstadt, und um den Welthandelskaufmann Ansaldo ist manches in Antonios Übersee-Geschäfte, nichts aber in Bassanios Liebesgeschäfte eingegangen. Alle Bewegungen im »Kaufmann von Venedig« zwischen Venedig und Belmont setzen voraus, dass Belmont auf dem Festland, in der Nähe der Stadt Padua und des Flusses Brenta, etwas über zwanzig Meilen weit von Venedig liegt.

6 The Works of Mr. William Shakespear, hg. v. Rowe/Gildon, London 1710; 7. Bd., S. 321. Gildon stiehlt sein Dogma fast wörtlich aus dem Französischen: „La Vray-semblance est … l'essence du Poëme Dramatique, et sans laquelle il ne se peut rien faire ni rien dire de raisonnable sur la Scène." (F. H. d'Aubignac, La Pratique du Theatre, 1657; S. 76.)

7 The Comedy of the Merchant of Venice by William Shakespeare with the Notes and Illustrations of Various Commentators, and Remarks by the Editor; Dublin 1805, S. 261. – Eccles hatte bereits 1794 mit einer Ausgabe von »Lear« und »Cymbeline« nichts Geringeres als eine „Variorum"-Edition versucht; sie konnte damals immerhin Johnsons, Steevens', Malones gelehrte Arbeit miteinander vergleichen. Doch als „principal object of the Editor's attention", seine eigenste Forschungsrichtung und -leistung, bezeichnet Eccles im Vorwort zu Lear/Cymbeline (verknappt dann zum »Merchant of Venice«): „an endeavour to mark with clearness the progression of the fable". Er prüft den Zeitverlauf nicht als klassizistischer Regelfuchser, sondern in der schönen (von ihm kursivierten) Absicht: „to make the fable appear as consistent as possible with itself." (The Plays of Lear and Cymbeline …; London 1794, Bd. 1, S. XI f.)

8 A. a. O., S. 261 f.

9 P. A. Daniel kam auf dieses große Projekt von 1878 (Time-Analysis

of the Plots of Shakespere's Plays, in: The New Shakspere Society's Transactions 1877-79; London o. J., S. 117-353; darin »The Merchant of Venice«: S. 149-56.) dank einer Vorübung: Er schrieb im Vorjahr 1877 gegen die größtenteils absurde »Kaufmann«-Konstruktion des Pfarrers Halpin eine ausführliche Widerlegung (A Note on the Rev. N. J. Halpin's Time-Analysis of the »Merchant of Venice«), abgedruckt im selben Band der NSS, S. 41-57). Wir kennzeichnen Zitate aus der »Note« hier als D-1, aus der »Time-Analysis« als D-2.

10 Daniel fügt einen überflüssigen Tag zwischen Bassanios Abreise II, 6 und den Nacht-Bericht von Solanio-Salerio II, 8 ein. Denn Salerios „gestriges" Gespräch mit einem Franzosen über einen Schiffsbruch (II, 8, 27-30) könne unmöglich am Tag von Bassanios unbeschwerter Abreise vorgefallen sein; dementsprechend komme Bassanio III, 9 erst am dritten statt am zweiten Handlungstag in Belmont an. Um den pedantischen Einwand pedantisch zu widerlegen: Der Neugierige kann sehr wohl „gestern" eine Nachricht „in silence" (32) eingesammelt haben; seinem Kumpan gegenüber aber erst „heute" die Vermutung äußern, das Schiff könnte Antonio gehört haben. Von der berufsmäßigen Informations-Sammelwut der beiden handeln wir im vierten Kapitel dieses Buches.

11 D-2, 155. Daniel lernte Eccles' »Lear«-, »Cymbeline«- und »Kaufmann«-Kommentar, wie er sagt, erst nach Ausformulierung seiner eigenen Schrift kennen. „He [Eccles] is, so far as I know, the only editor who has attempted anything of the kind".

12 D-1, 45; D-2, 150. Vier Vorgänge, ja Wandlungen sollten die Venedig-Woche, die Daniel sich verschaffte, füllen. Er hat sie aufgelistet. Bassanio müsse ein Schiff auftreiben, Diener anwerben; das brauche Zeit. Lancelot habe in der Stadt munkeln hören „auf Botengängen von Shylock zu Bassanio" (D-2, 150), dass Bassanio reiche Livreen spendiere; das brauche noch mehr Zeit. Daniels Ausmalung hinkt schon auf der „realistischen" Roman-Ebene: In Venedig lassen sich bis heute Boote, Schiffe jeder Größe im Nu mieten oder kaufen; zehn Schneidermanufakturen passen in sechs Stunden einem ganzen Bataillon Röcke und Hosen an, falls der Auftrag gut genug bezahlt wird. Dass aber Bassanios Übereile im Beschaffen von Dienern, Livreen, Festessen viel Geld kostet, ist gerade Shakespeares Pointe und Shylocks Kalkül. Obendrein las Daniel das Stück ungenau.

Erstens: Der angebliche „Bote" Lancelot kennt Bassanios Wohnung nicht (II, 2, 146-147). Zweitens: Bassanio lässt die bestellten Livreen nicht eine Woche, sondern nur sechs Stunden vor seiner Abreise zur Ausführung treiben (II, 2, 111). Daniels drittes und viertes Argument für den Aufschub von Bassanios Abreise sind erst recht hanebüchen: Ausgerechnet Shylock brauche *die fragliche Woche* in Venedig. Er überlasse Lancelot hilfsbereit Bassanio: „Sosehr er seinen Hass innerlich nährte, muss er nach der Unterschrift des Schuldscheins wenigstens kurzzeitig in vertrautem Umgang (!) mit Bassanio und seinen Freunden gestanden haben." Und er habe seinen Ekel vor Schweinefleisch nach und nach überwinden müssen: „Er nimmt jetzt eine Einladung, mit Christen zu essen, fast wie selbstverständlich an." Wieder falsch gelesen: Shakespeare hat für Shylocks *sofortiges* Handeln in beiden Fällen scharf zugespitzte Motive geliefert. Der Jude tut beides, damit der gehasste „verschwenderische Christ" die geliehenen Dukaten noch *vor* seiner Abfahrt los wird: „[I] part with [Lancelot] / to one that I would have him help to waste / his borrowed purse" (II, 5, 48-50). Und: „But yet I'll go in hate, to feed upon / The prodigal Christian" (II, 5, 14f.). Daniel ignoriert diese grausig-grotesken Zuspitzungen. Seine vier Versuche, Bassanio eine Woche Reisevorbereitung zu gönnen, versagen viermal an der Genauigkeit von Shakespeares Erzählung.

13 D-1, 53f.

14 H. H. Furness (Hg.), The New Variorum Edition of Shakespeare; The Merchant of Venice; Philadelphia 1888 (Reprint New York 1964). Darin: „Appendix – Duration of the Action", S 332-45.

15 A. a. O., S. 339. Diese dämliche Annahme bewirkt, dass Furness Bassanios Mittagspause zu mehr als einer Woche dehnen muss.

16 A. a. O., S. 338.

17 A. a. O., S. 341.

18 Furness' Anhang »Duration of the Action« hatte eine immense Wirkung. Jeder Gelehrte musste die »New Variorum Edition« lesen – und durfte sie gedankenlos nachschreiben. Viele unter ihnen verwandten *Double Time* sozusagen mechanisch, sooft von irgendwelchen längeren und kürzeren Zeitstrecken die Rede war – emphatisch aber, sobald ihr eigenes Wunschbild der »Kaufmann«-Handlung nicht zu Shakespeares Chronologie passte.

19 Dies Boreales. Christopher under Canvass, anonym in: Blackwood's Edinburgh Magazine, November 1849 (Bd. 66, Nr. 409, S. 620-54),

April 1850 (Bd. 67, Nr. 414, S. 481-512) und Mai 1850 (Bd. 67, Nr. 415, S. 622-39). Wilson gehörte unter dem Pseudonym Christopher North (eine der Personen dieses Dialogs) zu den Hauptautoren jener gebildeten, politisch erzkonservativen Zeitschrift.

20 A. a. O., Nr. 409, S. 651.

21 Wilson formuliert in »Othello« die Triebkräfte der „Überstürzung der Leidenschaft“: „this tragical vehemency, this imperious energy, this torrent of power“ (Nr. 415, S. 620).

22 Zdeněk Stříbrný, The Genesis of Double Time in Pre-Shakespearian and Shakespearian Drama, in: Prague Studies in English 13; Prag 1969 (darin S. 84-86); Franz H. Link, Die Zeit in Midsummer Night's Dream und The Merchant of Venice, in: Deutsche Shakespeare-Gesellschaft West, Jahrbuch 1975; Heidelberg 1975 (darin S. 130-36). – Seltsamer ist, wie W. H. Auden in seinem Essay »Brothers and Others« nicht nur Furness' Doppelte-Zeit-Schema nachbuchstabiert, sondern es noch mit einem unbegreiflichen Lesefehler ergänzt: „Diese Unverträglichkeit [von Belmont mit Venedig] wird auf eine faszinierende Weise hervorgehoben durch den Unterschied zwischen der Zeit in Belmont und der Zeit in Vendig. Obwohl uns nicht genau mitgeteilt wird, wie lang die Zeitstrecke ist, nach der Shylocks Leihsumme zurückgezahlt werden muss [!], wissen wir, dass sie länger ist als ein Monat. Doch Bassanio fährt sofort nach Belmont los, unterwirft sich gleich nach seiner Ankunft der Kästchenprobe und hat sie soeben siegrech bestanden, als Antonios Brief eintrifft, der ihm mitteilt, dass Shylock dabei ist, ihn vor Gericht zu stellen und sein Pfund Fleisch an ihm einzutreiben.“ (Auden, The Dyer's Hand and other Essays; New York 1962, S. 234.)

23 Stříbrný, wie Anm. 43, S. 84 (von mir kursiviert). Stříbrnýs Idealidylle gipfelt in einer abenteuerlichen Annahme: Venedig und Belmont seien in der „Zwischen-Zeit“ drei Monate und eine lange Seefahrt, im IV.-V. Akt aber nur zwölf Stunden und zwanzig Meilen weit voneinander entfernt. Das zeuge von „einem komplexen Raummuster, das die doppelte Zeit mit doppeltem Raum unterstützt“ (S. 64).

24 Link, wie Anm. 43, S. 134.

25 Link, wie Anm. 43, S. 135.

26 Granville-Barker, Prefaces to Shakespeare; London 1930, Reprint

London, 1971; Zitat zusammengezogen aus zentralen Stellen S. 162 ff.

27 Furness, wie Anm. 14, S. 339.

28 „E così si stava in questa festa e allegrezza, e non si curava né ricordava di messer Ansaldo cattivello, ch'era rimaso pegno per dieci mila fiorini a quel giudeo." (S. 107)

29 Ser Giovanni, Il Pecorone; Neuausgabe hg. v. Esposito, Ravenna 1974. Darin unsere Novelle S. 87-118. Wir zitieren sie nach der Seiten- und Zeilennumerierung dieser Ausgabe. Shakespeare hat Ser Giovannis Zyklus italienisch oder in einer heute verlorenen englischen Fassung gelesen.

30 „La Donna del Belmonte" wird zum erstenmal genannt S. 98, 261. In anderen vermuteten Quellen der Fabel kommt das Wort „Belmont" nicht vor.

31 107, 476-487.

32 Zuerst in: »Mr. William Shakespeare: his comedies, histories and tragedies«, hg. v. Edward Capell; London 1767, Bd. 1, S. 63. Einen Vergleich der Quelle mit dem Theaterstück nehmen wir im zweiten Kapitel des Buches vor.

## Die zweite Stückhälfte

1 *Daniel* allein hat die Stelle verstanden und sogar einen Gynäkologen befragt, um es genau zu wissen. Daniels Nachfolger haben ihn erst überhört, dann boykottiert. Die „Negerin" III, 5, 35 löste einen Chor von Abwehr aus. Hier einige einflussreiche Stimmen.

*Furness* (Variorum): „We have an outcropping of the old play in Lorenzo's unpleasant banter with Launcelot … [It] is not explained by anything whatsoever in the course of the story." Furness notiert sogar, dass Daniel in seinem Zeitschema eine Erklärung für diese Stelle bietet; er referiert sie aber nicht, sondern wischt sie (in Klammern) beiseite.

*Quiller-Couch/Wilson* (Cambridge): „Clearly, she [the Negro] has nothing to do with the play as it stands. Was she a character in an earlier version?"

*Brown* (Arden): „This passage has not been explained; it might be an outcrop of a lost source, or a topical allusion. Perhaps it was introduced simply for the sake of the elaborate pun on Moor/more."

*Pushman-Nalenz* (Reclam): „Der Sinn dieser Stelle ist nicht eindeutig. Möglicherweise ist ... der pun mit moore : more der Grund der Rede.“

*Mahood* (New Cambridge) schließt genau das aus, was Daniel entdeckt hat: „A slave girl ... would make a partner for Lancelot in the final scene, though the time scheme of their affair does not bear scrutiny.“

In haarsträubend gutwilligem Gegensatz zu alldem steht Kim F. Halls Annahme (Guess Who's Coming to Dinner? in: Renaissance Drama Bd. 23, Jg. 1992), die ominöse Stelle spiele bösartig auf die damals sprichwörtliche Sinnlichkeit von Negerweibern an und biete „ein stummes Symbol für die ökonomische und rassische Politik des »Kaufmann von Venedig«“.

Shakespeares erste Tochter Susannah wurde übrigens drei Monate nach seiner Trauung geboren. Bei der Hochzeit war also Anne Hathaways „belly“, anders als der der Negerin, nicht gerade erst, sondern schon seit zwei Monaten sichtbar angeschwollen.

2 110, 546 und 111, 580.

3 Portias Anweisung an den Diener Balthazar (III, 4, 45-55) spricht laut den beiden Quartos und der Folio von „Mantua“ statt von „Padua“. In IV, 1, 109 und 119 sowie in V, 1, 268 ist das sinngemäß zu „Padua“ korrigiert. Entweder zeugt das von einem Zwischenstadium von Shakespeares Arbeit bei der Abfassung der letzten Akte – oder, wahrscheinlicher, von einem Lesefehler des vom »Globe Theatre« für seine Stücke beschäftigten „Rein-Schreibers“. Dieser mag noch vom „Mantua“ des vorangegangenen »Romeo und Julia« beeinflusst worden sein. »Romeo und Julia« war zuerst 1597 im Raubdruck einer „schlechten“ Quarto erschienen, dem aber 1599 (im Jahr vor dem Quarto-Druck des »Kaufmann von Venedig«) eine authentisch abgeschriebene „gute“ Quarto nachgeschickt wurde. In beiden „zweisträhnigen“ Dramen hat Shakespeare geographisch und chronologisch exakt gearbeitet. Mantua ist von Verona (in »Romeo und Julia«) genauso weit entfernt wie Padua von Venedig (im »Kaufmann von Venedig«): in einem halben Tag bzw. einer einzigen Nacht zu erreichen. Die Strecke zwischen Venedig und Mantua dagegen ist doppelt so lang, und schon gar nicht sind sie durch eine „gewöhnliche Fähre“ verbunden. Mit „Mantua“ wäre, nicht anders als mit dem „Bologna“ des Ser Giovanni, die gesamte Zeitkonstruktion des III. bis V. Aktes unbrauchbar gewesen.

„Traghetto" (Shakespeares „tranect" oder „traject" III, 4, 53) nannten die Venezianer nicht nur die Fähren innerhalb der Stadt und zu der Stadt durch die Lagune – sondern auch die Boote vom Festland, die mit Hunderten Besuchern am Tag aus Padua und den Brenta-Zwischenstationen zu ihnen fuhren. Der venezianische Binnenhafen dieser Barken an der „Fondamenta del Traghetto di Lizza Fusina" gehörte den Bootsleuten selbst, die seit 1500 ein Monopol für die Strecke zur Brenta-Mündung besaßen. Sie mussten stets zwei Boote für die Amtsträger der Signoria bereithalten.

4 Nach Michele Savonarolas Padua-Reiseführer um 1450 reichten täglich 80 Boote kaum, um allein die Reisenden (die Waren des Festlands nicht gerechnet) von Paduas Portello nach Venedig zu bringen.

5 Coryats Crudities; London 1611, S. 157; reprint London 1978.

6 A. a. O., S. 291.

7 1728, nach hundertzwanzig Jahren und vielen Regulierungen, brauchte Montesquieu flussaufwärts immer noch acht Stunden und ein Zugpferd: „La Brenta … est une rivière dont on a fait un canal par le moyen de quatre écluses; de façon qu'un seul cheval traîne une très-grande barque, et on fait dans huit heures 25 milles." (Œuvres complètes de Montesquieu; Paris 1950, Bd. II, S. 1016.)

8 Bassano, aus dem Bassanio wörtlich genommen stammt, ist die erste größere Stadt am Oberlauf der Brenta nördlich von Padua.

9 A. a. O., S. 157.

10 Rudolf Wittkower, Palladio and English Palladianism; London 1947, S. 51.

11 Die Frage nach Shakespeares Reisen wurde zahllose Male gewälzt seit Karl Elze (1873) über Abel Lefranc (1945), Ernesto Grillo (1949) bis zu den „Oxfordianern" von heute. Willkür, was Italiens Geographie betrifft, herrscht nur in den Frühwerken »Zwei Herren aus Verona« und »Der Widerspenstigen Zähmung« – nicht mehr in »Romeo und Julia« und »Der Kaufmann von Venedig«, die nach der über einjährigen Pest-Schließung von Londons Theatern entstanden. In diesen Jahren 1593/94 mag Shakespeare (so wird manchmal angenommen) Norditalien bereist haben. (Allerdings schrieb er in dieser Zeit »Venus and Adonis«, »The Rape of Lucrece«, Sonette, möglicherweise »Richard III.« und »Love's Labours Lost«.) Für die märchenhaften Italien-Bezüge von »Wintermärchen«, »Sturm« gelten andere Gesetze.

Informationen aus zweiter Hand konnte Shakespeare von vielen Venezianern bekommen, die in London lebten, von jungen Engländern, deren Studium in Padua um 1590-1600 belegt ist, von englischen Besuchern Venedigs, die einer verbreiteten Mode folgten, aber auch aus den zahlreichen Abhandlungen über die Republik und ihre Verfassung im Original oder in früher Übersetzung. »Der Kaufmann von Venedig« zeugt jedenfalls vom genauen, detaillierten Interesse seines Autors für das wirkliche, nichtfiktionale Leben der Stadt.

12 Damit kann nicht die *erste* Nacht auf dem Weg zum Prozess gemeint sein (wo Bassanio sie auch immer verbrachte, auf der Fähre, in einer Gondel, in einer Wirtschaft oder auf einer Steinbank in Venedig). Gemeint ist die *zweite* Nacht: Bassanios und Portias nachgeholte Hochzeitsnacht nach dem Ende des Prozesses.

13 Ein Einfall Shakespeares, wieder voll Realität und Witz im Miniformat: Doktor Bellario gab dem Junggelehrten den Namen Balthazar – des Dieners, der vor ihm stand, als er den Empfehlungsbrief für Portia schrieb.

14 William Empson, Seven Types of Ambiguity; London 1930. Hier vor allem der sechste und siebente „type of ambiguity“.

15 So M.M. Mahood in ihrer »New Cambridge Shakespeare«-Ausgabe S. 137 und 184.

## Zweites Kapitel: Zwei Stücke in einem

### Einleitung: Eine unmögliche Behauptung

1 So die Eintragung des Erstdruck-Druckers James Roberts im amtlichen »Stationer's Register« am 22. Juli 1598.

2 Erstaunlich formuliert der erst 24jährige Georg Lukács 1909: Shylock, kraft der „Selbstgenügsamkeit seines Lebens“, „sprengt das Stück, macht zwei Stücke aus ihm, ja tötet in unserer heutigen Sicht eigentlich das andere, das wahre, das Zirkelstück von Antonio/Bassanio/Portia.“ »Shakespeare és a modern dráma« in: Magyar Shakespeare-tár IV. kötet, 1911, 2. füzet, S. 129.

## Der doppelte Shylock

1 »Some Account of the Life &c. of Mr. William Shakespear« in: The Works … in six volumes, London 1709; vol. 1, S. XIX-XX.

2 Umfassend referiert John Gross die Shylock-Quellen mit ihren wechselnden Haltungen in »Shylock, Four Hundred Years in the Life of a Legend« (London 1992). Eine andere Sammlung historischer Deutungen befindet sich im »Merchant«-Band der Reihe »Shakespeare. The Critical Tradition«, hg. v. W. Baker und B. Vickers. Dazu vgl. Anm. 15.

3 Rowe verschweigt nicht, dass nur Shakespeares wohl schwächste Stücke, »Die Komödie der Irrungen«, »Der Widerspenstigen Zähmung«, »Die lustigen Weiber von Windsor« „reine Komödien" sind. „Die Stücke, welche Historien genannt werden, sind tatsächlich Tragödien mit einer Strähne oder Beimischung von Komödie." Aber: „Diese Art Tragi-Komödie war ein verbreiteter Irrtum jenes Zeitalters; sie sagt dem englischen Geschmack so sehr zu, dass die Allgemeinheit unseres Publikums, trotz ihrer Untragbarkeit für strengere Kritiker, sie lieber zu mögen scheint als die exakte Tragödie" (S. XVII). Die „Tragikomödie" ist „untragbar" für die dogmatische Ästhetik – und zugleich die Regel für alle Stücke Shakespeares, die Rowe bewundert. Die Schlüsselworte dieses Widerspruchs sind: „properly" gegen „really"; „exact" gegen „common"; „pure" gegen „mixture"; „Comedies and Tragedies" gegen „Trage-Comedy"; „severer Critiques" gegen „the generality of our Audiences". Die hergebrachten Kategorien erweisen sich als unbrauchbar für die Aufschlüsselung ihrer Objekte.

4 Kapitel über Jessica in Heines »Shakespeares Mädchen und Frauen« (Paris 1839). Vergleichbar damit deutet Börne Shylocks und unsere Spaltung an in »Der Jude Shylock im Kaufmann von Venedig; Spiegelbild des Lebens«: „Den Geldbeutel in Shylock verabscheuen wir, den geplagten Mann bedauern wir, aber den Rächer unmenschlicher Verfolgung lieben und bewundern wir." Zitiert werden soll hier auch die anrührende, aber wenig bekannte Briefstelle an Goethe (15.-22. April 1815), in der Zelter einerseits Heines berühmten Satz von der „schönen blassen Britin, welche am Ende des vierten Aktes heftig weinte und mehrmals ausrief: ‚The poor man is wronged!'", um zwei Jahrzehnte vorwegnimmt – andererseits Devrients tragi-

sche von Ifflands komischer Darstellung des Shylock unterscheidet und mit aller Emphase Devrient recht gibt. „Gestern habe ich unsern neuen Schauspieler Devrient den Scheilok spielen sehn. Der Beifall den ihm unser Publikum bisher reichlich mitgeteilt hat, bezog sich besonders auf Judenrollen, indem er das jüdische Deutsch mit großer Vollkommenheit spricht. Dies fand nun auch hier statt, doch nicht auf Ifflands Art, der die Lacher zu gewinnen wußte; die Rolle ward wahrhaftig tragisch von vorn herein bis ans Ende und ich habe nichts Schönres in der Art gesehn. Dabei war er höchst wahr kostumiert wie ein Jude und wie ein venetianischer Jude, ... so stand, so schritt, so trug er sich, so kroch er nach seinem Rechte nach seinem Stande und stellte einen echten Kaufmann dar, wie ihn Venedigs Gesetz zu sein erlaubt ... Besonders soll nicht vergessen sein, wie er das Ende seiner Rolle zu halten wußte: Von da an wo er das Messer in der Hand, den Spruch des jungen Rechtsgelehrten hört, bemerkte ich im Publikum den Effekt eines Versöhnungsaktes; Ein unwillkürliches Mitleiden drängt sich auf in so fern jeder im tiefsten fühlt daß der Jude eigentlich vom Rechte betrogen wird; und so ist der Kerl vom Theater wie ein untergehender Mond, und hinterläßt einen Anteil den sich niemand laut gesteht und desto tiefer fühlt, der aber ganz unmöglich wird wenn die Rolle nicht mit dem bittern religieusen Ernste gespielt wird, der ihr zukommt."

5 William Watkiss Lloyd, Critical Essays on the Plays of William Shakespeare; London, 1875.

6 Gesammelt in William Poel, Shakespeare in the Theatre; London 1913.

7 E. E. Stoll, Shakespeare Studies, Historical and Comparative in Method; New York 1927.

8 Hamlet: The Prince or The Poem? in: C. S. Lewis, Selecteed Literary Essays (ed. Hooper); Cambridge 1969 S. 95 ff.

9 „maudlin sentimentality": wie Anm. 5, S. 104.

10 Wie Anm. 7, S. 70.

11 Wie Anm. 8, S. 274.

12 Wie Anm. 8, S. 280.

13 Wie Anm. 9, S. 96.

14 Zu einem vorläufigen Abschluss kommt der wissenschaftliche Antisemitismus in Brian Vickers' Vorwort zum repräsentativ gewollten »Merchant of Venice«-Band der Reihe »Shakespeare: The Critical

Tradition« (London/New York 2005). Die 52 Seiten des »General Editor's Preface« dienen einzig der Beweisführung, dass Shakespeare den Shylock nicht als einfühlungswürdigen Menschen, sondern als verabscheuungswürdigen Juden gesehen habe. Die Auswahl des Bandes aus der Sekundärliteratur 1775-1939 folgt weitgehend dieser Tendenz; sie enthält lehrreiche Funde.

15 Wie Anm. 7, S. 314. Dazu: „Diese Rede [wurde] Generationen lang falsch gelesen." S. 325.

16 A. a. O., S. 297, 299 f.

17 A. a. O., S. 303.

18 Wie Anm. 8, S. 308.

19 Wie Anm. 7, S. 77.

20 John Downes, Roscius Anglicanus, London 1708; S. 52.

21 Anthony Aston, A Brief Supplement to Colley Cibber ...; London 1747.

22 Burbage wird auch der Bassanio (Kempe der Lancelot) zugeteilt – dabei spielte er wohl die Titelfigur Antonio. Belege gibt es für keine der Ur-Besetzungen.

23 Dessen „parti e condizioni" lauten: „se egli no gliel'avessi renduti tra indi a San Giovanni di giugno prossimo, il detto giudeo li potesse levare una libra di carne da dosso di quanlunque luogo e' volesse." (Wie 1. Teil Anm. 54, S. 102, 365-369.)

24 S. 109, 535-550.

25 S. 109, 515-517.

26 Alexander Sylvain, The Orator ... ; London 1596, S. 401 (franz.: Epitomes de cent histoires tragicques, Paris 1581). Shylock wiederholt seine Berufung auf die „decrees of Venice" (101-102), und sie wird sogar von Antonio widerwillig bestätigt: „the commoditiy that strangers have / With us in Venice ... Since that the trade and profit of the city / Consisteth of all nations." (III, 3, 26-31). So verwandelt Shakespeare seine französische Quelle über den „türkischen Juden" in venezianische „couleur locale". Vertrags- und Rechtssicherheit aller Kaufleute wurde von Venedigs Schilderern Contarini, Sansovino, die man in England eifrig las, als der Grundstock der Republik gepriesen.

27 A. a. O., S. 402.

28 Bei Ser Giovanni besteht die Strafe des Juden einzig darin, dass er nicht einmal seine Leihsumme erstattet bekommt und also, „der

betrogene Betrüger", seinen Vertrag voller Wut in Stücke reißen muss. Dass entschlossene Philochristen (in Berufung auf engste Kirchendogmatik) die Zwangstaufe als Beweis von Antonios „mercy" zu deuten wagen, widerspricht zuallererst Shakespeares Wortlaut: Shylock habe die Taufe als widerwillige Gegenleistung für den „favor" der erlassenen Todesstrafe zu erbringen (IV, 1, 382). Entscheidender: Es unterstellt Shakespeare jene abgestumpfte Verworfenheit, der Shylocks Rasse nicht nur von den „Elisabethanern" ausgesetzt wurde und wird.
Übrigens richtete sich Shakespeare bei der Plünderung und Vernichtung Shylocks weitgehend am I. Akt von Marlowes »The Jew of Malta« aus. Erst das räuberische „Geld oder Taufe!" der Obrigkeit macht dort aus Barabas, dem friedlichen Welthandel-Kaufmann, den zu allem entschlossenen Rächer. Dass Shakespeare die Zwangstaufe, den übelsten Willkürakt des Malteser Ritterordens, in ein Gnadenzeugnis für Venedigs Republik umdeuten wollte, lässt sich schwer denken.

29 So H. B. Charlton im Shylock-Kapitel seines sonst einsichtsreiches Buches über „Shakespearian Comedy" (London 1938). Es setzt in üblicher Weise Shakespeares „schöpferische Einbildungskraft" seiner „vorgefassten Absicht" entgegen, den „Künstler" dem „bewussten Ich", um die Größe der Shylock-Figur zu erklären.

30 Shakespeare lässt sowohl Antonio als auch Shylock ihren Konflikt rationalisieren, also abschwächen: Beide tun in einem späteren Stadium (III, 1, 48-52 bzw. III, 3, 22-25) so, als gehe es um Finanzen (für Shylock um die Beseitigung der Konkurrenz, für Antonio um die Rettung einiger Wucheropfer). Es scheint, als fördere auch Shakespeare unsere parteiische Vergessensbereitschaft: Antonio hat Shylock ja getreten, bespuckt; Shylock giert von Anfang nach dem Mord an Antonio.

31 Brief des Lord Mayor von London gegen die Theater an den königlichen Staatsrat vom 28. Juli 1597. Stephen Gosson, zuerst Stückeschreiber, dann puritanischer Pamphletist gegen die Theater, gibt eine barmherzigere Auflistung des Publikums: „gemeines Volk, eine Versamliung von Schneidern, Kesselflickern, Schustern, Matrosen, altern Männern, jungen Männern, Weibern, Jungen, Mädchen und Ähnlichem". Gosson, Playes Confuted in Five Actions; London 1582.

32 Stoll findet die Stelle urkomisch und meint zu Hazlitts Rührung über sie: „Wieder wird ein elisabethanisches Lachvergnügen verschleudert!" Wie Anm. 8, S. 312.

33 G. G. Gervinus, Shakespeare. Leipzig 1849, 2. Bd., S. 67.

34 Shakespeare benutzte für Antonios Haltung wohl Thomas Wilsons erzkonservatives Riesenpamphlet von 1572 »A Discourse upon Usury« (wieder berühmt geworden durch R. H. Tawneys großartige Einleitung und Notizen zum Neudruck, London 1925). Da heißt es: „Gott bestimmte das Leihen zur Erhaltung von Freundschaft und zum Beweis von Liebe zwischen Mensch und Mensch; während jetzt Leihen zum privaten Profit und Unterdrückung benutzt wird und also Nächstenliebe ausschließt, als gäbe es keinen Gott und kein Jüngstes Gericht." (Ed. Tawney, S. 284 f.) Dass Shakespeare über Wilsons frommes Dogma hinausdachte, belegt er mit Antonios hilflos-aggressivem Unverständnis für Shylocks Argumentation in I, 3, 66-85: Die Vermehrung von Geld sei ein naturähnlicher, kein widernatürlicher Vorgang.

35 Shakespeare selbst vereinte in seiner Kunst- und Lebenspraxis zwei „dumme" Partialansichten über Zins und Wucher. In seinen Theaterstücken, auch vor und nach dem »Kaufmann von Venedig«, verdammte er jeglichen Wucher – an Freunde lieh er zu acht Prozent. (Sein Vater John Shakespeare stand einmal vor Gericht, weil er zwanzig Prozent nahm.)

36 Jessica: „I have heard him swear … / That he would rather have Antonio's flesh / Than twenty times the value of the sum / That he did owe him …"

## Der stumme Antonio

1 Mk. 14,61.

2 Dass Massaker im Familienkreise lieber berichtet als dargestellt werden sollten, hätte Shakespeare aus Jasper Heywoods Übersetzung von Senecas »Thyestes« (1559) lernen können. Er hat die Lehre nicht beherzigt.

3 Schon Euripides' Repertoire des Botenberichts leitet sich von drei Anlässen, Nöten her: Der Chor kann keine Massenauftritte spielen; Morde dürfen nicht auf der Bühne geschehen; Wunder können dem Publikum nicht vorgetäuscht werden. (I. J. F. de Jong, Narra-

tion in Drama: The Art of the Euripidian Messenger-Speech; Leiden 1991, S. 117 ff.) Shakespeares Botenberichte untersucht W. Clemen unter anderen Gesichtspunkten: Wandlung des Botenberichts bei Shakespeare, in: Sitzungsberichte der Bayer. Akad. der Wissenschaften ..., 1952, 4.

4 Schon als Henry Irving sich entschloss, wenigstens den Anfang der ungeschriebenen Szene, Shylocks Heimkehr in der Nacht, auf die Bühne zu bringen, war die Wirkung ungeheuerlich. Nach dem Karnevalstoben der Entführungsaktion fiel der Vorhang für eine Sekunde. Als er aufging, war die Szene völlg dunkel und leer. „Man sah Shylock, angekündigt vom Klopfen seines Stockes, wie er über eine Brücke heimkehrte, eine Laterne in der Hand. Langsam erreichte er seine Haustür, klopfte dreimal, dann, als keine Antwort kam, noch dreimal, lauter, entschiedener. Erhob die Laterne, um den oberen Teil seines Hauses zu beleuchten. Der Vorhang fiel über einen Gebrochenen, Verzweifelten, als er begriff, dass die Tochter geflohen war. Die kluge Ellen Terry, Irvings weltberühmte Portia, berichtet: „An vollendetem Pathos, erzielt durch vollendete Einfachheit der Mittel, sah ich in keinem Theater je etwas Vergleichbares damit, wie Shylock über die Brücke zu seinem leeren Haus zurückkehrt.

5 Unfair wäre es, von Antonio Bekenntnisreden wie von Richard II. und III., von Hamlet und Macbeth zu erwarten. Aber auch Viola, auch Malvolio haben ihre langen Monologe: weil sie Geheimnisse haben und sie ausplaudern müssen. Antonio hat ein Geheimnis; einen Monolog hat er nicht. Shakespeare will sogar, dass er als Schweiger erscheint; deshalb konfrontiert er ihn schon in der ersten Szene mit zwei notorischen Schwätzern.

6 Deutliche Anleihen von »Edward II« machte Shakespeare (fast gleichzeitig mit dem »Kaufmann von Venedig«) in seinem »Richard II«. Aber dort ging es um die Parallele im Sturz zweier herrschaftsuntüchtiger Könige – nicht um die Parallele im Unglück und Schmerz zweier Homosexueller.

7 Er pflegte zu sagen, so sein Denunziant Richard Baines: „That all they that love not tobacco and boys are fools." Literarischen Aufschluss über Marlowes Neigungen gibt (außer Edwards Rollenlyrik, dem überflüssigen Ganymed-Vorspiel der »Dido«-Tragödie und dem berühmten Gedicht „Come, live with me and be my love") die Beschreibung Leanders im Versepos »Hero and Leander«. Geprie-

sen werden seine Haare, Wangen und Augen, die Weiße seines Halses und Bauchs als würdig der „love of men". Der keusche Hyppolitos „hätte sich in seine Schönheit verliebt", „der barbarische thrakische Soldat, durch nichts zu rühren, wurde gerührt von ihm und suchte seine Gunst". „Some swore he was a maid in men's attire, / For in his looks were all that men desire."

8 Christopher Marlowe „for his epicurism and atheism made a pitiful end" – „was stabbed to death by a bawdy serving-man, a rival of his in his lewd love", heißt es sechs Jahre nach seinem Tod. Es gibt für das Mordmotiv auch andere, vielleicht treffendere Vermutungen.

9 Francis Meres, der die Sonette 1598 als „privat" beschrieb, zählte den »Kaufmann von Venedig« (an letzter Stelle) bereits unter Shakespeares aufgeführten Komödien auf: „The witty soul of Ovid lives in mellifluous & honey-tongued Shakespeare, witness … his sugared sonnets among his private friends." Zur „privaten" oder „öffentlichen" Adresse der Sonette vgl. den bemerkenswerten Essay von Marcy L. North, Rehearsing the Absent Name: Reading Shakespeare's Sonnets through Anonymity, in: The Faces of Anonymity; hg. v. R. J. Griffin, New York 2003.
Meres' Angaben über den Dramatiker Shakespeare: „As Plautus and Seneca are accounted the best for comedy and tragedy among the Latins, so Shakespeare among the English is the most excellent in both kinds for the stage; for comedy, witness his Gentlemen of Verona, his Errors, his Love Labours Lost, his Love Labours Won, his Midsummer's Night Dream, & his Merchant of Venice; for tragedy, his Richard the 2, Richard the 3, Henry the 4, King John, Titus Andronicus, and his Romeo and Juliet." (Meres, Palladis Tamia; London 1598, S. 281 f.

10 Edward II., I, 4, 304-314.

11 Noch eine Differenz zwischen Marlowes Offenheit und Shakespeares Heimlichkeit, die den Vorsichtigeren allerdings rechtfertigt: Von Edward II. wusste jeder Gebildete in England, dass er Sodomit war; also durfte er auch die Bühne als Sodomit betreten. Anders im Fall Antonio: Shakespeare hätte einen Sodomiten erfinden, mit dieser Erfindung ein Publikum provozieren müssen – eine heiklere Aufgabe, der er auswich.

12 H. Bloom, Shakespeare – The Invention of the Human; London 1999, S. 641.

13 S. Freud, Psychoanalytische Bemerkungen über einen autobiographisch beschriebenen Fall von Paranoia (1911 [1910]) in Bd. VII der Studienausgabe.

14 Als die königlichen Knaben voneinander geschieden wurden, um in Sizilien und Böhmen zu herrschen, „tauschten sie Gaben, Briefe, liebevolle Botschaften, so dass sie, obwohl getrennt, doch vereint schienen, wie über einen Abgrund sich die Hände reichten". Jetzt, nach Jahren, besucht Polixenes den Leontes. Als er sich wieder von ihm trennen will, verfällt Leontes dem Wahnsinn. – J. I. M. Stewart beanstandet in seinem bemerkenswerten Buch »Character and Motive in Shakespeare« (London 1949), dass Shakespeare seinen Quellen oft „Episoden und Haltungen entleiht ohne deren Ursachen. Antonios Traurigkeit und seine Liebe zu Bassanio im »Kaufmann von Venedig« sind ein Beispiel dafür; denn in der alten Geschichte wurden diese [mit Verwandtschaft] erklärt, aber im Theaterstück bleiben sie ohne Begründung … [Shakespeare] meinte manchmal, Verhalten sei dramatisch wirkungsvoller, wenn nicht zureichend motiviert. »Das Wintermärchen« kann hier angeführt werden. In der ursprünglichen Geschichte wird für Leontes' Eifersucht ein angemessener Beweggrund entwickelt, aber in Shakespeares Stück ist die Eifersucht sinnlos" (S. 16). Stewart, der 1929 mit 23 Jahren nach Wien reiste, um die Psychoanalyse zu studieren, hat es nicht übersehen: Antonio und Leontes sind Shakespeares beide homoerotisch motivierte Protagonisten. Er zitiert (S. 30-37) Freuds Aufsatz über paranoiden Eifersuchtswahn. Aber er übersieht: Die „Ursachen" des Antonio und Leontes sind unaussprechlich – nicht nur für sie, sondern auch für Shakespeare. Er hat die „Beweggründe" seiner Quellen nicht nur *verschwiegen*, sondern die neuen, notwendig verschwiegenen Gründe seiner beiden Protagonisten *erst erfunden*.

15 Sonnet 43.

16 Sonnet 97.

17 Es sind die Sonette 27, 28, 39, 43, 44, 45, 47, 48, 50, 51, 97, 98.

18 Sonnet 107. Vgl. damit Sonnet 134, das sich von Anfang bis Ende in der kommerziell-juristischen Sprache von „mortgage", „forfeit", „surety" – ja, von „usurer", „debtor" und prozessmäßigem „sue" hält.

19 Sonnet 117. Das Wort „bond", „bonds" kommt vierzigmal im »Kaufmann von Venedig« vor. Nur „love" übertrifft es an Häufigkeit.

20 Sonnet 87. „Determination“ heißt (neben der vorherrschenden Bedeutung „Entschluss“) das Ende, der Fristablauf eines rechtlichen Verhältnisses. (So Sonnet 13: „So should that beauty which thou holdst in lease / Find no determination …“) Frappierend vergleicht sich mit Sonnet 87. Antonios Abschiedsbrief an Bassanio: „All debts are cleared between you and I, if I might but see you at my death.“

21 Siehe Anm. 38.

22 Unter Shakespeares Namen hat Jaggard »The Passionate Pilgrim« veröffentlicht, eine Sammlung von zwanzig Gedichten, in der nur fünf von Shakespeare stammten: die späteren »Sonnets« 138 und 144, zwei Sonette und ein weiteres Stück aus »Love's Labour's Lost«. Mehrere Auflagen, sogar noch 1612 und 1640, nach dem Erscheinen des »Sonnets«-Quarto, folgten.

23 Sonnet 144.

24 Die „Dark Lady“ ähnelt gewiss mehr Ser Giovannis zunächst hexenhafter „Donna di Belmonte“ als Shakespeares zuletzt göttingleicher Portia.

25 Für die trennende Entfernung steht in der Erst- und Raubfassung 1599 „from my sight“ statt, wie in der Quarto von 1609, „from my side“.

26 1934 erschien dann im British Journal of Medical Psychology (14, Part 4) der Aufsatz des Psychiaters Th. A. Ross »A Note on The Merchant of Venice«, in dem Antonio als „a depressive homosexual“ gesehen und bemitleidet wird. Es dauerte weitere zwanzig Jahre, bis die englisch-amerikanischen Bühnen, länger noch, bis sporadisch auch die Philologen diesen Ansatz zur Kenntnis nahmen.

27 E. K. Chambers, Shakespeare: A Survey; London 1925, S. 117; ursprünglich im Vorwort von Chambers' Ausgabe des »Merchant of Venice« in »The Red Letter Shakespeare«; London 1905, S. 17.

28 Alter Ego, Eine Studie zu Shakespeare's Kaufmann; Hamburg 1862, S. 5. Was die Sonette allein betrifft, hat ihnen Wordsworth schon 1815 (entgegen gewundener und empörter Charakteristiken seiner Zeitgenossen) autobiographische Aussage zugestanden: „Poems … in which Shakespeare expresses his own feelings in his own person“. 1827 begann er sein Lob auf die Sonettform: „with this key, / Shakespeare unlocked his heart.“ Was dem an immer wolkigeren Ablenkungsübungen der Kommentatoren folgte, lässt sich H. E. Rollins'

imposanter Arbeit recht vollständig entnehmen: »A New Variorum Edition of Shakespeare: The Sonnets«; 2 Bde., Philadelphia 1944.

29 A. a. O., S. 12.

30 Sonnet 36.

31 Richard Barnfields »Certaine Sonnets« erschienen angeschlossen an das Gedicht »Cynthia« (London 1595). Sie sind, auch wenn zu oft die griechische Götterwelt zitierend, sinnlich päderastischen Inhalts. Sie sichern sich mit steter Berufung auf Vergils »Zweite Ekloge« ab, die schon von der Januar-Ekloge in Spensers »The Shepherd's Calendar« (1578), entschieden weniger sinnlich, variiert wurde.

32 Mehr darüber in zwei vorzüglichen Aufsätzen der Sammlung »Shakespeare's Sonnets«, ed. J. Schiffer (New York 1999): P. Stallybrass, Editing As Cultural Formation und M. de Grazia, The Scandal of Shakespeare's Sonnets.

33 »Einleitung« zu »Shakespeares Mädchen und Frauen«.

34 A. a. O.

35 Diese Charakteristik des Sonetts, wie die nächstfolgende, stammt aus dem 9. Sonett William Alexanders, des Kolonisators und Poeten, im Zyklus »Aurora« (London 1604).

36 Nicht zufällig gehörten die Vorleser-Poeten Stefan George, Karl Kraus und der große Schauspieler Martin Flörchinger zu ihren passionierten Übersetzern.

37 Dazu das erstaunliche Buch von Joel Fineman, Shakespeare's Perjur'd Eye; Berkeley 1986.

38 In England verhielt es sich wohl wie in allen Zivilisationen, in denen Homosexualität verbreitet, aber geächtet ist. Im publiken wie im privaten Gespräch gilt die Vereinbarung: Das gibt es bei uns nicht. (So hört man es in moslemischen Ländern heute und in absehbarer Zukunft; so konnte man es im katholischen Italien noch vor vierzig, fünfzig Jahren hören.) In Shakespeares England war die Nennung der Sünde grotesk verwachsen mit der Beteuerung ihrer Unnennbarkeit. So zweimal nacheinander in Sir Edward Cokes offiziöser Gesetzessammlung »Institutes of the Laws of England« (1644): „Buggery is a detestable and abominable sin, among Christians not to be named" und „the shameful sin of sodomy, that is not to be named …" Auf die Sünde stand die Todesstrafe, „hanged by the neck until he or she be dead". Angeklagt wurden aber in den

sechzig Jahren von Elisabeths und Jakobs Herrschaft in vier dicht bewohnten Grafschaften nur vier Verdächtige, entweder weil sie Halbwüchsige vergewaltigten oder weil sie politisch lästig waren (A. Bray, Homosexuality in Renaissance England; London 1982, S. 70 ff., 75 ff.).

39 »Pecorone«, hg. v. Esposito, Z. 76-8. Die übrigen Stellen: 555 f., abgewandelt 156, 286-9,

40 Tyrone Guthrie, der bedeutendste englische Regisseur des 20. Jahrhunderts vor Peter Brook, inszenierte den »Kaufmann von Venedig« 1955 im kanadischen Stratford. Er schreibt, damals bahnbrechend: „Die Beziehung zwischen Antonio und Bassanio meint nicht die zwischen Onkel und Neffen oder zwei Freunden, sondern dass Antonio in den jüngeren Mann verliebt ist ... In Zeiten, denen konventionelle Ehrbarkeit sehr wichtig war – im 19. Jahrhundert zum Beispiel –, wurde die Andeutung eines ‚regelwidrigen' Verhältnisses sorgsam ignoriert. Das Thema wurde folglich aus dem Stück fortgelassen ... und Antonio wurde ein völlig uninteressanter ‚guter' Mensch." (Guthrie, In Various Directions; New York 1955, S. 98)

41 In Shakespeares gesamtem Œuvre gibt es außer Antonio nur drei Unvermählte im Mannesalter: Hamlet und Timon, die am tiefsten Verzweifelten – und Falstaff.

42 Der Regisseur (mittlerweile Direktor des Ungarischen Nationaltheaters) Róbert Alföldi erkannte in seiner klugen Budapester Inszenierung 1998: Ist dem Publikum zuzumuten, dass Antonio und Bassanio ein sexuelles Verhältnis haben – dann braucht es die erste Hälfte der ersten Szene, Antonios Vernehmung durch Solanio/Salerio nicht. Zu Beginn stieg Bassanio nackt aus Antonios Bett, der Dialog konnte mit Antonios gewichtiger Frage (119) beginnen: „Well, tell me now, what lady is the same / To whom you swore a secret pilgrimage?" Es ist ein gutes Recht des Regisseurs, auf manche offene Frage des Stückes eine Antwort zu geben. Er und der Schauspieler stellen ja auf der Bühne nicht viele Möglichkeiten hin, sondern wählen und behaupten eine Realität.

43 Sonst sagen nur Bassanios unadelige, rangniedrigere Kumpane „Signior Bassanio" (II, 2) und „my Lord Bassanio" (III, 2) zu ihm, was er mit der respektlosen „thou" erwidert. Mehr dazu im 4. Kapitel.

44 So der Bischof von Gloucester Godrey Goodman, S. 20. Im folgen-

den geben wir Dokumente nach der Seitenzahl in der Biographie Roger Lockyers' an: Buckingham, The Life and Political Career of ...; London/New York 1981.

45 L. Normand, „What Passion Call You These?". Edward II and James VI, in: Christopher Marlowe and English Renaissance Culture; Aldershot 1996. C. B. Kuriyama, Hammer and Anvil; New Brunswick 1980; C. R. Forker, Sexuality and Eroticism on the Renaissance Stage, in: South Central Review Jg. 7, Nr. 4 (1990).

46 Brief Buckinghams an Jakob, zitiert nach R. Lockyer, Buckingham, The Life and Political Career of ...; London 1981, S. 22. Buckingham nannte sich oft und gern Jakobs „Hund".

47 Letter 188, S. 386 f.

48 Letter 218, S. 431.

49 Chambers, William Shakespeare; A Study of Facts and Problems; Oxford 1930, Bd. II, S. 331 f.

50 Marlowe, Edward II., II, 2, 258. Vgl. auch Michael Draytons Gedicht über Edwards Untergang, »The Barons' Wars«. Seit Gavestons Monolog »The Legend of Pierce Gaveston« 1594 kehrte Drayton in zweijährigem Abstand zum schönen Aufsteiger zurück: im Schimpfbrief der vernachlässigten Königin Isabel über den „lascivious, shameless Ganymed", „that girl-boy" (»England's Heroical Epistles« 1596); und in den endlosen epischen Stanzen (»The Barons' War« 1598), die ihn „that insolent lascivous minion, / A sovereign's blemish, and a country's scorn" nennen.

51 Shakespeare widmete seine Gedichte »Venus and Adonis« 1593, »The Rape of Lucrece« 1594 Henry Wriothesley, Earl of Southampton. Dieser hatte mehrere hohe Ehen ausgeschlagen und riskierte damit, bei Volljährigkeit mit 21 (am 6. Oktober 1594) eine beachtliche Geldstrafe zahlen zu müssen. Die Datierung der siebzehn „Fortpflanzung"-Sonette für 1593-94 leuchtet ein. (Vgl. Greenblatt, Will in the World; New York 2004, S. 226-30.)

52 Sonnet 3, „uneared womb".

53 Carolus (vor seiner Hinrichtung): „Der Parlamente Macht ist nie durch Uns verletzt, / Sie haben sich vorher Uns grimmig wiedersetzt. / Sie suchten, aus der Faust das Kriegsrecht Uns zu winden: / Die sich doch überzeugt durch ihr Gewissen finden, / Dass es das meine war." (Gryphius, Ermordete Majestät. Oder Carolus Stuardus, König von Groß Britannien. Trauer-Spil.)

54 »Of Simulation and Dissimulation« (Essay Nr. 6); vgl. auch »Of Cunning« (Essay Nr. 22).

55 Machiavelli will seinen Fürsten als „gran simulatore e dissimulatore" (Principe, Kap. XVIII) – der Bezug von Bacons Terminologie auf Machiavelli ist klar genug. „Betrügen" soll aber der Fürst das Volk und seine Konkurrenten – Bacon will und muss seine Oberen, vor allem seine Mitbürger betrügen.

56 John Aubrey, Brief Lives; Biographie Bacon.

57 Tagebücher von Simond d'Ewes, zitiert nach: L. Jardine & A. Stewart, Hostage tu Fortune, The Troubled Life of Francis Bacon; London 1998, S. 464. Nietzsche ahnte in seiner beharrlichen Hassliebe zu Bacon, dass dessen Empirismus, „die Kraft zur mächtigsten Realität der Vision", das „Verbrechen" voraussetzte. „Wir wissen lange nicht genug von Lord Bacon, dem ersten Realisten in jedem großen Sinn des Wortes, um zu wissen, *was* er alles getan, *was* er gewollt, *was* er mit sich erlebt hat ..." (»Ecce Homo«, Hervorhebungen von Nietzsche). Nietzsche vermutete Bacon hinter Shakespeare – nicht weil Bacon der Gebildetere war, sondern weil er mit ihm das Geheime, „Kriminelle" des unbeschränkten Einblicks in die Wirklichkeit, der kompromisslosen Erfahrung teilte.

58 Simond d'Ewes, a. a. O.

59 Bacons vernichtende Meinung über die Praxis der späten und interessebedingten Ehe vgl. »The New Atlantis« (Spedding Bd. 2, S. 107). Die Stelle klingt wie schonungslos autobiographische Selbstkritik. „And therefore there are with you seen infinite men that marry not, but chuse rather a libertine and impure single life, than to be yoked in marriage; and many that do marry, marry late, when the prime and strength of their years is past. And when they do marry, what is marriage to them but a very bargain; wherein is sought alliance, or portion, or reputation, with some desire, almost indifferent, of issue; and not the faithful nuptial union of man and wife, that was first instituted." (Ähnlich an Selbstzweifel wohl die Lobpreisung von treuer, keuscher Freundschaft im Neuen Atlantis – „as for masculine love, they have no touch of it".)

Bacon strebte bis zu seiner Heirat im Frühjahr 1608 mit äußerstem Ehrgeiz nach politischem „advancement". »The Advancement of Learning«, sein erstes wissenschaftliches Hauptwerk von 1605, verdanken wir der Vergeblichkeit dieses Strebens. Ab Sommer 1608 aber, seit der Eheschließung, gewinnt er ein hohes Amt nach dem anderen. Aus den ersten Wochen dieser Zeit stammen die privaten Aufzeichnungen (in: The Letters and the Life of Francis Bacon, Book 4; London 1868, pp. 39-95), die vom ungehemmten Einsatz von „Heimlichkeit, Verstellung, Täuschung" im Interesse der neuen Karriere zeugen.

60 Bacons Mutter beklagte sich in einem Brief über Francis' Gefolgschaft, mit der er „die Kutsche und das Bett teilt".

61 Unter anderem im Essay »Of Nature in Men« – und im »Gebet«, das er der letzten Fassung seines Testaments anschloss: „Meine Seele blieb fremd in meiner Pilgerschaft."

## Loblied auf Bassanio

1 B. Bandel, Ellen Terry's Foul Papers, in: Theatre Survey, vol. 10, Mai 1969, S. 48. Die Vorträge wurden von 1911-21 in England, Amerika und Australien gehalten, in Buchform erschienen die »Four Lectures on Shakespeare« 1932 in London.

2 Gelehrt und mitfühlend dargestellt in Klaus Reicherts »Kaufmann von Venedig«-Buch »Fortuna oder die Beständigkeit des Wechsels«; Frankfurt/M. 1985.

3 A. Kerr, Werke VII, 1 (Theaterkritiken 1893-1919), S. 591 und VII, 2 (Theaterkritiken 1919-1933 und im Exil), S. 111; hg. v. G. Rühle, Frankfurt/M. 1998 und 2011.

4 »The Merchant of Venice«, hg. v. Quiller-Couch und J. Dover Wilson (in »The New Shakespeare«, Cambridge 1926), Paperback 1968, S. XXVI, XXV. Sigmund Freud charakterisiert im Aufsatz von 1913 »Das Motiv der Kästchenwahl« Bassanios Entscheidung: „Die schwerste Aufgabe war dabei dem glücklichen dritten Freier zugefallen; was er zur Verherrlichung des Bleis gegen Gold und Silber sagen kann, ist wenig und klingt gezwungen. Stünden wir in der psychoanalytischen Praxis vor solcher Rede, so würden wir hinter der unbefriedigenden Begründung geheimgehaltene Motive wittern." (GW, Band X)

5 Wie Anm. 5, S. 101. Um die Korruption der üblichen Deutungen, ihre verhärtete Fühllosigkeit im einzelnen zu ermessen, hier ein Beispiel des prominenten Herausgebers John Russel Brown, der Bassanio vor uns und vor sich selbst reinwäscht. Antonio habe sei-

nem jungen Freund doch selber gesagt, er solle sich nicht mit seiner Rückkehr beeilen: „,Let it not enter in your mind of love / Be merry …‘ Mit dieser Zusicherung hat Bassanio guten Grund, so lange in Belmont zu weilen, bis aus Venedig die Nachricht kommt, Antonio sei in Gefahr.“ (The Merchant of Venice, ed. J. R. Brown; s. Anm. 1, S. XLVI)

6 „A Play is like a sinck in a Towne, whereunto all the filth doth runne … there is no passion wherewith the king, the soveraigne majestie of the Realme was possest, but is amplified and overtly sorted with, and made a May-game to all the beholders.“ (Henry Crosse, Vertues Commonwealth)

7 Am intelligentesten (und reaktionärsten) wird diese Gattung von Northrop Frye verherrlicht. Er stellt die Bassanio-Frage: ob man den Lustspiel-Helden alle Makel abnehmen soll. Er zählt die Gemeinheiten Claudios (nach denen Bertrams und Angelos) aus »Viel Lärm um nichts« auf und fragt: „Does anything that reflects the structure of a comedy have to be taken as a comedy, regardless of its content or of our attitude to that content? The answer is clearly yes … The logical end is festive …“ (Northrop Frye, A Natural Perspective, The Development of Shakespearean Comedy and Romance; New York 1965, S. 46). Fryes „festive comedy“ dogmatisierte die verschwiegene Dummheit der „romantic comedy“ und erntete damit aufatmenden Ruhm in den idyllesüchtigen Jahren des Kalten Krieges. Nur, warum hat Shakespeare seinen Helden die vielfachen Schmutzschichten nicht erspart?

## Drittes Kapitel: Shakespeare, der Stückeschreiber

### Theater erfunden, Dramatiker arbeitslos

1 Fakten und Einschätzung von James Burbages Arbeit verdanken wir dem Theaterhistoriker Andrew Gurr, so im Aufsatz: Money and Audiences: The Impact of Shakespeare's Globe, in Theatre Notebook, Jg. 1988. Gurrs bedeutende Bücher: Playgoing in Shakespeare's London (Cambridge 1987); The Shakespearean Stage 1574-1642 (Cambridge 1992); The Shakespeare Company 1594-1642 (Cambridge 2004); Shakespeare's Opposites: The Admiral's Company

1594-1625 (Cambridge 2009). Ergänzend im speziellen: Roslyn Lander Knutson, The Repertory of Shakespeare's Company 1594-1613 (Fayetteville 1991).

2 Henslowe's Diary, Part 1 (The Text), ed. Greg; London, 1904; S. 13.

3 A. a. O., S. 15. Dieser »Harey the VI« war kein Zweiteiler, kein Doppelabend in Henslowes Spielplan. Das identifiziert ihn als den nachgetragenen 1. Teil der Trilogie; denn Teile 2 und 3 waren untrennbar miteinander verknüpft.

4 Die 1. Quartos von »Richard II« und »Richard III« erscheinen 1597 noch ohne den Verfassernamen; er kommt erst 1598, im 2. Quarto beider Stücke hinzu. Im gleichen Jahr wird zum erstenmal eine Erstausgabe, die 1. Quarto von »Love's Labours Lost«, mit dem Namen „W. Shakespere" gedruckt. Ein vielsagender Umstand; denn »Love's Labours Lost« entstammt, wie wir sehen werden, derselben poetischen und sozialen Sphäre wie das „Venus"- und das „Lucretia"-Gedicht.

1600 schmücken sich dann »Midsummer Night's Dream«, »The Merchant of Venice« und »Much Ado« auf dem Titelblatt mit dem Verfasser. Sein Ruhm muss sich 1598-1600 verbreitet, in den Köpfen der Zuschauer und Leser personalisiert haben. Dazu vgl. den Essay von Marcy L. North, Rehearsing the Absent Name, in: The Faces of Anonymity; hg. v. R. J. Griffin, New York 2003.

5 Z. 157.

6 4. Sonett.

7 Z. 757-758.

8 3. Sonnett.

9 Geklärt werden soll, was wir in unserer Rede von den Sonetten implizieren, was nicht. Wir behaupten nicht: 1) dass alle Jüngling-Sonette des Zyklus an einen einzigen jungen Adeligen gerichtet sind; 2) dass dieser im gesamten Zyklus Southampton war; 3) dass alle Jüngling-Sonette zwischen 1592 und 1598 entstanden. Hingegen nehmen wir an: 1) dass die ersten 17 Sonette sich mit *einem* Zweck an *eine*, wirkliche Person adressierten; 2) dass der Teil der Sonette, der bis 1598 (auch nach Abschluss der „Fortpflanzung"-Serie) entstand, weiter diese eine, besondere Person preist; 3) dass diese Person fast mit Gewissheit Southampton war.

10 „Vilia miretur vulgus; mihi flavus Apollo / Pocula Castalia plena ministret aqua" (Amores, 1. 15, 35-36). Marlowe übersetzte: „Let

base conceited wits admire vile things, / Fair Phoebus lead me to the Muses' springs." Glaubhaft wird angenommen (vgl. Shakespeare's Poems, ed. Duncan-Jones and Woudhuysen; London 2007, S. 10 ff.), dass Shakespeare mit dem „Niederen" gegen Apolls hohe Kunst (mit dem „Pöbel" gegen das „Ich") den Unterschied zwischen seinem bisher praktizierten Volkstheater und seiner neu geplanten, hier vorgelegten Hofpoesie meint.

11 Coleridge, Biographia Literaria, Chapter 15, mit der herrlichen Lobrede auf »Venus and Adonis«.

12 Zeilen 133-144.

## Begegnung in des Todes Schlund

1 Coleridge, Shakespearean Criticism, ed. T. M. Raynor; London 1960 (Everyman's Library), I, 189 f.; II, 158 f. Auf Coleridges Spuren widmet Stephen Greenblatt »Venus und Adonis« einige ergiffen kluge Buchseiten in: Will in the World; New York/London 2004, S. 240-6.

2 Zwischen den vier Titel-Varianten »Loves Labors Lost«, »Love's Labor Lost«, dem heute eingebürgerten »Love's Labour's Lost« und »Love's Labours Lost« wählen wir, ohne das hier lange zu begründen, die letzte Variante. In zitierten Texten halten wir uns allerdings an die Schreibweise des angeführten Autors.

3 Eine Aufzählung von Parallelen (und ihren Entdeckern) findet man in: Love's Labour's Lost, A New Variorum Edition (repr. 1964), S. 338-41.

4 H. C. Goddard, The Meaning of Shakespeare; Chicago 1951, S. 48. So schon E. K. Chambers, William Shakespeare; London 1930, I, S. 338: „»Love's Labour's Lost« suggests a courtly rather than a popular audience."

5 Vgl. R. Davids Ausgabe im »Arden Shakespeare«, zuletzt 1968, S. XLIII.

6 Dafür, dass »Love's Labours Lost« zu einem späteren Zeitpunkt noch „verbessert und erweitert" wurde (wie das Titelblatt der Quarto 1598 angibt), sprechen gerade die drei „Pest"-Stellen des Stückes. Der Vergleich von Liebe und Frauenschönheit mit der Pest wäre während der Epidemie unmöglich gewesen. Literarisch verwendbar wird der Vergleich erst als Metapher gewordene Erinnerung an die einstige schlimme Seuche.

7 Greene parodiert die Zeile über die blutrünstige Königin Margarete „O tiger's heart wrapp'd in a woman's hide" (»3 Henry VI« I, 3) mit der Spottzeile über Shakespeare: „Tyger's hart wrapt in a Players hyde". Greenes Pamphlet erschien kurz nach seinem Tod im September 1592.

8 Vgl. Katherine Duncan-Jones, „‚Three partes are past': The Earliest Performances of Shakespeare's First Tetralogy", in: Notes and Queries, Jg. 50, March 2003. Dort scharfsinnige Erwägungen darüber, wie die Entstehung von »Richard III« in der Pestzeit placiert werden kann.

9 The English Works of Giles Fletcher the Elder, ed. L. E. Berry; Madison 1964. Angeschlossen an den Sonettzyklus »Licia«.

10 „Their Muses" für die Dramenschreiber (im Gegensatz zu „my muse" Fletchers) belegt, was die Forschung seit Jahrhunderten vermutet: Die »Henry VI«-Trilogie hatte Shakespeare nicht zum alleinigen Verfasser.

11 Über den Zusammenhang von »Pembroke's« mit »Lord Strange's« Truppe wurde viel und widersprüchlich geforscht. »Pembroke's« werden auf dem Titelblatt der Erstdrucke von »Titus Andronicus« und »2, 3 Henry VI« als aufführende Truppe angegeben. Es scheint, dass sie mit »Lord Strange's Men«, vielleicht für Tourneezwecke, assoziiert waren.

12 Plutarch, Solon 29. 4.

13 Noch 1598 wird vom Privy Council stur an das mittlerweile überholte Statut erinnert, dann wieder 1600: „There shall be about the City two houses and no more allowed to serve for the use of the common stage plays, of the which houses one shall be in Surrey in that place which is commonly called the Bankside or thereabouts, and the other in Middlesex." (English Professional Theatre, wie Anm. 101, S. 104 und S. 106 f.)

14 »Der Widerspenstigen Zähmung« ist schon für Juni 1594, die »Komödie der Irrungen« für Dezember 1594 im Repertoire der »Chamberlain's Men« nachgewiesen.

15 Guilpin, Skialetheia, 43. Epigramm.

16 „stalking and roaring", Guilpin a. a. O.

17 Hamlet, III, 2.

18 Ben Jonson, Timber or Discoveries; London 1641 (aus dem Nachlass), S. 100.

19 Nachruf auf den Tod des berühmten Schauspielers Richard Burbage, zitiert nach Nungezer, A Dictionary of Actors … before 1642; New Haven 1929, S. 75.

20 „Marlowe's »Edward II« is the chief anomaly in his corpus. We do not know whether it came to the Admiral's but was not staged by them." (A. Gurr, Shakespeare's Oppositzes; Cambridge 2009, S. 197) Die Titelseite der Quarto von 1594 gibt an, das Stück sei von »Pembrooke his servants« aufgeführt worden. R. Knutson will daraus folgern, dort habe Richard Burbage den Edward gespielt, ja, Shakespeare habe seinen künftigen Protagonisten in dieser Rolle kennen und schätzen gelernt (Marlowe, Company Ownership, and the Role of Edward II, in: Medieval and Renaissance Drama in England, vol. 18, January 1, 2001).

21 „Was Alleyn squeamish about Edward's fate?" A. Gurr, Did Shakespeare Own His Own Plays?, in: Review of English Studies, 2009, vol. 60, Nr. 244.

22 Zählung nach Knutson a. a. O.

23 Berühmt sind die „velificantes" der Ara Pacis, geistreich aus ihrer Kleidung entwickelt. Bei Michelangelo hat die umgebende Schale nicht den geringsten Zusammenhang mit dem Stoff, der Gottes Leib verhüllt.

24 F. Meshberger, An Interpretation of Michelangelo's Creation of Adam Based on Neuroanatomy, in: Journal of the American Medical Association, Jg. 1990, Nr. 2664.

25 Thomas Middleton, Poems, »On the death of … Richard Burbage«.

26 Ben Jonson: »To the memory of my beloved, The Author Mr. William Shakespeare«. Prolog zur Folio-Ausgabe, o. S.

27 Der endlose Rechtsstreit um diese Kündigung: English Professional Theatre 1530-1660, ed. Wickham; Cambridge 2000, S. 367-87. – Shakespeare spielt, wohl mit einem lachenden, einem weinenden Auge auf Burbages Fehler an, für sein »Theatre« nicht eigenen Grund erworben zu haben. Er lässt den verkleideten Ehemann Ford (Merry Wives, II, 2) über seine angeblichen Fehlinvestitionen in die Liebe der verheirateten Alice klagen, wohl knapp nach dem Heimatverlust der »Chamberlain«-Truppe: „Ein schönes Haus, auf dem Grund eines anderen Mannes gebaut – ich habe mein Gebäude eingebüßt, weil auf dem falschen Ort errichtet."

28 Als James Burbages Erben ab 1608 dann »Blackfriars« für ihre

»King's Men« benützen, werden sie jahreszeitlich zwischen ihm und dem mittlerweile erbauten »Globe« pendeln: der geschlossenen Halle für den Winter, dem offenen Amphitheater für den Sommer. 1596 aber, in Antwort auf die Kündigung seines »Theatre«, ging es Burbage um mehr – den Wechsel von einer zu einer anderen, neuen Form, Theater zu spielen.

29 Zitiert nach English Professional Theatre 1530-1660, wie oben, S. 507 f.

## Doppelte Bühne, doppeltes Publikum

1 Prolog zu »Antonio and Mellida« 1599, einem Stück für die Hallenbühne von St. Paul's Children.

2 Thomas Overbury, Characters; London 1614. The Miscellaneous Works of Thomas Overbury Bd. 3; London 1856, S. 147 f.

3 Thomas May, The Heir.

4 Richard Flecknoe, A Discourse of the English Stage (1664): zitiert nach dem Abdruck bei Hazlitt, English Drama and Stage.

5 C. C. Stopes, Burbage and Shakespeare's Stage; Nachdruck New York 1970 (urspr. 1913), S. 117.

6 A. a. O., S. 118.

7 Nicht als erster „Tag und Nacht" hat Wiles in einer der unserigen verwandten Zählung den 15. Februar gerechnet – daher seine Annahme einer Premiere am 14. Februar: „Counting back four days from the new moon, the audience would arrive at February $14^{th}$." „The four days with their ensuing nights [Hippolyta, I, 1, 7-8] may be taken as February $15^{th}$, $16^{th}$, $17^{th}$ and $18^{th}$." (David Wiles, Shakespeare's Almanac – A Midsummer Night's Dream, Marriage and the Elizabethan Calendar; Cambridge 1993; S. 166)

8 Eamon Grennans brillanter Essay »Shakespeare's Satirical History – A Reading of King John« (in: Shakespeare Studies, Jg. 11, 1978, S. 21-38) spürt alle parodistischen Elemente des Stückes auf. Er versteht sie als Shakespeares Abschied von seinem ersten, „geschichtsdogmatischen" Historien-Zyklus, als seinen bahnbrechenden Drang zum fragmentarischen Geschichtbild der Individualität, dem Zufallssinn des zweiten Zyklus über Prinz Heinz und Falstaff. Nur vergisst Grennan, immer wieder zu sagen, dass »King John« durch Aushöhlung seiner Vorläufer und Noch-Absenz seiner Nachfolger

ein elend schlechtes Stück ist. Man bedenke auch den Unterschied: Fast immer formt Shakespeare seine Dramen aus Novellen, hier aus einem fertigen Theaterstück. Das Ergebnis ist paradox: weniger Verantwortung und Freiheit, mehr Unbekümmertheit und Bindung.

9 Zur Erstarrung der Bastard-Figur im Laufe von »King John« vgl. Sigurd Burckhardt, King John: The Ordering of This Present Time, in: English Literary History, Bd. 33, 2, Juni 1966; S. 146 ff.

10 Verstärkt wird dieser Konnex durch je zwei betonte Nennungen der „Goodwin-Sandbänke" in »König Johann« und im »Kaufmann von Venedig«: „a very dangerous flat … where the carcasses of so many a tall ship lie buried". Sie kommen in Shakespeares Gesamtwerk nirgends sonst vor. Für einen Schiffbruch des Venezianers Antonio wirken die „Narrow Seas" (Meeresenge von Dover II, 8, 29-31), die auf „the Goodwins" spezifiziert werden (III, 1, 2), eher ausgefallen. In »King John« erschienen sie sehr begründet, da es um den Truppennachschub aus Frankreich für den Englandfeldzug des Dauphin ging: „your supply … sunk on Goodwin Sands" (V, 3, 11 und V, 5, 11-12).

11 Zitiert nach C. C. Stopes, Burbage and Sakespeare's Stage; 1913 (Neudruck New York 1970), S. 121.

12 Insgesamt enthält der Folger-Bestand 197 Folio-Ausgaben von 1623, 1632, 1663, davon, wie gesagt, 79 im Erstdruck.

13 Über die sogenannte „English secretary" der Jahre 1620-40 ist nachzulesen in der „Introduction" zur hervorragenden Buchausgabe der »Meisei Copy«: The First Folio of Shakespeare: A Transcript of Contemporary Marginalia, hg. Akihiro Yamada; Tokyo 1998, S. XV-L. Wir zitieren das Buch im folgenden abgekürzt als: Meisei. Die vollständige digitale Version, http://shakes.meisei-u.ac.jp/ALL.html, bildet jede Original-Seite in regulierbarer Größe ab. Jedes Notat wurde in heutiger Schrift entziffert und abrufbar gemacht. – Akihiro Yamahas begründete Vermutung für das Datum der Notate: 1623 bis 1630 (S. XIX).

14 Siehe Anm. 31.

15 Zuletzt, 2001, fand eine guterhaltene Folio für 6 Millionen Dollar einen Käufer.

16 „William Johnstounes his book" steht über der Widmungsseite der Herausgeber Heminge und Condell an „das unvergleichliche Brüderpaar" William und Philip Pembroke.

17 Meisei, S. 53.
18 Meisei, S. 55.
19 Meisei, S. 54.
20 Meisei, S. 55.
21 The Works of Francis Bacon in Ten Volumes, vol. 2: The New Atlantis; London 1819, S. 99.
22 A. a. O., S. 106.
23 A. a. O., S. 105 f.
24 Zum Vorwurf des jüdischen Hasses auf die Wirtsvölker (u. a. werden Mythen und Erinnerungen des mosaischen Exodus aktualisiert) vgl. Peter Schäfer, Judenhaß und Judenfurcht. Die Entstehung des Antisemitismus in der Antike; Berlin 2010, S. 242 ff. und passim.
25 In Bacons Bericht über den möglichen Versuch des portugiesischen Juden Rodrigo Lopez, die Königin als ihr Hausarzt zu vergiften, ist keine Spur der rasenden Judenfeindlichkeit zu finden, die während Lopez' Prozess und Hinrichtung London ergriffen hatte. – Weiter: Einer der schweren Anklagepunkte im Prozess gegen Essex war, er habe auf die Duldung aller Religionen abgezielt. Sein Stiefvater Christopher Blunt sagte aus: „Der Graf habe ihm wiederholt gesagt, dass ihm der Zwang über das Gewissen der Menschen zuwider sei; im Alltagsgespräch pflegte er zu sagen, er lehne ab, dass wer auch immer für sein Gewissen verfolgt werde." (Prozess gegen Blunt und andere in: A Complete Collection of State Trials …, hg. v. Howell; Bd. 1, London 1816, Spalte 1423)
26 Ein Page Pérez' wurde zu Tode gefoltert. Das Urteil sprach Pérez unter Anklagepunkt Nr. 32 der Sodomie schuldig.(Gregorio Marañón, Antonio Pérez; Wiesbaden 1959, S. 160.) Zu Anthony Bacon s. L. Jardine & A. Stewart, Hostage to Fortune, The Troubled Life of Francis Bacon; London 1998, S. 108 ff.
27 Southampton widerstand den Heiratsplänen seiner Mutter und seines Vormunds Burleigh von 1590 bis 1598, acht Jahre lang. Dann schwängerte er eine Kusine Essex', entzog sich zunächst der Heirat durch eine Reise nach Frankreich, musste seine Eheunlust dann doch überwinden.
28 Zitiert nach Akrigg, Shakespeare and the Earl of Southampton; Cambridge, Mass., 1968, S. 181 f.
29 So ein Brief Rowland Whytes an Sir Robert Sidney vom 11. Oktober 1599.

30 Ausführlich in »King Richard II«[5] des Arden Shakespeare, hg. Ure; London 1966, S. LVII ff. – In den *ersten drei Quarto-Ausgaben* (1597-98) war die Szene von Richards erzwungener Abdankung um 71 Zeilen (IV, 1, 155-326) zensiert. Sie wurden erst in Jakobs Regierungszeit, im 4. Quarto von 1608, gedruckt. Wir haben keine ausdrücklichen Informationen von der Aufführungspraxis 1597-1603, erst recht keine von der Textfassung am ominösen 7. Februar 1601. Essex wurde im Prozess als Beweis seiner hochverräterischen Neigungen vorgehalten, »Richard II« öfters angeschaut und dabei laut geklatscht zu haben.

31 Robert Cecil an Sir George Carew, zitiert nach C. C. Stopes. The Life of Henry, Third Earl of Southampton, Shakespeare's Patron; Cambridge 1922, S. 198, 224.

32 Jakob I., zuvor Jakob VI. von Schottland, wusste, dass Essex sich gegen heftige Widerstände an Elisabeths Hof stets für ihn, den Sohn Maria Stuarts, als Thronfolger eingesetzt hatte. Im Stundenplan der Verschwörer stand, berichtete der Gesandte Venedigs nach Hause, erst die Tötung der beiden Essex-Feinde Cecil und Raleigh, dann die öffentliche Ausrufung: „Lang lebe die Königin und nach ihr König Jakob von Schottland, der einzige und rechtmäßige Erbe der englischen Krone!" Einer ganzen Reihe von Beteiligten an der Essex-Verschwörung (falls sie hingerichtet worden waren, ihren Witwen und Waisen) gewährte Jakob gänzliche, sofortige Amnestie. In Gesprächen nannte er den toten Essex: „mein Märtyrer".

33 Meisei, S. 54.

34 Beispiele dafür: Bethell, Shakespeare and The Popular Dramatic Tradition (London 1944); Harbage, Shakespeare's Audience (New York 1941) und: Shakespeare and the Rival Traditions (New York 1952); Holmes, Shakespeare's Public (London 1960); Gurr, Playgoing in Shakespeare's London (Cambridge 1987) und: The Shakespearian Stage 1574-1642 (Cambridge 1992).

35 A. Gurr, Playgoing in Shakespeare's London; S. 72.

## Viertes Kapitel: Venedigs Gesellschaft

### Die Clique

1 „Thou“ und „you“ werden im »Kaufmann von Venedig« sehr genau unterschieden. „Thou“ sagt die Herrschaft zur Dienerschaft (ob Bassanio, Shylock und Jessica zu Lancelot, ob Portia zu Nerissa); „thou“ sagen die Christen Bassanio, Gratiano, Salerio verachtungsvoll zum Juden. Dieses „thou“ „von oben“ wird stets mit dem „you“ „von unten“ erwidert. Eine subtile Entlarvung geschieht an einer Stelle (III, 5): Lorenzo sagt „thou“ zu Jessica, die mit „you“ antwortet. Der Christenjunge und das Judenmädchen sind selbst in ihrer frischen Ehe nicht gleichgestellt.

2 Nerissa: „a Venetian, a scholar and a soldier, that came hither in company of the Marquis of Montferrat …“ (I, 2, 108-111).

3 Die „thousand ducats“, die Gratiano gegen Bassanio auf die Erstgeburt eines Knaben setzt, haben kurz vor der Nachricht von Antonios Untergang mit „three thousand ducats“ einen schrilleren Klang. Eine Erklärung, wo er sie hernimmt, fand ich in keiner Textausgabe, in keinem Kommentar.

4 Gervinus, Shakespeare; Leipzig 1849, Bd. II, S. 66.

5 A. Quiller-Couch und J. Dover Wilson, Einleitung zu »The Merchant of Venice« in The New Shakespeare (1926), Paperback 1968, S. XXIII.

6 Alfred Kerr, „So liegt der Fall“, Theaterkritiken 1919-1933 und im Exil; Frankfurt/M. 2001, S. 392, 110.

7 H. Granville-Barker, Prefaces to Shakespeare, »The Merchant of Venice« (1930) Paperback 1971, Bd. 3, S. 171.

8 So H. B. Charltons schönes Lustspiel-Buch »Shakespearian Comedy«; London 1938, S. 154.

9 Anders etwa bei Richard II., Macbeth – oder Malvolio. Nichtübereinstimmung zwischen Stand und Selbstbild wird oft die Quelle von Tragik oder Komik.

### Zwei Experten

1 Salerios, Lorenzos, Jessicas Ankunft in Belmont konstruiert Shakespeare zu einer wunderbaren Miniaturmechanik von drei Auswei-

chungen und Verflechtungen, von Wahrheiten, Halbwahrheiten und Lügen. *Lorenzo* beteuert, sein Kommen sei ihm von Salerio aufgedrängt worden (III, 2, 225-229) – nicht von der Geldnot seiner hirnlosen Verschwendung. *Salerio* ahnt, weshalb Lorenzo Belmont braucht, vor allem aber, „I have a reason for it" (III, 2, 230), weshalb er Lorenzo in Belmont braucht: Der und die anderen fünf Zuhörer sollen beschämt den Schock voreinander durchstehen dafür, was sie durch Shylocks Reizung, Misshandlung dem edlen Antonio eingebrockt haben. Jetzt schaltet sich verspätet, aber umso eifriger Jessica ein (III, 2, 283-87): An Shylocks Wut auf Antonio seien nicht sie und Lorenzo schuld. Schon vor ihrer Entführung habe Shylock seinen heiligen Racheschwur geschworen. – Shakespeare wusste: Wir Menschen mögen die Wahrheit preisen, die Lüge beschimpfen – aber wir leben im Halbwahren.

2 Von allen übrigen Stücken Shakespeares sind „News" sonst nur für »Antonius und Cleopatra« von vergleichbarer Wichtigkeit. Sie sind dort die Nervenstränge des Weltreichs zwischen Ost und West. Octavian pflegt sie und gewinnt; Cleopatra zerreißt sie und verliert.

3 In der Zwischenzeit zwischen Antonios Vernehmung am Stückbeginn und Antonios nahendem Untergang sammelten $S_1$ und $S_2$ unermüdlich Nachrichten und Gerüchte über Schiffbrüche. „Ich sprach gestern mit einem Franzosen, in der Meeresenge zwischen Frankreich und England ist ein reich beladenes Boot aus unserem Land gescheitert – ich dachte an Antonio und wünschte stumm, es sei nicht seines gewesen" (II, 8). „Es heißt ungeprüft, dass Antonio ein reiches Schiff zerbrochen sei" (III, 1). Von seinen Unternehmungen „aus Tripolis, Mexiko und England, aus Lissabon, Arabien und Indien" sei „nicht eines" verschont geblieben durch die „kaufmannverderblichen Felsen" (III, 2).

4 A. a. O., S. 173.

5 Zwei praktische Fälle mit einiger Analogie: Dass Francis Bacon in den späten Jahren seiner Machtlosigkeit sich nicht bemüht habe, seine Päderastie zu verschleiern, vermerkt Simon D'Ewes verwundert: „which was the more to be admired, because men generally after his fall began to discourse of that his unnatural sin which he had practised for many years" (zitiert nach A. Bray, Homosexuality and the Signs of Male Friendship in Elisabethan England, in: History Workshop, Jg. 29, 1, 1990, S. 14). Ähnlich Marañón über Größe

und Fall Antonio Pérez': „Solange Pérez allmächtig war, erregten seine Verfehlungen nur den Neid seiner Zeitgenossen. Sobald man vermutete, dass ihm die königliche Gunst entzogen wurde, regnete es Denunziationen, die seine Missetaten aufbauschten und noch entstellten.“ (Gregorio Marañón, Antonio Pérez; Wiesbaden 1959, S. 52)

## Fünftes Kapitel: Portia, die Siegerin

### Gericht und Gnade

1 Den grotesken Zwangscharakter der Wiederholung braucht man seit Bergson nicht neu zu beteuern.
2 Kanonisiert wird sie dann in der Rolle, als sie sie ab 1879 im Lyceum Theatre an Henry Irvings Seite als Regisseur und Shylock spielt.
3 Ellen Terry, Four Lectures on Shakespeare; London 1932, S. 80.
4 E. G. Craig, Ellen Terry and Her Secret Self; London 1932, S. 165.
5 Four Lectures, S. 115.
6 Four Lectures on Shakespeare, 120 f. Dass Portias „Inspiration“ auch bedeuten kann, dass ihr Impuls für Antonios Untergang sich in einen für Antonios Rettung umkehrt, liegt erst im Horizont des 20. Jahrhunderts. Nach Sellars' bahnbrechender Inszenierung macht selbst der auf Stars und Ausstattung bedachte Film von 2004 (mit Al Pacino als Shylock, Jeremy Irons als Antonio und Joseph Fiennes als Bassanio) Portias Sinneswandel vor Shylocks Messerstich durch Kameraführung deutlich.
7 Betty Bandel, Ellen Terry's Foul Papers, in: Theatre Survey, Vol. 10, Nr. 1, May 1969, S. 50.
8 Über »Captain Brassbound«: Ellen Terry, The Story of My Life; London 1908, S. 321.
9 The Leopold Shakespeare; London 1877; Introduction, S. XLII.
10 The Story of My Life, S. 184 f.
11 In: Fraser's Magazine, July 1875, S. 68.
12 Auch der große (und kritische) Regisseur Tyrone Guthrie meint: Portias Beiseite soll „das Publikum zweifellos zum Lachen bringen“ – über Bassanio. (Guthrie, In Various Directions, S. 101) Die Wiederholung des Beiseite durch Nerissa stärkt die komische Wir-

kung. Dennoch wissen wir aus alten Souffleurbüchern: Portias und Nerissas à parts, „Das würde Eure Frau Euch nicht sehr danken“ und „Euer Wunsch könnt Eurem Haus den Frieden rauben“, wurden im 19. Jahrhundert meist gestrichen – wegen ihres frech unsentimentalen Sprungs in Ironie.

13 Terry zitiert hier einen begeisterten Brief Furnivalls an sie: The Story of My Life, S. 185.

14 Zeitungsbericht aus Chicago, a. a. O., S. 243.

15 Aus der Rezension des »Baltimore Herald« von 1883, zitiert nach Shakespeare in Production, The Merchant of Venice, ed. Edelman, S.242.

16 E. G. Craig, Ellen Terry and Her Secret Self; London 1932, S. 164.

17 Shakespeare in Production. The Merchant auf Venice. Edited by Charles Edelman. Cambridge 2002, S. 246. Joan Plowright spielte dagegen (neben Laurence Olivier 1970) eine nicht mehr ganz junge über Bassanio Besitz ergreifende Geschäftsfrau, die den Ring uninterssiert „wie einen irgendwo liegengelassenen Regenschirm“ zurücknahm. Ihre Kälte ließ den Zuschauer kalt – während Kati Lázár unter Róbert Alföldis Regie, Budapest 1998, einem ähnlichen Konzept frappierende „Modernität“ abgewann. Vgl. auch M. Gilbert, »The merchant of Venice«, S. 149 f.

18 Ser Giovanni, Il Pecorone, S. 117.

## Der fünfte Akt: Das letzte Doppelgesicht

1 Akihiro Yamada, The First Folio of Shakespeare: A Transcript of Contemporary Marginalia; Tokyo 1998, S. 56.

2 Vgl. etwa George C. D. Odell, Shakespeare – From Betterton to Irving; New York 1920, vol. 2, S. 72.

3 Wilhelm Oechelhaeser, Shakespeare auf dem Wiener Burgtheater, in: Jahrbuch der Deutschen Shakespeare-Gesellschaft Jg. 4, 1869, S. 351 ff.

4 A. W. Schlegel, Vorlesungen über die dramatische Kunst und Litteratur, 2. Bd., 28. Vorlesung (Shakespeare). 3. Ausg., Leipzig 1846, S. 228.

5 Gustav Landauer, Shakespeare, hg. v. Buber; Hamburg 1962, S. 74 f.

6 C. L. Barber, Shakespeare's Festive Comedy; Princeton 1959, S. 187.

7 „Wie süß der Nachtwind nun die Wiese streift, / Und klingend jetzt

den jungen Hain durchläuft!" Mörikes herrliches Gedicht enthält zweifellos Reminiszenzen auf Lorenzo/Jessicas mittlerweile legendären Nachtdialog.

8 Zur Ironie und fatalen Vieldeutigkeit des Medea-Mythos vgl. Ivan Nagel, »Dantons Tod. Drei Studien zur Rede des Saint-Just«, in: I. N., Schriften zum Drama; Berlin 2011, S. 233-245.

9 Es ist „Zwielicht": wie jedes große deutsche Gedicht um 1810 echot Eichendorff den Shakespeare. „Hast du einen Freund hienieden, / Trau ihm nicht zu dieser Stunde ..." „Hüte dich, bleib wach und munter!"

10 Hinweise auf dieses Grundmuster: Das schockierend konkreteste Experiment betreibt der Herzog mit Isabella am Schluss von »Maß für Maß«. Die abstrakteste, gleichsam naturwissenschaftliche Variante übt Prospero an seinen Inselgästen.

11 Sinead Cusack, Portia in »The Merchant of Venice«, in: Players of Shakespeare, ed. Philip Brockbank; Cambridge 1985, S. 30.

12 Zitiert nach Furness, S. 367.

## Shakespeares Ambivalenzen

1 Vorwort der Herausgeber der First Folio Heminge und Condell »To the great Variety of Readers«.

2 Leslie Fiedler (»The Stranger in Shakespeare«) macht den klugen Vermerk, dass sich Antonios Kapitulation in „your lord" (nicht „my friend" oder „our beloved") ausdrückt.

3 Siegfried Jacobsohn, Max Reinhardt; Berlin 1910, S. 2.

# ANHANG

## Moroccos Werbung: die Urfassung

### Akt I, Szene 2, Ur- und Neufassung

Servingman

The four strangers seek for you madam to take their leave: and there is a forerunner come from a fifth, the Prince of Morocco, who brings word the prince his master will be here to-night.

(I, 2, 117-120)

### Akt II, Szene 6, Schlusszeilen Ur- und Neufassung

Antonio

Fie, fie Gratiano! where are all the rest?
'Tis nine o'clock, our friends all stay for you –
No masque to-night – the wind is come about –
Bassanio presently will go aboard, –
I have sent twenty out to seek for you.

Gratiano

I am glad on't – I desire no more delight
Than to be under sail, and gone to-night.
(II, 6, 62-68)

Darauf folgte in der Urfassung (II, 7, jetzt II, 1)

Morocco
Mislike me not for my complexion,
The shadow'd livery of the burnish'd sun …

Aus der Neufassung von Akt II, Szene 1

Morocco
… come, bring me unto my chance.
Portia
First forward to the temple, *after dinner*
Your hazard shall be made.
(II, 1, 43-45)

Act II, Scene 7 (reconstruction)
Enter Morochus a tawny Moor all in white, and his train; Portia, Nerissa, and their train. Flourish of cornets.

Morocco
Mislike me not for my complexion,
The shadow'd livery of the burnish'd sun,
To whom I am a neighbour and near bred.
Bring me the fairest creature northward born,
Where Phoebus' fire scarce thaws the icicles,
And let us make incision for your love,
To prove whose blood is reddest, his or mine.
I tell thee, lady, this aspect of mine
Hath fear'd the valiant, – by my love I swear
The best-regarded virgins of our clime
Have loved it too: I would not change this hue,
Except to steal your thoughts, my gentle queen.

Portia

In terms of choice I am not solely led
By nice direction of a maiden's eyes;
Besides, the lottery of my destiny
Bars me the right of voluntary choosing:
But if my father had not scanted me
And hedged me by his wit, to yield myself
His wife who wins me by that means I told you,
Yourself, renowned prince, then stood as fair
As any comer I have look'd on yet
For my affection.

Morocco

Even for that I thank you:
Therefore, I pray you, lead me to the caskets
To try my fortune. [By this scimitar
That slew the Sophy, and a Persian prince
That won three fields of Sultan Solyman,
I would o'erstare the sternest eyes that look,
Outbrave the heart most daring on the earth,
Pluck the young sucking cubs from the she-bear,
Yea, mock the lion when he roars for prey,
To win thee, lady.]

Portia

You must take your chance,
And either not attempt to choose at all
Or swear before you choose, if you choose wrong
Never to speak to lady afterward
In way of marriage, – therefore be advised.

Morocco

Nor will not. Come, bring me unto my chance.

PORTIA
Go draw aside the curtains and discover
The several caskets to this noble prince.
Now make your choice.
MOROCCO
The first, of gold, who this inscription bears,
'Who chooseth me shall gain what many men desire;'
The second, silver, which this promise carries,
'Who chooseth me shall get as much as he deserves;'
This third, dull lead, with warning all as blunt,
'Who chooseth me must give and hazard all he hath.'
How shall I know if I do choose the right?
PORTIA
The one of them contains my picture, prince:
If you choose that, then I am yours withal.
MOROCCO
Some god direct my judgment! Let me see;
I will survey the inscriptions back again.
What says this leaden casket?
'Who chooseth me must give and hazard all he hath.'
Must give: for what? for lead? hazard for lead?
This casket threatens. Men that hazard all
Do it in hope of fair advantages:
A golden mind stoops not to shows of dross;
I'll then nor give nor hazard aught for lead.
What says the silver with her virgin hue?
'Who chooseth me shall get as much as he deserves.'
As much as he deserves! Pause there, Morocco,
And weigh thy value with an even hand:
If thou be'st rated by thy estimation,
Thou dost deserve enough; and yet enough
May not extend so far as to the lady:
And yet to be afeard of my deserving

Were but a weak disabling of myself.
As much as I deserve! Why, that's the lady:
I do in birth deserve her, and in fortunes,
In graces and in qualities of breeding;
But more than these, in love I do deserve.
What if I stray'd no further, but chose here?
Let's see once more this saying graved in gold
'Who chooseth me shall gain what many men desire.'
Why, that's the lady; all the world desires her;
From the four corners of the earth they come,
To kiss this shrine, this mortal-breathing saint:
The Hyrcanian deserts and the vasty wilds
Of wide Arabia are as thoroughfares now
For princes to come view fair Portia:
The watery kingdom, whose ambitious head
Spits in the face of heaven, is no bar
To stop the foreign spirits, but they come,
As o'er a brook, to see fair Portia.
One of these three contains her heavenly picture.
Is't like that lead contains her? 'Twere damnation
To think so base a thought: it were too gross
To rib her cerecloth in the obscure grave.
Or shall I think in silver she's immured,
Being ten times undervalued to tried gold?
O sinful thought! Never so rich a gem
Was set in worse than gold. They have in England
A coin that bears the figure of an angel
Stamped in gold, but that's insculp'd upon;
But here an angel in a golden bed
Lies all within. Deliver me the key:
Here do I choose, and thrive I as I may!

PORTIA

There, take it, prince; and if my form lie there,
Then I am yours.

*He unlocks the golden casket*

MOROCCO

O hell! what have we here?
A carrion Death, within whose empty eye
There is a written scroll! I'll read the writing.
„All that glitters is not gold;
Often have you heard that told:
Many a man his life hath sold
But my outside to behold:
Gilded tombs do worms enfold.
Had you been as wise as bold,
Young in limbs, in judgment old,
Your answer had not been inscroll'd:
Fare you well; your suit is cold."
Cold, indeed; and labour lost:
Then, farewell, heat, and welcome, frost!
Portia, adieu. I have too grieved a heart
To take a tedious leave: thus losers part.

*Exit with his train.*

PORTIA

A gentle riddance. Draw the curtains, go.
Let all of his complexion choose me so.

## EDITORISCHE NOTIZ

In Ivan Nagels letztem Buch »Shakespeares Doppelspiel. ›Der Kaufmann von Venedig‹ neu gelesen« finden die jahrzehntelange Beschäftigung mit einem Stück Welttheater und die Erforschung von Shakespeares »Kaufmann von Venedig« zusammen.

Vor einigen Jahren schrieb Ivan Nagel die ersten Kapitel dieses Buches, überarbeitete sie, legte sie beiseite und nahm sie immer wieder auf. Die letzten Monate seines Lebens, vom Herbst 2011 bis zum März 2012, als er im Krankenhaus noch Korrekturen weitergab, waren weitgehend diesem einen Projekt gewidmet, einer neuen Lektüre des »Kaufmann von Venedig«, die zwei Stücke in einem Text aufdeckt, eine Komödie und eine Tragödie, das Doppelspiel von Shylock und Bassanio, Antonio und Bassanio, eine tiefe Ambivalenz, die den Text aufsplittert wie zusammenführt, eine Doppeldeutigkeit, die die Rezeption dieses Stückes über Jahrhunderte immer wieder aufzudecken versucht hat.

Mit Ivan Nagel lesen wir William Shakespeares Stück Zeile für Zeile wie unter einem historischen Mikroskop. Es war der Wunsch des Autors, Shakespeares Text seinem Buch mitzugeben, wir haben uns jedoch aus technischen Gründen dagegen entschieden. Jeder Leser kann synchron Shakespeares Text in der Ausgabe, die er zur Hand hat, mitverfolgen.

In seinem letzten Buch bleibt Ivan Nagel dem tiefen Impuls seines Denkens treu: der Auflösung fester Begriffe, der Durchlöcherung eingeschliffener Seh- und Denkweisen, der Veränderung festgefahrener Affekte oder lautstarker Meinungen. Dieses Buch ist ein Plädoyer für Mehrdeutigkeit, ästhetische Gleichzeitigkeit und moralische Gleichberechtigung des Getrennten, des Unfertigen, des Anderen, des Fremden.

Dass der Schluss des Buches Fragment geblieben ist, bedeutet auch, dass sich kein Fazit ziehen lässt, sondern das Buch sich an seinem Ende zu einem neuen Anfang öffnet.

Für wertvolle Hinweise danken wir Klaus Reichert (Frankfurt am Main) und Ellen Hammer (Paris).

Berlin, im Juli 2012
Thomas Sparr